本书出版受厦门大学南洋研究院"南洋文库"项目资助

荷属东印度公司统治时期吧城华侨人口分析

Population Analysis of Overseas Chinese in Batavia during the Reign of Dutch East India Company

黄文鹰　陈曾唯　陈安尼　著

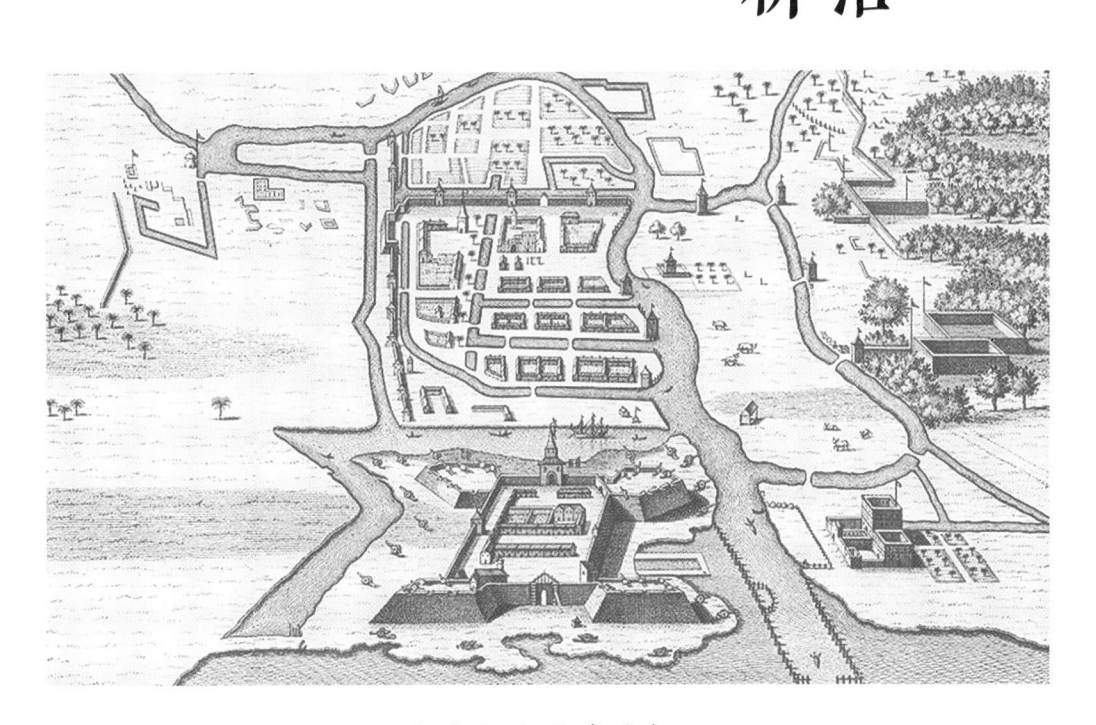

中国社会科学出版社

图书在版编目（CIP）数据

荷属东印度公司统治时期吧城华侨人口分析 / 黄文鹰，陈曾唯，陈安尼著 . —北京：中国社会科学出版社，2020.8

（南洋文库）

ISBN 978 - 7 - 5203 - 6469 - 0

Ⅰ.①荷⋯ Ⅱ.①黄⋯ ②陈⋯ ③陈⋯ Ⅲ.①华侨—史料—印度尼西亚—近代 Ⅳ.①D634.334.2

中国版本图书馆 CIP 数据核字（2020）第 077435 号

出 版 人	赵剑英
责任编辑	宋燕鹏
责任校对	郝阳洋
责任印制	李寡寡

出　版	中国社会科学出版社
社　址	北京鼓楼西大街甲 158 号
邮　编	100720
网　址	http://www.csspw.cn
发 行 部	010 - 84083685
门 市 部	010 - 84029450
经　销	新华书店及其他书店
印　刷	北京明恒达印务有限公司
装　订	廊坊市广阳区广增装订厂
版　次	2020 年 8 月第 1 版
印　次	2020 年 8 月第 1 次印刷
开　本	710×1000　1/16
印　张	14.25
插　页	2
字　数	225 千字
定　价	78.00 元

凡购买中国社会科学出版社图书，如有质量问题请与本社营销中心联系调换
电话：010 - 84083683
版权所有　侵权必究

目　　录

前言 …………………………………………………………… 1

第一部分　历史背景

第一章　一千年来印度尼西亚华侨人口的分布情况 ………… 3
　　　　1400 年以前外岛华侨人口多于爪哇。——1400—1900
　　　　年爪哇华侨人口多于外岛：1400—1600 年爪哇华侨人口增
　　　　长速度缓慢，1600—1800 年爪哇华侨人口增长速度加快，
　　　　1800—1900 年爪哇华侨人口增长速度减慢。——1900—
　　　　1930 年外岛华侨人口多于爪哇。

第二章　一千年来爪哇华侨人口的分布情况 ………………… 13
　　　　1500 年以前爪哇华侨人口中心在东爪哇，早期以杜板
　　　　为代表，后期以锦石为代表。——1500—1800 年爪哇华侨
　　　　人口中心自东向西移动，前一百年以万丹为代表，后二百
　　　　年以吧城为代表。——1800—1956 年爪哇华侨人口中心开
　　　　始自西向东移动，前一百年以中爪哇的三宝垄为代表，后
　　　　五十年以东爪哇的泗水为代表。

第三章　东印度公司统治时期吧城华侨人口的重要性 ……… 21
　　　　吧城是印度尼西亚华侨人口的分布中心和经济中
　　　　心。——吧城是荷兰东方帝国的政治经济中心。

第二部分 基本情况

第四章 吧城人口资料的时间标志和空间标志 ………… 29
  时间标志：年终公告人口数字代表当年的平均人口状况，年初公告人口数字代表上年的平均人口状况。——空间标志：17世纪人口数字仅指城区而言，包括城池及南门外近郊；18世纪人口数字分城区和乡区两部分，城区指城池及离城二英里以内的近郊，乡区指离城二英里至二十五英里不等的地区。

第五章 吧城居民人口的分类 ………… 39
  按种族血统分：荷兰人、欧亚混血后裔、中国人、获释奴隶、摩尔人和爪哇人、马来人、巴厘人、奴隶。——按法律身份分：公司职员、公民、外国人、奴隶。

第六章 吧城华侨人口数字的推估 ………… 43
  17世纪城区华侨人口：利用人头税资料推估1658—1663年城区华侨人口数。——18世纪城乡华侨人口：利用莱佛士人口统计资料推估18世纪城乡华侨人口数。

第七章 吧城华侨人口数字的可靠性 ………… 55
  1619年、1620年、1628年、1673年、1674年等年华侨人口数字的考证（附荷印币制说明）——人头税出包以前，官方公告数字接近于负税人口，人头税出包以后，官方公告数字接近于负税人口加眷属人口。——官方公告数字相当于华侨实有人口数字的下限，上限应比下限高20%。

第八章 吧城华侨人口的构成 ………… 64
 一、职业构成
  1742年吧城华侨人口的职业调查。——从事手工业及种植业者占华侨职业人口的77%，从事商业者不到23%。——蔗糖业人口在华侨总人口中占据绝对多数，蔗糖业的盛衰密切关联华侨人口的升降。

二、性别和年龄构成

　　吧城华侨人口具有鲜明的移民色彩：成年人口及成年男丁人口比重特别高。——移民入境是华侨人口增长的重要因素。——城区未成年人口性别结构严重偏离及其生成原因。

三、出生地构成

　　男性人口以国内出生为主，绝大多数为出国移民。——女性人口以当地出生为主，其中又以与华侨结婚的当地妇女为多。——当地出生人口颇多世系湮远，在东南亚华侨人口中别具风格。——国内出生地的分布以福建漳泉居多，占十之六七；有历史的原因，也有当时国内外的政治经济原因。

第三部分　升降变迁

第九章　1619—1661 年吧城华侨人口的升降变迁 ……………… 87

　　吧城华侨人口的上升期。——公司大力招徕中国移民：重建椰加达，垦地种稻，种蔗榨糖。——公司对华贸易。——船只与移民之间的关系。——公司对中国生丝的强烈需求。——大力招徕中国船只——明末清初中国社会的大变乱，民不聊生，苦不堪言，大批人口流离失所。——驶吧华船载运人数及其对吧城华侨人口升降的影响。

第十章　1662—1682 年吧城华侨人口的升降变迁 ……………… 107

　　吧城华侨人口的下降期，出现华侨人口低潮。——清政府厉行锁海迁界，严禁片帆寸板下海，华船停航，移民中断。——华船作为公司对华贸易的中介作用暂告中断。——公司对待华侨政策的转变。——恢复人头税，华侨离境他迁。——公司鼓励荷兰本国移民东来失败。

第十一章　1683—1700 年吧城华侨人口的升降变迁 …………… 112

吧城华侨人口的回升期，由低潮向高潮过渡。——海禁开放，华船驶吧络绎不绝，西方船只亦相继来华通商。——公司对华直接通航贸易，因福建沿海官商操纵，无利可图而自动放弃，需求中国商品仍然借重驶吧华船。——公司开辟亚洲蔗糖市场，吧城糖业生产增大，需求大批中国移民。

第十二章　1701—1739年吧城华侨人口的升降变迁 ……… 123

吧城华侨人口的繁盛期，出现人口高潮。——茶叶贸易，中国茶叶在公司贩运商品中占据首要地位。——1717—1722年中国茶船停航事件。——1728—1734年荷兰与广州之间直接通航贸易，后因公司现金缺乏而中断。——对华贸易依靠中国茶船符合公司利益。——18世纪初欧洲糖价暴涨，吧城糖业生产盛况空前。——蔗糖主输入大批中国劳力，限制移民禁令一再失效。——1710年以后吧城糖业生产盛衰的商榷及其对华侨人口的升降影响和就业影响。——国内农村阶级分化加剧，土地兼并之风炽烈，农民辗转流亡。——海禁政策进一步放宽，造船限制废除。——1717—1722年清政府局部恢复海禁及其与茶船停航事件的联系。——华侨归国之禁及其影响。

第十三章　1740—1779年吧城华侨人口的变迁 ……… 151

吧城华侨人口的剧烈变动期，华侨人口由高潮骤然转入低潮，又迅速走向更大的高潮。——红溪惨案大屠杀，其经济背景及经济后果。——惨案过后吧城当局大力招徕中国移民，华侨人口迅速恢复。——公司鼓励荷兰本国移民东来再度失败。——中国移民入境日增，限制禁令日繁。——乡区华侨人口进一步积聚。——"侨生"人口日益增加，自成体系。

第十四章　1780—1800年吧城华侨人口的升降变迁 ……… 170

吧城华侨人口的衰降期。——吧城经济全面萧条，华侨纷纷外迁。——吧城疫病流行，华侨死亡日众。——华船驶吧减少，移民入境锐降。——公司大力恢复对华直接通航贸易，全面包揽中印之间的商品货运，华船无货可贩。——华船商品结构发生根本变化，为力求贸易有利，日益转向贩运"苦力"，苦力既是高死亡率威胁下的吧城所欢迎，又是当时公司船只所无法经营；贩入吧城可免纳栈租、秤税、交易税等等，海上航行又可避免海盗袭击。——船身结构加大，运载能力增强。——吧城当局同时发动"人头税"和"载人限额"两条杠杆来招徕中国移民，但因华船驶吧过少，收效不著。

结束语 ·· 191

附录 ·· 194

后记 ·· 216

出版说明 ·· 217

前　言

在西方研究华侨问题的文献中,凯特博士著《荷印中国人的经济地位》被认为是一部权威著作,是"在阅读大量荷文文献的基础上写成的,是对研究荷印生产者之间的关系的一项特殊贡献"[1]。著者非常重视历史的研究,认为只有在史的考察的基础上,才能得出有关华侨的正确结论。他说:"今天没有人认为中国人对于法律和秩序会是一个危险,但是我们只要回顾一下荷属东印度的历史,就会发现确保社会安宁远不是中国居民的固有天性。"[2] 接着又说:"随着 1596 年荷兰人到达东印度,在印度尼西亚的中国人面前就开始了一个需要分别予以探索的时期,因为东印度公司在它存在的两个世纪里,对待中国人几乎一贯是采取友好的政策,中国人从中获得了许多好处。"[3]

在东印度公司统治时期,中国移民前往印度尼西亚究竟是和平定居,还是威胁社会安宁?殖民统治者对待中国移民是一贯友好,还是一贯奴役?要回答这些问题,东印度公司统治时期确实是一个需要分别予以探索的时期。

但是从考察华侨人口史的角度出发,东印度公司统治时期需要分别予以探索,还有着其他更重要的原因。这个时期不仅涉及整整 17、18 两个世纪,而且在一定程度上代表着荷兰统治印尼的一个完整历史阶段。印度尼西亚历史如何分期,今天印度尼西亚史学界还在论争,但是就爪哇历史来说,东印度公司的二百年统治未始不代表着一个西方商业资本

---

[1] W. J. 凯特:《荷印中国人的经济地位》(W. J. Cator, *The Economic Position of the Chinese in the Netherlands Indies*),牛津 1936 年版,第Ⅶ页,太平洋关系学会秘书长 E. C. 卡特(Carter)所作序文。

[2] 同上书,第Ⅸ页。

[3] 同上书,第 6—7 页。

垄断掠夺的完整阶段。东印度公司并不是一个普通的商业组织，它是荷兰帝国的化身，拥有国家所拥有的全部暴力，被赋予征兵、造币、立法、任免官吏、签订条约、建立据点等权力①，这个暴力组织一旦侵入印度尼西亚之后，就在原有的封建残暴专制基础上，建立起一整套更加残暴的西方殖民专制——"盗人制度"、巡航洗劫（Hongi）、无偿供应、强迫征购等。这套殖民专制带给爪哇人民的灾难，同过去任何灾难对比起来，都不知要深重了多少倍。马克思曾经借用莱佛士在谈论爪哇农业时所说的如下一段话，来刻画东印度公司的狰狞面目：

> 荷兰东印度公司一心只想赚钱，它对待自己的臣民还不如过去的西印度种植场主人对待他们的奴隶，因为这些种植场主买人的时候还付过钱，而荷兰东印度公司一文钱都没有花过，它只运用全部现有的专制机构压榨居民，使他们把最后一点东西都交纳出来，把最后一点劳力都贡献出来。这样，它就加重了任意妄为的半野蛮政府所造成的祸害，因为它是把政治家的全部实际技巧同商人的全部垄断利己心肠结合在一起进行统治的。②

我们再借用莱佛士的另一段话，来说明东印度公司对爪哇商业的摧残：

> 要追述一个重商主义政府的短见专横、悬借暴力的贪婪掠夺以及摧毁万物的垄断独占，究竟在怎样一种程度上和在怎样一种情况下伤害和窒息了爪哇人的原有商业，使它的性质发生转变，它的重要性开始衰退，这是十分令人痛心的。……爪哇人的原有贸易在荷兰殖民政策的严格限制下，几乎全部消灭了，至少是大大不同于过去了。当然，应当承认，有些部门由于欧洲资本的输入或是欧洲市场对于某些商品的高价需求得到了刺激和繁荣，但是这远不足以补偿爪哇人的原有商业的消失，这种商业就像爪哇的任何一种植物一

---

① A. G. 凯勒：《殖民》（A. G. Keller, *Colonization*），波士顿1908年版，第393—394页。
② 《马克思恩格斯全集》第九卷，人民出版社1961年版，第144—145页；莱佛士语见《爪哇史》，第 I 卷，第168页。

样是这个国家自己所培育起来的。①

在如此残暴的殖民统治下，爪哇人民所受的痛苦真是罄竹难书。爪哇人民如此，中国侨民亦然。往日中国船只可以自由航驶，互通有无，现在则备受公司的限制和摧残，一切活动都只能在公司的约束下来进行，航行须请领执照，货物不得自由买卖。往日中国移民可以自由往来，和睦定居，现在则备受公司的奴役勒索，居住要集中，出入要准字，在殖民地的等级社会中，华侨被列入最低贱的"自由民"，生命财产毫无保障。惨绝人寰的"红溪大屠杀"，华侨罹难者，虽妇幼亦无幸免，其灾难深重，纵使不甚于印度尼西亚人民，至少也不亚于印度尼西亚人民（详见后文讨论）。在这种情况下，华侨人口的升降变化就不能不具有区别于其他时期的独特形式和内容。为了便于系统考察这些形式和内容，我们也有必要将东印度公司统治时期单独划分出来。

其次，吧城是荷兰帝国的东方政治经济中心，也是荷印华侨的人口中心。在东印度公司整整二百年的统治时期里，吧城是唯一一个始终置于公司的直接统治下的地方。我们找不到第二个地方能像吧城那样，从其发展变化可以看出殖民统治者是如何通过种种政治经济措施，来直接或间接地影响华侨经济的盛衰，从而影响华侨人口的升降。我们从史的发展来探索印尼华侨人口问题，既然要把公司统治时期单独划出来，那就理所当然地要把视野集中在吧城上面。

人口是一个综合性指标，它的增减变化取决于多种因素，社会条件的变迁会影响到人口的升降，自然条件的变迁也会影响到人口的升降；而华侨人口又关系到国与国之间的人口移动，其增减变化就更加错综复杂，既有国内原因，又有当地原因，前者说明华侨之所以出国，后者说明华侨之所以定居。出国原因较具普遍意义，未必因侨居地而异；定居原因则较为特殊，随侨居地而不同。下面我们想分别就这些方面来探索吧城华侨人口的变迁。

---

① 莱佛士：《爪哇史》，第Ⅰ卷，第213—214页。

第一部分　历史背景

第一章　一千年来印度尼西亚华侨人口的分布情况

　　1400年以前外岛华侨人口多于爪哇。——1400—1900年爪哇华侨人口多于外岛：1400—1600年爪哇华侨人口增长速度缓慢，1600—1800年爪哇华侨人口增长速度加快，1800—1900年爪哇华侨人口增长速度减慢。——1900—1930年外岛华侨人口多于爪哇。

　　华侨定居印度尼西亚的历史，姑不论地下的考古发掘，单是凭文献的记载，也有一千多年了。要对这一千多年的华侨人口分布和变迁给予数量上的描述，即使是十分粗略，也是十分困难的，因为历史文献很少明确提到华侨，更少明确提到华侨人口数字。以研究华侨史著称的日本学者成田节男就这样写道：

　　"从来关于华侨的文献都只写到暗示华侨存在的程度，要据此以考察华侨的人口和生活，就不免有隔靴搔痒之感。"[1]

　　"在中国文献里，全然没有有关华侨人口的统计史料，因此无从知道华侨的发展程度。有关华侨的人口统计……是欧洲人在南洋建立殖民统治以后的事，在此以前，即使是推估也几乎是不可能的。"[2]

　　当然，殖民统治者为了政治和经济上的掠夺需要，不能不进行有关包括华侨人口在内的当地人口统计，但是荷兰人初期所提供的人口资料，同我们今天的要求比起来还是有着很大的距离。首先是数量不足，荷兰统治印尼并非一蹴而就，而是经历了一个漫长过程，单是爪哇一地就几

---

[1]　成田节男：《华侨史》，第97页。
[2]　同上书，第181页。

乎整整耗用了两个世纪。① 荷兰人有关爪哇的第一张地图是在迟至东印度公司的后半期，即 1726 年 F. Valentyn 的《古爪哇概况》（*Beschrijvin Van Groot Djawa of the Java Major*）一书出版之后才问世的，② 当时荷兰人对于爪哇的地理知识很贫乏，除了沿海地区之外几乎一无所知，他们只是在吧城附近为了出卖土地要确定四至，才进行土地丈量，其他重要地区直到公司关闭之后才开始收集一些统计资料。③ 因此荷兰人早期所提供的人口资料，也只是局限于吧城一隅。同时这些资料的质量还是很低，一如莱佛士所写的："根据荷兰人的行政管理准则，可以毫不夸张地说，除了最近，荷兰人就一直没有想到要认真进行统计调查，即使进行了，在那种陈腐的管理制度下，也不可能得到可靠的材料。"④ 因为当地人民都把殖民统治者所举办的"任何有关国情的统计调查，都看成是一种实行新税或勒索的前奏，因此他们总是设法隐瞒人口的真实状况"⑤。

材料残缺既是如此，要全面描述人口分布，显然并非易事；但尽管如此，我们仍然有必要尽可能地勾画出一个粗略的轮廓来。

下面为了叙述的方便，我们把辽阔的印度尼西亚按照传统区划，分为"爪哇"和"外岛"两个部分，爪哇包括马都拉，外岛包括爪哇以外的各个岛屿。

如果说自《汉书·地理志》以来有关中国人前往印度尼西亚的通商贸易，以及自东晋法显以来有关求法高僧的稽留爪哇和苏岛等记载，都还不能认为就是中国移民前往定居的确证，那么至少到五代十国，爪哇和外岛就几乎同时出现了有关中国移民前往定居的明确记载了。

阿拉伯人马素地（Masudi）在所著《黄金牧地》一书中说，当他于 943 年途经苏岛时，就看见有许多中国人因避内乱（即黄巢起义）前来定居，特别是在旧港地区。⑥ 根据爪哇史乘的记载，大约在 950 年章加朗（Janggala）王国国王 Panji Ino Kerta Pati 在位的时候，有一只中国大船在

---

① H. Blink：《荷属东印度的地理、人种及经济概况》（*Nederlandsch Oost-en West-Indië, Geographisch, Ethnographisch en Economisch Beschreven*），第 1 卷，第 428 页。
② 莱佛士：《爪哇史》，第 I 卷，第 6 页。
③ 同上。
④ 同上书，第 74 页。
⑤ 同上书，第 69 页。
⑥ G. G. Geline：《Ptolemy 东亚地理的研究》（*Researcheson Ptolemys Geography of Eastern Asia*），第 621 页。

爪哇北部海面沉没，船员流落扎巴拉、直葛、三宝垄一带，船主献宝石于王，获允召集船员就地定居。①

如果上述记载是合乎事实的话，那么在时间上，苏岛华侨的定居应先于爪哇华侨，因为黄巢起义是发生在公元878—884年，比爪哇华侨的定居早了八十年；在人数上，苏岛华侨似乎也比爪哇华侨来得多，姑且不说此后的陆续移入，单是八十年的人口自然增殖，也就大大超过爪哇的一船遇难水手了。就当时的航程来说，苏岛离中国近，宋时自三佛齐"汛海使风，二十日可至广州"②，这同东晋义照八年（412）四月法显自爪哇搭船返国，"商人议言，常行时正、可五十日便到广州"③；宋淳化三年（992）十二月阇婆国使自爪哇"使汛舶船，六十日至明州定海县"④。以及至元三十年（1293）四月⑤元军败退，自爪哇"登舟，行六十八日夜，达泉州"⑥ 等等记载比较起来，三佛齐距中国的航程要比爪哇短了三分之二，中国移民前往三佛齐似乎要比前往爪哇来得方便。加之当时三佛齐王国[即室利佛逝王国（Srijvijaya）]版图辽阔，国力强大，南海之地为其属者凡十五，⑦ 它控制着当时中南交通的孔道——马六甲海峡和克拉（Kra）地峡，特别是后者意义重大，中国船只运载乘客和货物，每每在地峡东岸登陆起卸，通过地峡，再在西岸乘船继续前进，这样可以大大缩短航程，⑧ 因此中国商船和移民南航者大多首先集中在三佛齐王国。从当时中印之间的宫廷贸易来说，三佛齐与中国的交往频繁，也不是同期的爪哇所可望其项背。据《宋史》记载，自建隆元年（960）至淳熙五年（1178），三佛齐国遣使贩货来中国者凡二十六次⑨，而爪哇国遣使来中国者，仅四次。⑩ 商业往来的频繁定然有利于移民前往定居。至于宋时三佛齐已用中国文字"上表章"，⑪ 固然说明当时中国文化影响之深，但

---

① 莱佛士：《爪哇史》，第Ⅱ卷，第98页。
② 《宋史》卷489《三佛齐传》。
③ 足立喜六：《证法显传》，第259页。
④ 《宋史》卷489《阇英传》。
⑤ 《元史》卷210《阇婆传》。
⑥ 《元史》卷162《史弼传》。
⑦ 《诸番志》，三佛齐国条。
⑧ 萨奴西巴尼：《印度尼西亚史》，第27页。
⑨ 《宋史》卷489《三佛齐传》。
⑩ 同上书，《阇婆传》。
⑪ 同上书，《三佛齐传》。

也未始不旁证当地中国移民定居之早和定居之众。

　　外岛华侨人口领先这一趋势，到了元朝似乎又由新的华侨聚居地的形成而得到进一步的加强：在西里伯的望加锡，当地人民曾流传着他们是13世纪为逃避蒙古人入侵前来定居的南中国移民的后裔的传说，① 我们未始不可由此推定元初已有中国居民前往西里伯定居。在加里曼丹西南端的勾栏山（Gelam），"元初军士征阇婆，遭风于山下⋯⋯有病卒百余人，不能去者逐留山中，今唐人与番人丛什而后之"②。印度尼西亚学者Boejong Saleh说，勿里洞之出现中国人聚居的村落，始于1293年元军出征爪哇。③

　　到了明初，苏岛华侨又再度增加：洪武三十年（1397）梁道明据三佛齐，"闽粤军民，泛海从之者数千家"④。以最低限度二千家计，每家五口，仅三佛齐一地，闽粤军民移居者当不下万人。这个数目征之十年后三佛齐头目陈祖义率部之众，并不为过。永乐五年（1407）九月，"郑和使西洋诸国，还至旧港，遇海贼陈祖义等，遣人招谕之，祖义等诈降，潜谋要劫，和觉之，整兵提备，祖义兵至，与战大败之，杀其党五千余人"。⑤ 这五千余人当然是成年男丁，再加上老幼妇孺，三佛齐华侨人口之众便可想而知了。而同一时期的爪哇华侨人口则缺乏类似的记载，因此，我们大致可以这样推定：在1400年以前，印度尼西亚华侨人口的分布，外岛多于爪哇，而外岛又以苏岛旧港为著。

　　显然在同一期间，爪哇华侨人口并非静止不动，而是也在不断积聚，大约到了1400年以后，爪哇华侨人口就超过苏岛，日益取苏岛的地位而代之。1225年宋赵汝适著《诸蕃志》，提到杜板（Tuban）时仅说"居民架造屋宇与中国同"，⑥ 而未言及华侨，更未言及华侨人口之众。但是到1413年马欢游爪哇时，杜板及其邻近已是华侨聚居之地。这中间发生了许多重大的变化：首先是宋亡，南中国居民避难爪哇，为数当在不少，致使今天爪哇人民自认为是13世纪蒙古人征服中国后逃来印尼定居的华

---

① V. Purcell：《东南亚的中国人》（*The Chinese in Southeast Asia*），第454页。
② 汪大渊：《岛夷志略》（1350年前后撰），勾栏山条。
③ Boejong Saleh：《东印度公司以前定居印尼的中国人》（Orang Tiong Hoadi Indonesia sebelum Kompeni），载印度尼西亚文《觉醒》周刊（*Mingguan Sadar*）1956年第34期。
④ 《明史》卷324，三佛齐传。
⑤ 《古今图书集成》边商典，三佛齐部。
⑥ 《诸蕃志》卷上，苏吉丹条。

侨后裔。[①] 到1300年爪哇满者伯夷王国兴起,[②] 杜板成为当时王国对外贸易的重要港口。[③] 华侨来此贸易和定居者,日益增加。到14世纪后半期,满者伯夷王国日益强盛,拥有强大的海陆军,经常南征北战,[④] 1397年出兵"破三佛齐,据其国,改其名曰旧港,三佛齐遂亡"[⑤]。此后,"佛齐渐致萧条,商舶鲜至"[⑥],而爪哇则随着满者伯夷王国的兴起成为全印度尼西亚的政治经济中心,华侨来此贸易和定居者日众,1413年马欢游爪哇时,杜板已是华侨聚居之地,"此处约千余家,以二头目为主,其间多有中国广东及漳泉人流居此地"[⑦]。革儿石（Gresik即今锦石）,华侨定居之众竟辟其地为"新村,至今村主,广东人也。约有千余家"[⑧]。再自此东行至苏儿把牙（Surabaya,即今泗水）,"番人千余家,其间亦有中国人"[⑨]。如果按五口之家计算,新村一地,即有华侨五千余人,其余两地如华侨占半,则1413年东爪哇华侨人口合计约达万人,这已接近1397年闽粤军民泛海三佛齐从梁道明者"数千家"的水平。

而同一时期的三佛齐,如果郑和大败陈祖义,"杀其党五千余人"的记载是属实的话,那么随着政治经济的衰落,华侨人口也在迅速下降。革儿石之命名"新村"。三佛齐之易名"旧港",未始不是象征华侨人口的盛衰变化。

此后爪哇华侨人口又有新的发展,1413年马欢途经泗水时,仅述其地"番人千余家,其间亦有中国人",而没有提及中国人之众;1617年张燮写《东西洋考》时,则述泗水"港旁大洲,林木蔚茂,千余家,强半是中国人"[⑩]。不仅这样,这时候西爪哇还出现前此文献所没有提到的新的华侨聚居地——万丹。（下港）在张燮笔下已是"四通八达之衢",华侨在此地举足轻重,竟然达到万丹国王需"立华人四人为财付"[⑪]。万丹

---

① V. Purcell:《东南亚的中国人》,第454页。
② 莱佛士:《爪哇史》,第Ⅱ卷,第105页。
③ 萨努西巴尼:《印度尼西亚史》,第197页。
④ 同上书,第71—72页。
⑤ 《明史》卷324,《三佛齐传》。
⑥ 同上。
⑦ 《瀛涯胜览》,爪哇条。
⑧ 同上。
⑨ 同上。
⑩ 《东西洋考》卷3,下港条。
⑪ 同上。

城内有繁盛的华人居住区，① 人口多达数千人，② 他们不仅"忙于经营商业，而且勤于经营农业、种植胡椒和酿酒"③，胡椒是多年生作物，从播种到收成需历时 4—5 年④。从胡椒的种植也就说明中国移民在此定居的永久性了。

万丹之外，又有加留玭（Soenda Kelapa）⑤，这就是荷印殖民时代的吧城，印度尼西亚教授 Soekanto 博士说："当 1400—1500 年加留玭还没有成为一个贸易港口时，中国人的胡椒船就驶此。……到 1596 年荷兰船只第一次到达加留玭时，中国人已在那里定居设坊酿制亚力酒了。"⑥ 1611 年东印度公司曾以 1200 元（西班牙银元 reaal）的代价，向万丹王驻椰城代表购得坐落芝利翁河（Tji Liwoeng）东岸华人居住区内的一块建筑用地，面积约 50×50 平方法呎，⑦ 从这块建筑用地之广，就可以想见当时椰城的华侨人口已经多到足以形成一个宽广的居住区。

这些都说明 1400 年以后随着爪哇之日益成为印尼的政治经济中心，印尼华侨人口的分布也日益集中于爪哇，从而华侨人口中心也就日益由外岛转到爪哇。

当然，外岛华侨人口的分布也随着这个过程在变化。例如加里曼丹南岸的勾栏山（Gelam）在 1293 年元军征爪哇，经此地遇大风，留病卒百余人居山中，⑧ 到了明初永乐三年（1405），此百余病卒竟不断繁衍，使"其地多华人"了。⑨ 又如香料群岛文老古（Moluccas），元朝文献仅仅提到其地产丁香，"每岁望唐舶贩其地"，而没有提到华侨流寓其间，⑩ 到了明朝，则其地不仅有华侨流寓其间，而且流寓华侨足以游说西荷两

---

① Vermeulen:《红溪惨案本末》，椰城中译本，第 3 页。
② 岩生成一:《下港唐人街盛衰变迁考》，《东洋学报》第 31 卷第 4 期。
③ Vermeulen:《红溪惨案本末》第 3 页。
④ 莱佛士:《爪哇史》，第 I 卷，第 238 页。
⑤ 《东西洋考》卷 3，下港条"加留玭下港属国也，半日程可到，风土尽相类之"。
⑥ Dr. Soekanto:《印度尼西亚共和国诞生以前的椰城》（Sedikit tentang halihwal Kota Djakarta Sampai Lahirnja Republik Indonesia），《椰城建城 429 周年纪念》（Djakarta 429 Tahun）特刊，1956 年版，第 40 页；又 de Haan《老吧城》（Oud Batavia），第 I 卷，1922 年，第 74 页。
⑦ De Haan:《老吧城》，第 I 卷，第 12 页。
⑧ 《岛夷志略》，勾栏山条。
⑨ 《明史》卷 323《麻叶瓮传》。
⑩ 《岛夷志略》，文古老条。

国平息兵争。①

外岛华侨人口在人数和地区分布方面尽管有了进一步的发展，但在增长速度和积聚程度上，似乎还不足以与爪哇华侨人口相提并论，这一点我们从当时中印宫廷贸易的发展变化也可以得到旁证：自明洪武三年（1370）到永乐元年（1403）的三十三年间，爪哇国使贩货来中国者先后凡十一次，平均每三年来往一次；1403年后，往来更为频繁，或"比年一贡，或间岁一贡，或一岁数贡"；到1443年始以"朝贡频数，供亿费烦"，改为"三年一贡"②。而同一时期的三佛齐仅在洪武初期（1371—1877）遣使贩货来中国三次，1377年之后"其国益衰，贡使遂绝"③。这个转变恰好与宋代的情况适得其反，既然贸易往来会有利于移民的定居，那么更多的贸易就意味着更多的移民。

总之，到荷兰人东来为止，华侨人口的分布已遍及印度尼西亚各大岛屿，在人数上，大约1400年以前以外岛为多，1400年以后则以爪哇为多。

爪哇华侨人口之后来居上的趋势，在荷兰人入侵后的前二百年里，即东印度公司统治时期，不但没有改变，而且更为加速。东印度公司出于种种原因，或是需要假手华侨进行对华贸易，或是需要役使华侨进行生产建设，不得不大力招徕中国移民。在长达二百年的时间里，中国移民前往印度尼西亚，几乎都积聚在爪哇一地，因此爪哇华侨人口有了进一步的增长（详见后文讨论）。而同一时期的外岛则不存在这一现象。

在加里曼丹岛，虽然我们不能说荷兰人东来后就没有中国移民前往定居，但是根据文献的记载，大批华侨之移入加里曼丹岛，是1760年以后的事，④ 这一年有一只中国大船到达三发（Sambas）湾停泊，向三发苏丹借地居住，并就地开矿种地，此后才有其他华人接踵而来。"兰芳公司"的创始人罗芳伯是在1772年率领同宗一百余人前往西加里曼丹的，⑤看来在1770年以前，加里曼丹岛并不存在大批的中国移民。

---

① 《明史》卷323《美洛居传》："自是岁构兵，人不堪命，华人流寓者游说两国，命各罢兵。"
② 《明史》卷324《爪哇传》。
③ 同上书，三佛齐传。
④ 见 P. J. Veth《西婆罗洲》（*Borneo's Wester—Afdeeling*），1854年版，第298页。
⑤ V. Purcell：《东南亚的中国人》，第489页。

苏门答腊的情况也一样，大规模的移民是 18 世纪中叶以后为适应开发锡矿的需要而出现的，邦加锡矿是 1710 年开始开采，到 1725 年才开始提到锡矿工人中除本地人外，还有中国人。① 勿里洞虽然早就知道有锡矿存在，但在 1825 年荷印政府勘探锡矿时，岛上并没有任何开采活动，② 所以大批中国移民之前往勿里洞是在 1851 年荷兰人了解该矿具有开采价值以后的事。③ 招募并雇用大批中国劳工的苏东烟草种植业则是迟到 1864 年才开始建立的，④ 峇眼亚比亚比（Bagan Si Api Api）的中国渔民居留地也是迟到 19 世纪 70 年代以后才逐步建立起来的。⑤

至于印尼东部岛屿的情况就更是如此：在香料群岛一带，中国人虽然比荷兰人早两个世纪到达，但是从欧洲人入侵以后，中国人前往这一地区就困难重重，与当地居民的通商贸易，每每招致飞来横祸，人货俱空。《东西洋考》说："向时舟所携货，有为红毛夷所特需者，倘遇佛郎机，必怒；谓此舟非关我辈来，直是和兰接济，将货掠去，且横杀人，故必缄固甚密，不令得见。若红毛人见有佛郎机所需货，怨亦如之，介纷之后，稍息睚眦，然一渊两蛟，商彼者亦难矣！"⑥ 商船往返已是如此困难，移民定居更是谈何容易。总之，在 1854 年香料垄断贸易宣布废止之前，这一地区并没有中国人活动的余地，而在此之后，由于香料群岛的衰落，也没有什么足以吸引中国移民前往定居之处，既没有种植园，也没有锡矿场。安汶岛（Ambon）就是一个例子：尽管在 17 世纪初，荷兰人为了经营安汶岛，一再招徕中国移民，并且在安汶市设置华人街，委派甲必丹，但是由于中国商人的香料贸易损及公司的垄断利益，中国商人的勤奋俭朴招致荷兰商人的妒忌排挤，因此安汶荷兰殖民政府一再限制中国移民的入境。安汶华侨人口在 17、18 两个世纪始终停留在 300 人左右，到 18 世纪末才增至 400 人，20 世纪初，才增至 500 人。⑦

同样的情形也发生在邻近爪哇的帝汶岛（Timor），1616 年 9 月 12 日

---

① 凯特：《荷印中国人的经济地位》，第 204 页。
② 同上。
③ Allen：《印尼和马来亚的西方企业》（*Western Enterprise in Indonesia and Malaya*），1956 年版。
④ 凯特：《荷印中国人的经济地位》，第 226 页。
⑤ 同上书，第 211 页。
⑥ 《东西洋考》卷 5《美洛居条》。
⑦ 岩生成一：《安汶岛初期的唐人街》，《东洋学报》第 33 卷第 34 期。

东印度公司总督燕·彼得逊·昆在给帝汶商业官 Crijn Van Raemburch 的指示中说："如果中国人前往帝汶贸易，你们必须遵照前发指示，没收他们的货物，并且把他们加以驱逐。"[①]

在新几内亚及其他小岛上，虽然中国人与当地居民有过贸易往来，但并不值得重视，因为整个地区直到 19 世纪最后二十五年，一直是海盗出没之地，[②] 谈不到大量的移民定居。

所以在荷兰人入侵以后的头两个世纪里，印度尼西亚华侨人口的分布仍然是继续 15、16 世纪的进程，集中在爪哇岛上。这一点我们从稍后所公布的统计材料中，也可以得到进一步的证明：荷印政府从 1860 年起开始每隔十年公布一次包括外岛在内的全印度尼西亚人口数字，根据这份资料，1860 年印尼华侨 2/3 在爪哇，1/3 在外岛，外岛之中又以苏岛及加里曼丹为多，分别占华侨人口总数的 18.2% 及 11.5%，至于西里伯、摩鹿加、帝汶、巴厘、龙目等东部岛屿的华侨，合计起来还不到总数的 3%，如果我们考虑到苏岛华侨是从 18 世纪 20 年代以后、加里曼丹华侨是从 18 世纪 60 年代以后才开始大批移入的，那么我们就可以想象在此以前爪哇华侨人口的集中程度了。

表 1-1 1860—1930 年印尼华侨人口分布概况

年份	华侨总数（人）	爪哇、马都拉（%）	苏门答腊（%）	加里曼丹（%）	西里伯（%）	摩鹿加（%）	帝汶及其所属（%）	巴厘、龙目（%）	合计（%）
1860	221438	67.48	18.20	11.56	2.08	0.40	0.28	—	100
1870	259560	67.24	19.19	10.38	2.39	0.32	0.33	0.15	100
1880	343793	60.19	27.28	8.93	2.02	0.28	0.30	1.00	100
1890	461089	52.51	36.41	7.82	1.90	0.33	0.23	0.80	100
1900	537316	51.60	36.79	8.91	1.82	0.30	0.29	0.29	100
1905	563449	52.39	34.64	9.85	2.11	0.41	0.28	0.32	100
1920	809039	47.42	37.59	10.26	2.87	0.51	0.46	0.89	100
1930	1233214	47.23	36.37	10.89	3.36	0.71	0.56	0.88	100

资料来源：根据 1938 年《荷印统计年鉴》第 41 页数字计算。各岛具体人数请参见本书附录一。

---

① H. T. Colenbrander：《燕·彼得逊·昆东印度商务文件集》（Jan Pieterszoon Coen, "Bescheiden omtrent Zijn Bedrijf in Indie"），第Ⅰ卷，1923 年，第 432 页。

② V. Purcell：《东南亚的中国人》，第 496—497 页。

印度尼西亚华侨集中爪哇这一趋势，到东印度公司关闭之后就逐渐开始转变，随着19世纪，特别是19世纪中叶以来，人们的日益重视外岛和开发外岛，外岛华侨人口也日益上升，根据1860—1930这七十年的人口统计，外岛华侨除加里曼丹一地增加幅度仅四倍外，其余各地都增加九倍至十倍不等，但是同期的爪哇华侨人口只增加三倍。这种增长速度的不一，大大改变了华侨人口的分布面貌：17、18世纪大部分华侨分布在爪哇，经过了一个世纪之后，到20世纪30年代，则大部分华侨分布在外岛，除加里曼丹一地人口比重变化不大仍然维持在过去的水平外，其余各岛比重都分别增加了一倍左右，而爪哇人口的比重则下降了将近1/3。如果我们把华侨人口比重不大的东部岛屿略而不论，那么一个世纪来印度尼西亚华侨人口的分布变化，就全部表现在爪哇华侨人口比重和苏岛华侨人口比重的一升一降上面，爪哇华侨人口比重的下降几乎就是苏岛华侨人口比重的上升，前者下降20%，后者上升18%。这样，在华侨人口分布上，苏岛又逐步恢复了它往日的举足轻重地位。

　　综上所述，我们大致可以这样结论：一千多年来印度尼西亚华侨人口的分布变迁，1400年以前，是外岛华侨人口多于爪哇，其中又以苏岛为著。1400年以后，爪哇华侨人口就日益后来居上超越外岛，这个变化一直继续到20世纪初期，前后共五百年；其中前二百年（1400—1600）爪哇华侨人口积聚速度缓慢，后二百年（1600—1800）积聚速度加快，到最后一百年（1800—1900）速度又减慢。20世纪以后，外岛华侨人口则奋起直追，终于超越爪哇而再度成为华侨的人口中心。

　　至此我们就可以看出，如果要考察荷属东印度公司时期印度尼西亚华侨人口的变迁，显然爪哇华侨人口是一个值得深入的重点。

第二章 一千年来爪哇华侨人口的分布情况

1500年以前爪哇华侨人口中心在东爪哇，早期以杜板为代表，后期以锦石为代表。——1500—1800年爪哇华侨人口中心自东向西移动，前一百年以万丹为代表，后二百年以吧城为代表。——1800—1956年爪哇华侨人口中心开始自西向东移动，前一百年以中爪哇的三宝垄为代表，后五十年以东爪哇的泗水为代表。

既然爪哇在很长的时间里，始终是印度尼西亚华侨的人口中心，那么在爪哇本岛上，华侨人口又是怎样分布？这是一个十分值得探索而又饶有兴趣的问题。当然，历史文献不可能为我们留下足以连续描述整个时期的分布变化的资料，但是根据片断的记载，也仍然可以摸索出若干移动趋势来。

自从10世纪到20世纪这么一千多年里，爪哇华侨人口的分布中心大致经历了两次反复的变化，即分布中心自东向西移动，又自西向东移动。

从史料来看，大约在1500年以前，爪哇华侨人口以东爪哇为积聚中心，1225年南宋赵汝适写《诸蕃志》时曾说：杜板"居民架屋宇与中国同"[1]，这旁证当时杜板可能已有不少的中国移民。到明初（1413）马欢随郑和下西洋途经爪哇时，就不仅杜板甚至锦石和泗水也有许多中国居民，并且锦石华侨人口还超过杜板，因为锦石千余家尽是中国居民，而杜板千余家仅部分是中国居民。所以如果说宋时爪哇华侨以杜板为多，那么明时应以锦石为多，这个变化是与当时爪哇国际贸易港口的盛衰更迭密切关系的。"大约在1400年以前，爪哇最重要的商港是杜板……

---

[1] 《诸蕃志》卷上，苏吉丹条。

1400年以后，锦石变为爪哇的最重要港口。"① 不过，不论是杜板还是锦石，都在东爪哇，即当时华侨人口中心应在东爪哇。这从郑和七下西洋的航程安排上也可以得到说明，尽管七下西洋的沿途停靠口岸没有详细的文字记载，但是从随同郑和三次下西洋的马欢游记里，以及随同郑和四次下西洋的费信游记里，我们大致可以推定郑和每次停泊爪哇，都只限于爪哇的东部，即杜板、锦石、泗水一带，二人的游记里都没有提到西爪哇，这大概是因为当时西爪哇还没有成为国际贸易的中心，因而同中国人关系较少。② 看一看当时东爪哇的贸易情况，也可以对此置信无疑：前面曾经提到，印度尼西亚历史上版图最大、国力最强的满者伯夷王国是建立于1300年前后，大约在一百年后，即1400年前后，国力抵达全盛时期，这时"通往稻米平原的北部海岸，诸如扎拉巴、杜板、锦石、泗水，都是船只汇集之地，商业繁盛，远近商人都来此贸易。从爪哇本岛运来的货物，有万丹的胡椒，马都拉的盐，巴蓝邦安（Blan Bangan）的椰油，从其地东部较小岛屿运来的货物，有摩鹿加的丁香、豆蔻，小巽他群岛的檀香，松巴洼（Sumbawa）和巴厘的棉布；从加里曼丹运来的物品有古泰（Kutei）的宝石和马辰的鱼干；从帝汶和旧港运来的物品有蜂蜜和蜂蜡；从苏岛运来的物品有犀角和象牙；从吉打（Keda）和霹雳运来的物品有锡和铅；从加里马达（Karimata）群岛运来物品是铁。而中国人则从更远的地方运来瓷器、玉石和丝绸。从遥远的阿拉伯来的船只则贩来印度大陆的粗细棉布、波斯的宝石和钻石。当时货币是稀少的，但满者伯夷的主要物产大米，却可以充当商品，又可以充当交易媒介，所以商人不至于被货币稀少所造成的货价低落所吓跑。"③

既然中国船只一般都停靠在东爪哇，那么随船而来的中国移民也就一般都分布在东爪哇。

但是这种局面进入19世纪就开始发生转变，首先是作为中国移民居住中心的著名贸易港口杜板和锦石相继衰落下去了，杜板因"多盗，故

---

① 萨奴西巴尼：《印度尼西亚史》，印度尼西亚文版，第248页。
② W. P. Groeneveldt：《中国古籍中的印度尼西亚和马来亚》（Historical Notes on Indonesia & Malaya, Compiled from Chinese Sources），1960年单行本，第56页。
③ Furnivall：《荷印多元经济》（Netherlands India, A Study of Plural Economy），1944年版，第9页。

华人趣不肯驻"。① 锦石则因水流湍急"而未尝泊船",于是贸易中心移至邻近的饶洞（Yor tan）。② 饶洞位于东爪哇 Pasuruan 地区,南距今之 Bangil 三英里。③

不久,爪哇的贸易中心又随着满者伯夷王国的衰亡和淡目（Demak）王国及万丹王国的相继兴起而逐渐西移。1511 年葡萄牙人占领马六甲,垄断香料贸易,规定非葡萄牙人一律不得采购贩运,并且对各国商人征课重税,这就迫使各国商人纷纷南迁至万丹。④ 此后万丹就成为各国商船绕道马六甲驶入印尼的头一个商埠,⑤ 各国商人先后在此设立商馆,于是万丹就成为一个闻名东方的国际港口了。同任何一个东爪哇港口对比起来,万丹虽是一个晚得多的港口,⑥ 却是一个后起之秀,几乎取所有的东方港口的地位而代之。过去用来描写杜板、锦石等贸易盛况的文字,现在几乎可以一字不改地用来描写万丹。换句话说,过去云集在东爪哇一带口岸的丰饶物质,现在都全部转往西爪哇的万丹去了。

万丹以外地区的产品,由爪哇船舶或其他船舶运往万丹:它们运来了东爪哇的盐,扎巴拉和雅加达的黄糖,望加锡和松巴洼的大米,加拉横和马辰的鱼干,雅加达、加拉横、帝汶、马辰和旧港的蜂蜜,巴蓝邦安的椰油,摩鹿加的香料,楠榜（Lampung）和斯列巴尔（Selebar）的胡椒,小巽他群岛的檀香,苏门答腊的象牙,巴厘和松巴洼的棉布,大霹雳、吉打、马六甲的锡和铅,加里马达的铁,班达和马辰的松香。

中国人则运来铅线、瓷器、丝绸、呢绒、金丝线、刺绣、针、梳子、伞、木拖、扇子、纸张;他们购买胡椒、蓝靛、檀木、丁香、肉豆蔻,玳瑁和象牙。

波斯人运来宝石和药品,并在此购买香料。

胡茶辣人（Orang Gudjarat）运来棉布、丝绸、科罗曼得（Koro-

---

① 《东西洋考》卷四,"思吉港"条。
② 同上,"吉力石（Gresik）有王百余岁。能知吉凶,国在山中,贾舶仅经过其水橘而未尝泊船,彼民出诣饶洞（yortan）与华人贸易,华人所泊者饶洞也"。
③ W. P. Groeneveldt:《中国古籍中的印度尼西亚和马来亚》,第 56 页。
④ 萨努西巴尼:《印度尼西亚史》,第 134 页。
⑤ Furnivall:《荷印多元经济》,第 26 页。
⑥ Van Leur:《印尼贸易与社会》（*Indonesia Trade and Society*）,1955 年,第 137—141 页。

mandel）的花裙或万丹妇女刺绣用的白布。

葡萄牙人从欧洲和印度运来布匹等等。①

随着爪哇政治经济中心的西移，爪哇华侨人口的积聚中心也跟着西移，到 16 世纪末，万丹已有繁盛的华人居住区，拥有华侨数千人，其中富商还侧身贵族社会，位居显要，充当港务官（Shabandar），掌管航海贸易。②

进入 17 世纪，西爪哇仍然继续是华侨人口的中心，并且得到了进一步的加强，所不同的是代表城市由万丹改为吧城，荷属东印度公司为了要把一切贸易都集中到吧城来，使用各种强制利诱手段，一方面对驶达吧城以外港口的船只课征重税，施加经济压力，迫使华侨贸易集中在吧城；③ 另一方面又采取行政措施，禁止中国船只航驶其他港口，1759 年公司明令规定"中国船只不得航驶望加锡、Banjer、马六甲、Pasir、Koetai 等吧城以外地区"④。1767 年公司又进一步颁布"航海经商条例"，明文规定"一切来自北方和摩鹿加群岛的船只，除了吧城港口，一律不准停靠"；"中国船只只准在吧城和马辰两地通商"；"万丹以西地区，非持有吧城公司执照者，一律不准航行贸易"；违者船货充公。人员拘捕。⑤ 一直到公司关闭之后，即 1825 年，中爪哇的三宝垄和东爪哇的泗水才对中国船只开放。⑥ 所以在 17、18 世纪，东印度公司统治期内，吧城始终是中国船只的唯一停泊港、中国移民的唯一登岸地，这就不可避免地促使吧城成为印度尼西亚华侨人口的聚集地。当然中国移民在吧城登岸之后还会向其他地区扩散，但是在一般情况下，只要不乏谋生的机会，都会在第一个登岸地居住下来，何况当时华侨的主要经济事业（如糖酒等）都在吧城，新来的中国移民在吧城当会比之其他地方更易于谋生。

公司时期爪哇华侨人口的分布，究竟在多大程度上集中在西爪哇？这是很难加以回答的，特别是数量上的回答，固为缺乏足够的统计数字，同时也不存在这种统计数字。荷兰人是直到 18 世纪末叶才算完全占领爪哇，

---

① 萨努西巴尼：《印度尼西亚史》，第 135 页。
② Van Leur：《印尼贸易与社会》，第 138 页。
③ 竹林勋雄：《印度尼西亚华侨发展史概况》，见《荷印华侨》一书第一集。
④ 《荷印布告集》（Nederlandsch Indisch Plakaatboek），第 7 卷，1759 年 12 月 14 日，第 357 页。
⑤ 莱佛士：《爪哇史》，第 I 卷，第 242—243 页。
⑥ P. J. Veth：《荷印地理及统计辞典》（Aardrijkskundig en Statistisch Woor-denboek van Nederlandsch-Indie），第 I 卷，1869 年版，第 632 页。

在此以前，他们不可能为我们提供有关华侨人口在爪哇各地的分布情况；在此以后，第一次对爪哇全岛进行人口调查的，并不是荷兰人，而是英国人，即莱佛士在统治爪哇期内，为实行土地税制于1815年进行过一次土地和人口的调查。现在我们只能根据这份稍后的材料来倒推公司时期的情况。

根据这次调查，爪哇华侨人口的分布是中、东爪哇各占19%，西爪哇占62%，西爪哇的巴达维亚州则占56%，而巴达维亚州中则又以吧城独占鳌头。就华侨占当地总人口的比重来说，也以西爪哇著称，约占6%，（其中巴达维亚州高达16%，吧城高达9.2%）；而中爪哇则仅占0.6%，东爪哇仅占2.5%。过去曾经一度是华侨聚居中心的锦石，现在竟衰落到只有华侨40人。①

这些数字充分说明：1815年爪哇华侨人口主要是聚集在西爪哇，特别是吧城。这种分布面貌只是反映英国人占领爪哇期内的华侨人口状况，当时英国人已经完成产业革命，正在以其强大的工业优势和海运优势，竟相海外争夺市场。总督莱佛士进驻爪哇之后，就大力宣扬和推行自由贸易，②废除荷兰人在商业和航运上的垄断限制，允许华人船只自由航驶爪哇各地口岸。船只的自由航行和经商的不受限制，定然会刺激华侨人口之向其他口岸扩散。考虑到这一点，我们就大致可以想见在此以前，即17、18世纪公司禁令森严、限制繁多的情况下，华侨人口之集中在西爪哇和吧城的程度了，换句话说，其集中程度一定要远甚于1815年。

表2—1　　　　　1815—1956年爪哇华侨人口分布　　　　　单位:%

年份 州名	1815	1856	1900	1930	1956
万丹（Bantam）	0.66	1.10	0.87	0.34	0.52
巴达维亚（Batavia）	55.48	30.06	32.13	25.62	25.79
加拉横（Krawang）	—	1.73	—	—	—
茂物（Buitenzorg）	2.79	7.03	—	6.45	5.13
勃良安（Priangan）	0.19	0.23	2.50	5.66	—
井里曼（Cheribon）	2.48	8.25	8.19	5.50	4.04
西爪哇小计	61.60	48.39	43.69	44.59	46.27

① 莱佛士：《爪哇史》，第Ⅰ卷，第309页。
② 同上书，第Ⅰ卷，第215页；又第Ⅱ卷，附录L。

续表

年份 州名	1815	1856	1900	1930	1956
北加浪岸（Peka longan）	2.17	2.52	5.50	4.40	3.87
直葛（Tegal）	2.12	2.32	—	—	—
三宝垄（Semarang）	1.80	7.37	11.79	6.98	7.09
谷路布间、赤榜（Grobogang & Djebon）	0.43	—	—	—	—
扎巴拉（Japara）	2.42	5.84	—	4.35	2.89
南望（Rembang）	4.12	7.79	6.19	—	—
万由马士（Banjumas）	—	1.75	2.16	2.73	2.14
格突（Kudus）	1.21	2.43	4.32	3.90	2.75
峇吉冷（Bage len）	—	1.24	—	—	—
日惹（Jogjakarta）	2.33	1.28	1.79	2.17	1.33
梭罗（Surakarta）	2.58	2.37	3.34	3.64	3.54
中爪哇小计	19.18	34.92	35.10	28.20	23.61
泗水（Surabaia）	2.17	4.67	8.81	9.58	13.69
锦石（Gresik）	0.39	—	—	—	—
新埔头（Bodjonegoro）	—	—	—	2.04	1.24
莱莉芬（Madioen）	—	1.04	1.55	1.55	1.13
巴兰丹（Patjitan）	—	0.12	—	—	—
谏义里（Kedirl）	—	2.12	4.23	4.30	2.79
玛琅（Malang）	—	—	—	5.29	6.56
巴苏鲁安（Pasuruan）	1.13	2.14	3.79	—	—
庞越（Probolinggo）	1.51	0.73	—	3.64	—
麦苏基（Besuki）	—	0.42	1.26	—	4.03
外南梦（Banjuwangi）	0.34	0.14	—	—	—
马都拉（Madura）	13.68	5.31	1.58	0.86	0.68
东爪哇小计	19.22	16.69	21.21	27.21	30.12
全爪哇合计	100	100	100	100	100
全爪哇华侨总人口	94441	135749	277265	582431	1000038

注：①若干年份个别地区无人口数字，系因地区行政区划合并所致。

②详细人口数字请参见本书附录二。

资料来源：1815年数字见莱佛士：《爪哇史》，第Ⅰ卷，第70页。

1856年数字见P. J. Veth：《荷印地理及统计辞典》，第Ⅰ卷，第612—613页。

1900年数字见P. J. Veth：《爪哇》，第Ⅵ卷，第19页。

1930年数字见《1930年荷印政府人口普查报告》，第Ⅶ卷，第164—182页。

1956年数字见厦大南研所藏书《印尼华人人口分布、国籍等情况的数字估计》，1958年版。

进入 19 世纪之后，爪哇华侨人口中心自东向西移动的进程就开始发生变化，不仅进度放缓，而且逐渐出现改向的趋势，即爪哇华侨人口的分布中心又再度出现东移的迹象。为了便于对比，我们将东、中、西爪哇华侨人口的分布比重排列在一起，并且每一地区分别选取一个华侨人口较多的州为代表州，其比重数字用括号来表示，这三个代表州的华侨人口合计起来占爪哇华侨总人口的一半左右。

表 2—2　　　　　1815—1956 年爪哇华侨人口分布比重　　　　　单位：%

地区（代表州）＼年份	1815	1856	1900	1930	1956
东爪哇（泗水）	19（2）	17（5）	21（9）	27（19）	30（14）
中爪哇（三宝垄）	19（2）	35（7）	35（12）	28（7）	24（7）
西爪哇（吧达维亚）	62（56）	48（30）	44（32）	45（26）	46（26）
全爪哇（三州合计）	100（60）	100（42）	100（53）	100（52）	100（47）

西爪哇华侨人口占全爪哇华侨人口的比重，19 世纪初是 62%，19 世纪中叶开始下降，此后就一直停留在 45% 左右。东爪哇华侨人口的比重，在整个时期几乎一直是在上升，到 20 世纪中约占爪哇华侨总人口的 1/3。这个进程目前还在继续，并没有出现中止或改向的端倪。至于中爪哇华侨人口的分布比重，则有升有降，看来很像一个过渡地带：1900 年以前，分布比重从 19% 上升到 35%，即上升了 16%，这个幅度几乎就是西爪哇华侨人口的下降幅度；1900 年以后，中爪哇分布比重从 35% 降到 24%，即下跌了 11 个百分点，而同期东爪哇华侨人口分布比重的上升又几乎恰好就是这个幅度。换句话说，前期西爪哇分布比重的所失，几乎恰好就是中爪哇分布比重的所得，而后期中爪哇分布比重的所失，又几乎就是东爪哇分布比重的所得。这个过程清晰地表明 19 世纪以来，爪哇华侨人口的分布是自西往东移动，中间还有着一个过渡地带。

从三个代表州的人口比重升降，也可以看出同样的变化，所不同的是三个州的比重升降，除了反映地区与地区之间的移动外，还反映同一地区之内州与州之间的移动，后一移动也就是大小城市之间的分布移动。因为一般说来，这三个代表州都是各地区比较富庶和繁华的州，虽然华侨人口有过向大城市集中的趋势，但随着时间的推移，人口的分布更多是向僻远的小城市移动，这个移动到近期就更加明显。例如吧达维亚州在150年不到的时间里，华侨人口分布比重就从56%下降到26%，即跌落了一半以上，而同期整个西爪哇的下降幅度还不到1/3，这就是因为该州华侨人口的分布除了向其他地区移动之外，还有向本地区其他较偏远的州移动。三宝垄的情形也一样，分布比重先从期初的2%升至12%，接着又下降到期末的7%，不论是上升还是下降，变动幅度都在50%以上，而同期整个中爪哇虽然升降起伏一致，但升降幅度则不及50%。泗水的情形就更加如此，分布比重开始是大幅度上升，1930年之后就显著下降，而同期整个东爪哇的人口比重则始终是不断上升。

至此，我们纵观一千多年爪哇华侨人口的分布变化，大致可以这样结论：迄1500年为止，华侨人口中心始终是在东爪哇，1400年以前以杜板为代表，1400年以后以锦石为代表。在1500—1800年的三百年间，华侨人口中心自东向西移动，前一百年以西爪哇的万丹为代表，后二百年以西爪哇的吧城为代表。在1800—1950年的一百五十年间，人口中心西移的速度逐渐减慢，并且开始改向，自西向东移动。前一百年以中爪哇的三宝垄为代表，后五十年以东爪哇的泗水为代表。目前这个进程还在继续。

第三章　东印度公司统治时期吧城华侨人口的重要性

> 吧城是印度尼西亚华侨人口的分布中心和经济中心。——
> 吧城是荷兰东方帝国的政治经济中心。

从上述一千多年华侨人口的分布情况来判断，17、18世纪印尼华侨人口的变迁，西爪哇显然是一个具有代表性的重点，而西爪哇的吧城则又是重点中的重点，值得我们进行深入的探索。

前面我们提过，考察华侨人口问题时，东印度公司统治时期需要单独划分出来，是由于东印度公司的二百年统治代表着一个完整的商业资本殖民掠夺阶段，在这种掠夺下，华侨人口的变迁具有其他时期所没有的独特形式和内容。而最能反映这种形式和内容的地区就是吧城，它具有其他无可比拟的特点。

我们知道荷兰殖民者统治印度尼西亚并非一蹴而就，其间经历了一个不断蚕食和不断扩张的漫长过程。姑且不说辽阔广大的外岛地区，单是狭小的爪哇一地就几乎耗尽了东印度公司的整整一生，前后历时二百年，在第一个五十年里，荷兰人只不过是完成吧城城池的占领和巩固，城郊土地迟到1659年还在万丹军队手中。[1] 在第二个五十年里，公司的领地也只仅仅扩张到吧城的紧邻地区，并没有越出西爪哇的范围（公司于1705年以协助王位继承为条件，从苏苏南那里攫取井里汶、勃良安等地的领土权益）。[2] 到第三个五十年里，公司的统治权力才逾出西爪哇，扩大至东北海岸一带（公司先后于1743年、1746年从苏苏南手里攫取三宝垄、泗水、扎巴

---

[1] J. Hageman：《巽他地方史》（*Geschiedenis der Soenda—Landen*），《荷印哲学、地理，人种杂志》，第19卷，1869年版，第244页。

[2] 参见莱佛士《爪哇史》，第Ⅰ卷，第211—213页。

拉、楠榜、直葛、北加浪岸等地的领地权益)。① 直到第四个五十年，公司才算完全实现对爪哇的统治（只是在名义上还保留梭罗和日惹两个王国)。② 整个扩张过程我们可以借用历史地图简明地表示如下：③

如果从公司直接治理的领地来看，扩张过程就来得更加缓慢，因为公司所侵占的领地并不是每个地方都由公司直接派员治理的，有许多地方在很长时期里一直是假手当地封建王室进行治理的。在这些地区，公司只是控制有关政治经济的重大权益，民政宗教等事务则仍由封建王室自理。直到公司关闭为止，公司直接治理的领地面积还不到爪哇总面积的一半。H. Blink 博士为我们提供如下的数字说明：④

表3—1　　荷属东印度公司直接治理领地占爪哇总面积的比重　　单位：%

时期	比重
17 世纪	16.0
18 世纪	43.5
19 世纪	93.0

因此，在爪哇我们找不出第二个地方是像吧城那样整整二百年都处于荷兰人的直接统治下。至于辽阔的外岛，就更不用说了，迟至1819年总督 Van der Capellen 上任时，除摩鹿加一地算是由公司统治外，其余地区，荷兰人的统治只是徒有其名罢了！⑤

吧城不仅是由公司直接进行统治，而且还自始至终是荷兰东方帝国的政治经济中心。这种中心地位的形成，有历史原因，也有地理原因。荷兰人最初是想从葡萄牙人手里夺取位居印度尼西亚门户的马六甲，但是失败了，仅在摩鹿加群岛上，取得安汶一个立足点。这个据点虽然很有价值，但是作为一个中心则太偏了，不足以控制从印度大陆到印尼群岛到中国、日本之间的贸易。在很长时间里，公司总督和辅政委员们都

---

① 参见《荷印百科全书》，第Ⅱ卷，第203页；及莱佛士《爪哇史》，第Ⅲ卷，第249页。
② 莱佛士：《爪哇史》，第Ⅱ卷，第253页。
③ 荷兰皇家地理学会编：《热带荷兰地图集》(*Atlas van Tropisch Nederland*)，第10幅"荷印历史地图"。
④ H. Blink：《荷印地理、人种、经济概况》(*Nederlandsch Oost—en West Indie, Geographisch Ethnographisch en Economisch Beschreven*)，第Ⅰ卷，第428页。
⑤ Furnivall：《荷印多元经济》，第176页。

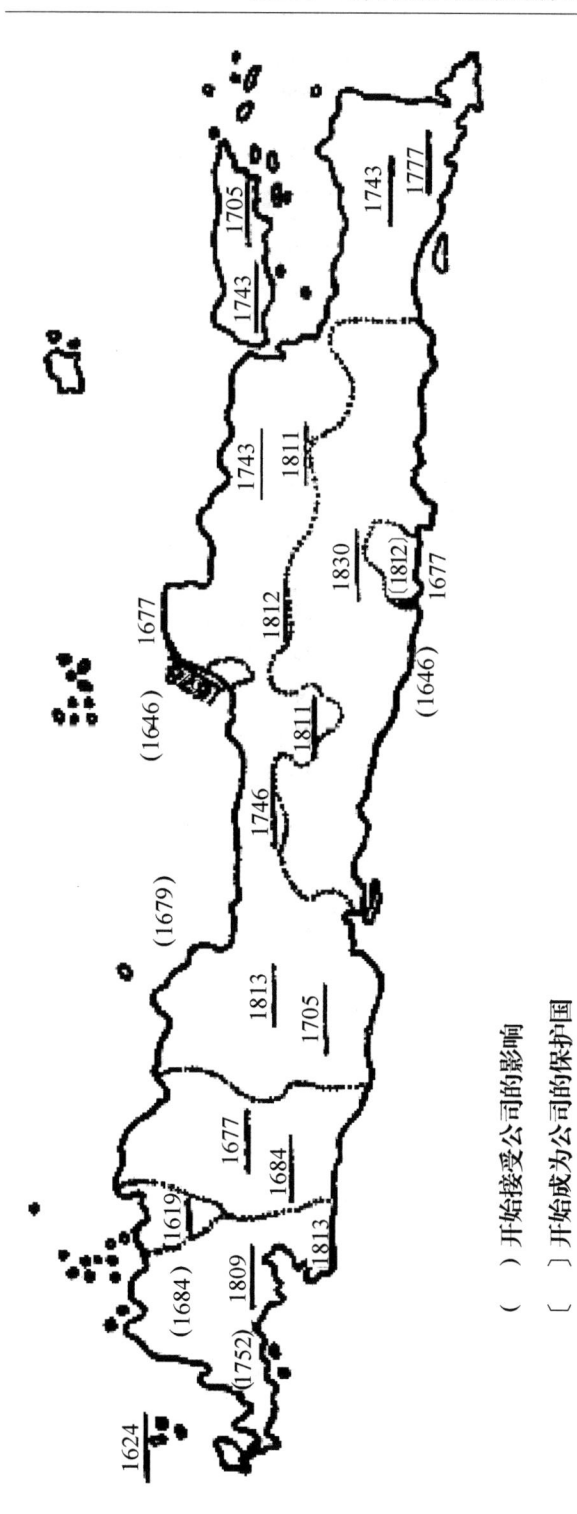

第三章　东印度公司统治时期吧城华侨人口的重要性　／23

图3—1　公司领地扩张年代

( )　开始接受公司的影响
[ ]　开始成为公司的保护国
———　开始成为公司的统治地

一直是巡回在摩鹿加和万丹之间，他们只有走到船上时，才算是踏上自己的领地，① 因此他们迫切希望能在陆地上寻找一个地点适中的地方作为公司的大本营。最初是在万丹和柔佛之间进行选择，企图从此据有一个自西方进入印度尼西亚众岛的门户，柔佛位于马六甲海峡，万丹濒临巽他海峡，二者都可以满足这个目的，只是柔佛已为葡萄牙人所控制，万丹政府则与公司交恶。② 在经过一番权衡之后，公司才决定选择雅加达，于1619年用武力加以占领，并改名其地为巴达维亚（Batavia），华侨简称为"吧城"。此后荷兰人就积极加以经营，使吧城成为著称于东南亚的一个贸易港口，对这个港口 Adam Smith 曾在"国家论"中这样描写过：

> 吧城在东印度各主要国家之间所占的位置，就如同好望角在欧洲和东印度各港口之间所占的位置一样，它位于从印度斯坦到中国，到日本的最热闹的航运上面，并且是位于这条航道的中点，几乎所有行驶欧洲和中国的船只都要经过吧城，但是最重要的是吧城为东印度群岛全境贸易的中心和主要港口，这不仅是就欧洲人贸易来说是如此，就东方土著的贸易来说也是如此，举凡中国、日本、东京、马六甲、交趾支那、西里伯等地的船只都经常航驶吧城。就是靠着这些有利条件，这个殖民地才能排除一个专利公司在它成长过程中所面临的一切障碍；也正是这些有利条件，这个殖民地才能克服也许是世界上最恶劣的不利气候。③

尽管吧城有着如许优越的地理条件，但是距离荷兰本国仍然过分遥远，在苏伊士运河没有开凿和蒸汽船还没有出现之前，荷兰到吧城一般要九个月，④ 如果再加上等待季风的时间，一封公文的来往每每要费时两年，这就使许多请示训令寄达之日，已是明日黄花，时过境迁了。荷兰公司董事会虽然在1769年利用物质刺激来缩短航程，规定出航船凡能在

---

① Willem Bontekoe：《东印度航行回忆录》（*Memorable Description of the East Indian Voyage: 1618—1625*），英译本序第9—10页。
② Day：《荷兰人在爪哇的政策和统治》（*The Policy and Administration of the Dutch in Java*），第43页；萨奴西巴尼：《印度尼西亚史》，第144页。
③ Adam Smith：《国富论》（*The Wealth of Nation*），Edwin Cannan 标注本，1937年纽约版，第600页。
④ Glamann：《荷兰与亚洲的贸易》（*Dutch-Asiatic Trade: 1620—1740*），第25页。

六个月之内到达吧城者，可获得奖金1200盾，① 但是始终没有显著效果。

如果我们把荷兰吧城两地之间的远隔重洋和交通信息的迟滞这一点考虑在内，那就可以想象得出公司时期吧城殖民政府所享有的独立自主权力。尽管名义上吧城政府须听命于荷兰董事会，但是许多殖民措施始终是由吧城政府自行决定。当然这不完全是出于空间上的遥隔，荷兰董事会们对东印度商业、政治和地理的无知也是一个原因，每当董事会的意见同吧城政府相左时，后者总是无例外地占据上风。最足以说明这一事实的是吧城总督在写信给董事会时所使用的措辞的直率无礼，1619年总督燕·彼得逊·昆在一封信中写道："我当着上帝的面起誓，没有任何敌人能比之无知和愚钝更加损害公司的利益和更加妨碍公司的发展，而无知和愚钝在阁下之间却是十分流行的（请别生气），它使一切有思考的人哑口无言。"② 二十年后，总督 Van Diemen 在答复董事会责难他的施政方针时，也公然声称："我们已经说过，现在再重复一次，东印度的事务必须交给我们来处理，如果我们必须为公司办事的话，那就不可能等待你们的指示，阁下深知其中的理由，这就是时间不容许。"③ 此后的各任总督尽管在才能和毅力上比不上这二位总督，但是他们也仍然享有充分的独立自主，他们每年向荷兰寄送的长篇施政报告，只是说明已经做了些什么，而不是请示该做些什么；董事们的回答除了有关贸易垄断和财政开支之外，也很少有所批驳和具体指示。董事们所抱的宗旨是："只要能为我们赚钱，至于怎么赚则悉听尊便。"④ 从这里我们就可以想见吧城作为东印度群岛的政治经济中心所具有的重大意义了。由于上述种种原因，当我们在考察东印度公司统治时期印度尼西亚华侨人口的变迁时，就很自然地，同时也是必然地要以吧城为重点，进行深入的探讨。

最后，让我们引叙 Vermeuten 博士在对吧城中国文化学会的一次演讲中所说的一段话，作为本章的结束：

> 一如过去一样，当我在讨论有关东印度公司的历史时，我总是

---

① Kellers：《殖民》（*Colonization*），第417页。
② Day：《荷兰人在爪哇的政策和统治》，第90页。
③ 同上书，第90—91页。
④ 同上书，第91页。

把自己范围在吧城及其紧邻地区，因为正是在这个地区，公司的利益显得最为突出。至于华人，在公司存在的整个时期内，吧城总是他们人数最多的地区，他们世代居住在那里，新来的人也是在吧城登岸，或是就地向亲友同乡寻求栖枝，或是由此前往邻近乡间进行垦殖。诚然，在东印度公司的整个领地内，从南印度到摩鹿加都有华人居住，但是没有一个地方拥有像吧城这样多的华人以及这样稳固的华人经济组织和政治组织。[1]

---

[1] J. Th. Vetmetuen:《十七、十八世纪荷属东印度公司有关华人的司法行政》（Some Remarks about the Administration of Justice by the Compagnie, in the 17th and 18th Century in Respect of the Chinese Community），《南洋学报》第12卷第2辑。

第二部分　基本情况

第四章　吧城人口资料的时间标志和空间标志

　　时间标志：年终公告人口数字代表当年的平均人口状况，年初公告人口数字代表上年的平均人口状况。——空间标志：17 世纪人口数字仅指城区而言，包括城池及南门外近郊；18 世纪人口数字分城区和乡区两部分，城区指城池及离城二英里以内的近郊，乡区指离城二英里至二十五英里不等的地区。

　　要分析吧城华侨人口的变迁，就首先要掌握足够的人口统计数字；但是十分遗憾，我们手头所掌有的仅是两份残缺不全的材料：一份是收集在《吧城日志》（*Dagh - Register Gehouden int Casteel Batavia*）里从 1674—1682 年的吧城城区人口数字，[①] 另一份是莱佛士在 1811 年进驻吧城时，从公司遗弃档案中整理出来的从 1700—1800 年的吧城城乡人口数字。[②] 由于缺少其他材料，我们后面所使用的数据都是来自这两份材料，或是根据这两份材料进行加工推算。

　　为了便于充分使用这两份材料，我们想先谈谈它们所依据的时间标志和空间标志。

　　人口数字也如同其他任何统计数字一样，总是相对于特定的时间和空间而言，数字是否可以相互对比首先决定于它们的时空标志是否彼此同一，不同的时空标志就意味着不同的数字内容。

　　吧城日志所提供的人口数字是来自吧城政府的调查报告，莱佛士所提供的人口数字是来自吧城政府的档案文卷，因此二者来源一致，其所

---

① 参阅本书附录三。
② 参阅本书附录四。

依据的时空标志都是来自同一规定。问题是这种规定的具体内容如何，时间标志比较容易说明，空间标志则稍费口舌。

吧城政府从 1674 年开始公告人口数字，公告日期一般在每年年初，公告内容则是上年年终的人口状况。其中也偶有例外，例如 1673 年的人口状况就不是年终，而是 11 月 30 日。人口数字是时点数量，表示特定瞬间的人口状况，由于人口调查颇为费时，通常为简便起见，都把这一特定瞬间的人口状况看成代表该年随时存在的平均人口状况。问题所在是吧城政府的人口数字既是两个年份之间的交接时点，那么这个数字究竟是看作代表前一个年份的平均人口状况？还是看作代表后一个年份的平均人口状况？就时点所处的位置来说，两种可能都存在，很难判断哪一种是比较合理。当然，更严格的做法，是取年初和年终两个瞬间人口的平均数字作为该年的平均人口数字。但是经过仔细推敲之后，这种做法并不一定合理。

表 4—1　　　　　　　　吧城日志人口数据来源

公告日期	人口状况日期	来　　源	推定年份
1674.1.31	1673.11.30	《吧城日志》1673 年，第 28—29 页	代表 1673 年的平均人口状况
1675.1.31	1675.1—	《吧城日志》1675 年，第 50—59 页	代表 1674 年的平均人口状况
（1676 年吧城日志缺人口公告数字）			
1677.3.1	1677.1.1	《吧城日志》1677 年，第 62—63 页	代表 1676 年的平均人口状况
1678.1.30	1677.12.31	《吧城日志》1678 年，第 47—48 页	代表 1677 年的平均人口状况
1679.7.23	1678.12.31	《吧城日志》1678 年，第 768—769 页	代表 1678 年的平均人口状况
不详	1679.12.31	《吧城日志》1679 年，第 42—43 页	代表 1679 年的平均人口状况
不详	1680.12.31	《吧城日志》1680 年，第 852—853 页	代表 1680 年的平均人口状况
不详	1681.12.31	《吧城日志》1681 年，第 795—796 页	代表 1681 年的平均人口状况
不详	1682.12.31	《吧城日志》1682 年，第 1475—1476 页	代表 1682 年的平均人口状况

根据1655年吧城城区户口管理办法，各街长（Wijkmeester）必须在每年9月底将所属街坊人口填送警察局，经警察局审核汇总，上报公司评政院。吧城政府于1685年重申此项规定，① 并于1686年将此项规定推广至乡区的户口管理。② 尽管警察局在审核汇总时，对9月份以后的人口变动可能有所补充，但基本情况则仍然是各地当年9月底的人口状况。所以吧城政府公告时所声称的年终或年初人口状况，事实上就是9月底的人口状况。基于这一理由，我们把官方公告的年终人口数字一律看成代表当年的平均人口状况，而把年初公告的人口数字看成代表上年的平均人口状况。

至于吧城人口的空间标志，情况就十分复杂，吧城官方文献始终没有明确界定过吧城的地理范围，因而在这上面分歧也就最突出，许多有关华侨人口的记载，彼此相去之所以悬殊，很大程度上是由于对吧城幅员大小的理解不一所致。姑以中文文献为例，吧城华侨人口数字就有十种之多：

表4—2　　中文文献中吧城华侨人口数字

文　献	华侨人口	原　文
1. 日本《唐船风说》（1690年）	数万	1690年华人船主欧斌官自咬嵧吧航船至长崎，据报“咬嵧吧境内现有华人数万留寓”。（见《南洋学报》第13卷第1辑，陈荆和《清初华舶至长崎贸易及日南航运》）
2. 雍正《朱批谕旨》［雍正五年（1727）闽浙总督高其倬等奏折］	万余或数万	“臣等细询洋行人等，或称噶喇巴地有万余人者，或称有数万人者。”
3. 程日炌《噶喇巴纪略》（作者1729—1736年旅居吧城）	数十万	“无资本者留寓，由寒微而富贵，多忘桑梓，以生以养，众不下数十万。”（见《南洋学报》第9卷，第1辑）
4. 顾森《甲喇吧》（记殷姓船户1740年游爪哇谈）	数千	“其国华人侨寓者数千人”（同上）
5. 陈伦炯《海国闻见》噶喇巴条（1730年撰）	十万以上	“中土之人在彼经商耕种者奚啻十万，每人年给丁票五六金，方许居住。”

① 《吧城布告集》，第Ⅲ卷，第155—162页，1685年10月16日—11月18日。
② 同上书，第190—191页，1686年7月23日。

续表

文　献	华侨人口	原　文
6.《清文献通考》卷二九七、四裔考五（1747年撰）	数万	"噶喇吧……汉人居之者，以数万计。"
7. 王大海《海岛逸志》（1791年撰）	十万以上	"华人自明三宝太监下西洋，至今四百余载，闽广之人为商留寓者，生齿日繁，奚止十万。"
8. 杨炳南《海录》噶喇巴条（记谢清高1782—1795年随番舶遍历洋中岛国）	数万	"华人在此贸易不下数万人，有传至十余世者。"
9. 阙名《噶喇巴传》（道光年间1821—1850撰，见《小方壶斋舆地丛钞》第十帙）	十余万	"近日中国人口浩盛，往此地何啻十余万。"
10. 徐继畬《瀛环志略》卷二，噶喇巴条。（1848年撰）	数万	"闽广之民流寓其地者，以数万计。"

　　各家记载噶喇巴华侨人口数字，就同一时期而论（18世纪中叶），从数千到数十万不等，其间相去竟达百倍；就不同时期而论，17世纪末华侨人口已达数万，到19世纪中，中经一百五十年，人口仍为数万。这些矛盾丛生的数字很大程度上可以归结为各家对"噶喇吧"幅员的解释彼此不一：有的认为噶喇吧就是整个爪哇岛，如晚至道光年间撰写的《瀛环志略》就说："噶喇吧又称咬嚼巴，又称呀瓦，即爪哇国。"①《噶喇巴传》也说："呀瓦即噶剌巴。"② 至于某些曾亲身旅居吧城的作者，虽然深知噶喇吧与爪哇有别，但在提及华侨人口时，又每多从国家的概念出发，用噶喇吧泛指东印度公司的全部领地。如久居爪哇的王大海在《海岛逸志》中写道："噶剌巴，南洋一大岛国也。……其所统辖有北胶浪（Pekalongan）、三宝垄（Semarang）、竭力石（Gresik）、四里猫（Surabaya）、马辰（Bandjarmasin）、望加锡（Makasar）、安汶（Ambon）、万澜（Banda）、涧仔地（Ternate）、万丹（Banten）、麻六甲（Malaka）等处不下数十岛，闽广之人扬帆而往者，自明初迄今四百余载，留寓长子孙，

---

① 《瀛环志略》卷2，南洋各岛。
② 《小方壶斋舆地丛钞》第十帙。

奚止十万之众。"①

从这里我们就可以看出，如果不加区别地把"噶喇吧"的华侨人口都看成东印度公司统治下的"吧城"华侨人口，就会产生严重的差误，这也就充分说明人口数字的空间标志的重要性。

下面我们就想来谈谈17世纪和18世纪的吧城幅员。

吧城由于它本身是处在不断的发展中，因而它的地理幅员也处于不断的变化中，今天的吧城概念，固然大大不同于公司时期，但是即使同是公司时期，后期所具有的完整疆界，也绝非初期所能比拟。为了弄清吧城的幅员大小，我们有必要简单地回溯一下吧城的建城沿革。

吧城是荷兰人把椰加达轰成废墟之后所重建的一个城市，营建时间相当长，单是城池的屏障就将近耗费了半个世纪。根据荷兰史家 Veth 的记载，吧城南门（Nieuwpoort）建于 1631 年，东门（Rotterdammerpoort）建于 1636 年，北门（Vierkantspoort）建于 1639 年，西门（Utrechtsche）建于 1651 年，小南门（Diespoort）建于 1657 年。② 在《开吧历代史记》这部出于吧城华侨手笔的珍贵文献里，对于吧城的营建经过有着更加详尽的记叙（仅个别年份与荷文文献稍有出入）：

> 崇祯九年，丙子，即和 1636 年……安哆哖伴卢宜（Antonie van Diemen）既登王位，阅前王庇得郡（Jan Pieterszoon Coen）筑城规模，未能告竣，适病薨，乃遵其遗命，令筑城东门，城门上画一圈，圈内画一个狮子，刻有字号。③

> 崇祯十一年，戊寅，即和 1638 年……大王安哆哖伴宜筑城小南门，既成，门上写字号。④

> 顺治九年，壬辰，既和 1652 年……大王胶卢螺哖（Karel Reiniersz）继前王庇得郡之志，起建全城，并筑北门，至是完工，城门上圈画一只甲板船；又修西门，城门画一圈，圈内有石一片，石中画挂一剑直竖。⑤

---

① 《海岛逸志》，见《小方壶斋舆地丛钞》第十帙。
② P. J. Veth：《荷印地理及统计辞典》，第一卷，第104—105页。
③ 《南洋学报》第9卷第1辑，许云樵校本，第28页。
④ 同上书，第28页。
⑤ 同上书，第30页。

康熙十一年，壬子，即和1672年……大王裕安吗西吃（John Maetsuijcker）督工于城内开港，四处筑石桥，大小十四座，东门内造三角桥，挂有字号。1695年又添设市场，为唐番营利之所，乃用元通铜钱。至十四年，乙卯，即和1675年，始告竣完工也。①

据此，东印度公司在其二百年的生存期内，几乎用了整整四分之一的时间，才完成一个城池的屏障建筑，用了二分之一的时间，才完成城内的主要建筑。到17世纪末，吧城的建筑面积，包括南门外的部分住宅，仅达二平方公里，计东西宽一公里，南北长二公里。②

至于城外的乡区，荷兰人在很长时间里都无法加以控制，作为当时吧城东面疆界的勿加西（Bekasi）是迟到1677年才得到马打蓝王国的承认。③ 西面疆界的文登（Tangerang）是迟到1684年才为万丹王国所承认。④ 荷兰人在17世纪对于吧城城外地区的控制情况，我们可以借用1740年红溪惨案后荷印政府审判华人甲必丹连富光时，其辩护律师Willem Cras所引述的一段话来说明。W. R. van Hoevell 在《1740年的吧城》一书中写道：

公司官员对于爪哇这个岛屿是知道得很少的，吧城邻近地区只要超过二小时的步行距离，就是属于不可知之国。⑤

因此我们可以说，在十八世纪中叶，吧城城外是一个连荷兰官员自身也是毫无所知的地区，甲必丹是住在城内，他没有义务要注意住在乡区的居民，从而不能说他知道城外华人的行动，并应对其叛乱负责。⑥

从这里我们就可以看出，吧城后期的"城区"和"乡区"的分划在

---

① 《南洋学报》第9卷第1辑，许云樵校本，第32页。
② 根据后附吧城市政府编《作为商业、工业和居住中心的吧城》（*Bataviaals Handels - , Industrie - en Woonstad*）第35页地图计算。
③ 莱佛士：《爪哇史》，第Ⅱ卷，第198—199页。
④ 同上书，第200页。
⑤ B. Hoetink：《1740年吧城华侨甲必丹连富光》（*Ni Hoekong, Kapitein der Chineezen te Batavia in 1740*），《荷印语言、土地与人民》第74卷，第497页注②。
⑥ 同上书，第497页。

17 世纪是没有什么意义的，这时所谓吧城更多是就城池而言，再加上南门外城边的部分地区，因此 17 世纪的吧城人口也只是相对于这一范围而言。

到 18 世纪，吧城向城外扩建，扩建规模分别自城墙向东、西、南三向外延半公里至一公里不等，迄公司关闭时为止，吧城建筑面积城郊合计约达 5 平方公里，东西最长约 2.6 公里，最短约 2.4 公里，平均是 2.5 公里；南北宽度约 2.4 公里，最窄约 1.6 公里，平均是 2 公里。如果说在几何图形上，17 世纪末的吧城是一个南北宽东西窄的长方形，那么经过将近一个世纪的扩建之后，18 世纪末的吧城就变成一个东西宽、南北窄的长方形了。

至于拆除城墙，在今中央区（Weltevreden）辟建新市区，并进一步向干冬墟（Mr. Cornelis）扩大，全是 19、20 世纪的事。我们这里只讨论东印度公司统治时期的吧城幅员。

吧城的扩建经过为我们指出 17、18 世纪吧城官方的人口公告，在空间标志上是存在显著差异的，即 17 世纪仅有城区人口，18 世纪则除了城区人口之外，还有乡区人口。

17 世纪的城区人口，按照当时市区的居住区划，又分"城东""城西"和"南门外"三部分。虽然到 18 世纪，城区已向城外扩展，不仅南门外建筑增加，即东门、西门外也有建筑，而且建筑面积比南门外更为宽广，但是官方在公告人口数字时，对东西门外的居住人口并未另立新名，仍沿用旧制分"城东""城西"及"南门外"三部分，"城东""城西"两部分则分别包括城外地区。

现在我们需要进一步探讨的是：如果把吧城分为"城区"和"乡区"两部分，那么，在 18 世纪市区建筑已逾出城池的情况下，城区和乡区又意味着多大一个范围？这个问题官方文献没有为我们提供明确的材料，我们只能从后期的私人著述中去寻找答案。为了便于说明当时的地理疆界，我们不得不借用后期的一些行政区划命名。

吧城的全名是"巴达维亚"（Batavia），这个名称在后期的文献上有三种含义。即巴达维亚市（Stadsgemeente）、巴达维亚府（Regentschap）、和巴达维亚州（Residentie），如果没有特别标注，巴达维亚一名既可以指市，也可以指府或州。正因为名同而实异，"巴达维亚"一词经常造成幅员概念上的混乱，加之具体的行政区划又经常变动，随时期而不同。按照 1930 年的行政区划，西爪哇共分五州，每州分三府至五府不等。其中与公司时期的吧城幅员有关者，为茂物州的茂物府和巴达维亚州的巴达维亚市、巴达维亚府、Mr. Cornelis 府。府、市辖下又分区（District），计：

茂物府分 Paroeng、Tjibinong、Buitenzorg、Tjibaroesa、Leuwiliang、Djasinga、Tjiawit 七区。巴达维亚市分 Batavia、Weltevreden 二区。

巴达维亚府分 Tangerang、Maoek、Balaradja 三区。

Mr. Cornelis 府分 Kebajoran、Mr. Cornelis、Bekasi、Tjikarang 四区。

公司时期，吧城的行政区划，根据 Veth 的著作，分为"城区"（Stad）和"乡区"（Ommelanden）两部分，作者对城区范围没有加以说明，但指出乡区包括 Tangerang 大区（Afdeeling）的一部分、Mr. Cornelis 大区的全部以及茂物大区的大部分。[①] 根据莱佛士的解释，城区是指城内和城外二英里之内的近郊，[②] 乡区是过去雅加达王国领土的主要组成部分[③]，而雅加达王国领土则指自 Untung Jawa 河至加拉横河之间直达南北岸的地区[④]。这个解释与 Veth 的解释是大致相同的。

J. Tromp 在《1857 年以前的吧城附近私领地》一文中，对吧城的城乡范围有着如下的叙述：

> 过去所谓吧城的乡区是指城区以外的地方，而城区范围是东至 Bekasi 及 Tjilintjing 河，西至 Tangerang、南至 Mr. Cornelis。[⑤]

Tromp 对于城区的解释为明确，但问题是他所开列的四至 Bekasi、Tangerang、Mr. Cornelis 等地究竟是指"区"而言，还是指区治的所在地（Eerste-Iuitenant van een District）？因为根据荷印的地方命名习惯，州和州治、府和府治、区和区治在绝大多数场合都是同名，不特别标注就很难肯定指的是什么。如果这里所指的是"区"，那么城区的四至就是到各

---

① Veth：《爪哇》，第 II 卷，第 241—242 页。
② 莱佛士：《爪哇史》，第 II 卷，第 270 页。
③ 同上书，第 271 页。
④ 同上书，第 199 页。
⑤ J. Tromp：《1857 年以前的吧城附近私领地》（Het Partikulier Landbezit in de Bataviasche Ommelanden tot 1857），转引自 B. Hootink《1740 年华人甲必丹连富光》一文。

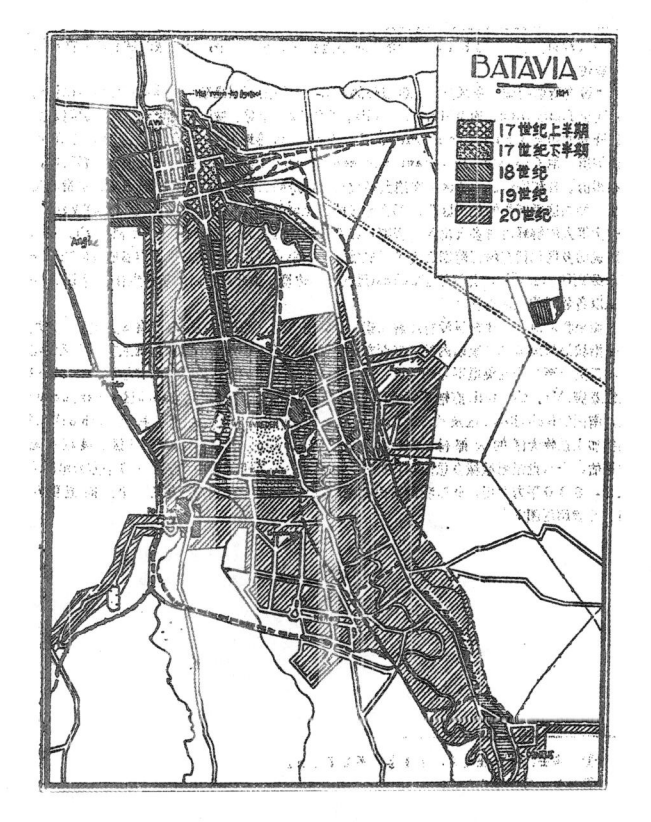

第四章　吧城人口资料的时间标志和空间标志 / 37

图4—1　巴达维亚城区变化

邻区的边境为止，这与 Veth、莱佛士等人的解释没有多大出入；否则，四至远及邻区的区治所在地，就会把 Veth、莱佛士所说的乡区包括在城区范围之内了。显然，后一解释不足取。同时根据作者所说的吧城城区东至 Tjilintjing 河，此河位于 Bekasi 区的东面边境，由此也可以间接推定作者所指的四至是以各邻区的边境为界的。

如果我们对于上述材料没有理解错误的话，各人笔下的城乡范围并没有多大出入，即城区是指城池和离城二英里以内的近郊而言，幅员相当于 1930 年的巴达维亚市，乡区则指离城二英里至二十五英里不等的地区，相当于 1930 年的巴达维亚州内其他两个府，即巴达维亚府、Mr. Cornelis 府辖下邻接巴达维亚市的各个区，即西面的 Maoek 区和 Tangerang 区，南面的 Kebajoran 区及 Mr. Cornelis 区，东面的 Bekasi 区；此外，按照 Veth 的解释还要加上茂物大区的大部分，即 Paroeng、Tjibinong、Buitenzorg 三区。根据粗略地推估，18 世纪吧城城乡总面积将近 3500 平方公里，其中城区 170 平方公里，乡区 3330 平方公里。此后我们讨论吧城的城乡人口，就是相对于这样一个空间范围而言（参见图4—2）。

图4—2　18世纪吧城地图

资料来源：《1930 年荷印人口普查报告》附图。

第五章　吧城居民人口的分类

　　按种族血统分：荷兰人、欧亚混血后裔、中国人、获释奴隶、摩尔人和爪哇人、马来人、巴厘人、奴隶。——按法律身份分：公司职员、公民、外国人、奴隶。

　　我们通常所熟知的荷印人口分类是三分法。即"欧洲人""原住民"和"东方外侨"，比较详细的材料则在东方外侨之下再分为"中国人"和"其他东方人"。① 但是公司时期的人口分类则与此截然不同，吧城政府曾经采用过两种人口分类法，一种是按种族血统分，另一种是按法律身份分，前者一般见之于官方公告的人口统计数字，后者见之于政府的公文法令，但二者并非全然无关，其间有其相互呼应之处。

　　在吧城每年公告的人口数字中，全城人口按种族血统共分八类："荷兰人"（Nederlanders）、"欧亚混血后裔"（Mixtiezen）、② "中国人"（Chineezen）、"获释奴隶"（Mardijkers 指赎身奴隶或因功而获得自由的奴隶）、"摩尔人和爪哇人"（Mooren en Javaenen）、"马来人"（Maleijers）、"巴厘人"（Baliers）、"奴隶"（Lijfeijgenen）。其中需要略加说明的也许是摩尔人，为什么吧城当局会把他们同爪哇人归类在一起呢？公司时期的摩尔人，并非指来自非洲北岸的居民，而是指是来自印度 Coromandel 及 Malabar 海岸的居民；③ 根据 de Haan 的解释，摩尔人不包括阿拉伯人，"Moor"一字来自葡萄牙文"Mouro"，意指伊斯兰教徒，因此公

---

① 见《1930年荷印人口普查》，第Ⅰ卷，说明及列表。
② 此字原指西班牙、葡萄牙人同美洲印第安人的混血子女，后转用为欧亚混血子女。见 de Haan《老吧城》，第Ⅰ卷，第539页。
③ 莱佛士：《爪哇史》，第Ⅰ卷，第83页。

司时期的摩尔人指信奉伊斯兰教的"吉林人"（Clingen），而吉林人则指来自印度 Coromandel 海岸的 Kalinga 地方的居民。① 由于他们同爪哇人信奉同一宗教，并且很早就在爪哇定居下来，在历次抗荷战争中经常与爪哇人站在一起，因此荷兰殖民当局敌视他们，把他们同爪哇人列在一起，这一点在后一分类中可以看得更加清楚。

吧城政府除了使用种族的血统分类外，还使用法律的身份分类，将全城居民分为"自由民"（Vrije bewoners）和"奴隶"，自由民又细分为"公司职员"（Compagniedienaren）、"公民"（Burgers）和"外国人"（Vreemdelingen）三类。"公司职员"含义很清楚，指受雇于公司的人员，绝大部分为荷兰人。需要进一步解释的是"公民"和"外国人"，这牵涉到华侨的法律身份和社会地位。

"公民"或又称"自由公民"是一个多民族的混合集团，具体内容有：

（1）准予在殖民地居住并宣誓效忠于公司的葡萄牙人；

（2）上述葡萄牙人与原住民妇女或获释女奴隶所生的子女；

（3）马尼拉的 Papangers（指来自菲律宾 Papange 地方的西班牙人后裔）；

（4）获释奴隶（Mardijckers）；

（5）荷兰本国移民及在殖民地居住的公司退职人员；

（6）上述荷兰公民与原住民妇女或获释女奴隶所生的子女；

（7）从荷属其他殖民地移入的土著居民；

（8）"小自由民"，指由望加锡、安汶等地运来并获得自由的奴隶；

（9）因有功于公司而获得"自由公民"证书的爪哇人。

所谓"外国人"则指"中国人""爪哇人"及其他原住民。②

法律身份的不同，也就意味着社会地位的不同，因此这种分类是一种社会等级的划分，每一个人都隶属于一定社会等级。等级的高低，根据 de Haan 的材料，最高层是欧洲人，等而下之是欧亚混血后裔、土著基督教徒、东方外国人、土著自由民、奴隶。③ W. F. Wertleim 教授在《转变中的印尼社会》一书中对此有着较为详细的叙述："17、18 世纪，在东

---

① de Haan：《老吧城》，第 I 卷，第 486—487 页。
② 参阅《荷印百科全书》，第 I 卷，第 422—423 页。
③ de Hann：《老城吧》，第 I 卷，第 451 页。

印度公司统治的土地上出现了一个完全有别于印度尼西亚原有社会结构的新的等级制度，按照这个制度，公司职员在吧城是位居最高等级，次为自由公民，在自由公民中基督教徒享有种种特权，而基督教徒的自由公民又以荷兰公民为优，欧亚混血后裔次之，获释奴隶又次之。至等级低于自由公民者则依次是中国人、原住民和奴隶。"①

如果用示意图来表示这个等级制度，其层次关系是这样：

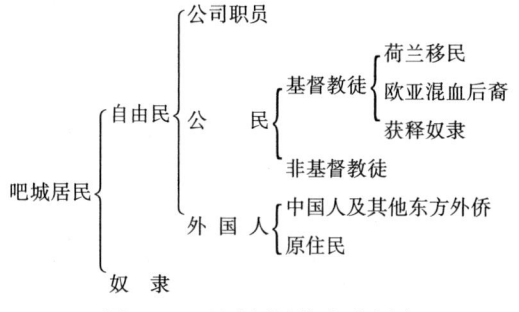

```
            ┌ 公司职员
            │         ┌ 基督教徒 ┌ 荷兰移民
            │ 公  民 ┤          │ 欧亚混血后裔
     ┌ 自由民┤         │          └ 获释奴隶
吧城居民┤    │         └ 非基督教徒
     │      └ 外 国 人 ┌ 中国人及其他东方外侨
     │                └ 原住民
     └ 奴  隶
```

图5—1　吧城居民构成示意图

从这里我们就可以看出，吧城居民的法律身份或社会等级基本上是按照种族血统来确定的，种族血统一经确定，社会等级也就大致跟着确定。华侨在这个等级社会中，与爪哇人同属于外国人、位居自由民中的最低层，其法律身份稍胜于奴隶，但次于获释奴隶。吧城政府只把中国人和爪哇人视同外国人，不给予公民身份，完全是出于政治上和经济上的排他主义，使这两个民族始终处于居民人口中的少数地位，以便确保公司的政治利益和经济利益。下表数字就表明在17世纪后半期，中国人和爪哇人合计起来还不到15%，而占人口半数以上的却是奴隶，统治这些奴隶的则是10%不到的荷兰人及其混血后裔，这种等级结构无疑是纪元前雅典奴隶社会的翻版（参见表5—1）。②

---

① W. F. Wertheim《转变中的印度尼西亚社会》（*Indonesian Society in Transition*），第136页。
② 雅典全盛时期有人口500000人，其中自由公民90000人，外国人及被释放奴隶45000人，奴隶365000人，即18%为自由公民，9%为外国人及被释放奴隶，73%为奴隶。见恩格斯《家庭、私有制和国家的起源》，人民出版社1955年版，第114页。

表 5—1　　　　　1673—1682 年吧城各族居民人口比重

年份	全城总人口（人）	荷兰人（%）	欧亚混血（%）	获释奴隶（%）	马来人（%）	巴厘人（%）	中国人（%）	摩尔人及爪哇人（%）	奴隶（%）	合计（%）
1673	27068	7.48	2.68	19.81	2.26	3.62	10.15	4.95	49.05	100
1674	30779	6.85	3.03	19.02	3.25	4.72	10.01	2.92	50.20	100
1676	33749	7.05	2.64	18.19	2.94	4.98	10.34	2.66	51.20	100
1677	31454	7.64	2.25	18.50	2.78	5.58	10.10	3.00	50.15	100
1678	32324	6.89	2.35	16.54	3.89	4.22	9.96	4.49	51.66	100
1679	31554	6.77	1.96	19.66	3.10	4.42	9.53	3.87	50.69	100
1680	30740	7.24	2.54	18.84	2.83	3.98	10.27	2.95	51.35	100
1681	30598	7.15	2.00	18.48	3.38	4.66	9.59	3.14	51.60	100
1682	28693	8.01	2.54	18.22	3.29	4.61	10.81	3.51	49.01	100
1673—1682年平均	30773	7.22	2.44	18.55	3.09	4.55	10.08	3.48	50.59	100

表 5—1 根据《吧城日志》1674 年（第 50—51 页），1678 年（第 47 页），1678 年（第 268 页），1679 年（第 693 页），1680 年（第 852 页），1681 年（第 295 页），1682 年（第 1475—1477 页）等年所公布的人口资料计算。详细数字请参阅附录三"1673—1982 年吧城各族人口统计"。

在吧城人口中，值得注意的是位居底层的奴隶尽管来自四面八方，但是唯独没有爪哇人。即使爪哇人不幸为海盗劫掠出卖为奴隶，只要他们能够提出身份证明，也可以立即获得释放[①]。当然，这绝不是说爪哇人有什么比近在咫尺的巴厘同胞来得优越的地方。荷兰人完全是出于巩固殖民统治的考虑而故意作此规定，理由正如他们自己所大言不惭地公然声称："这一规定非常妙，否则，我们所面临的将是一群单一国籍的奴隶，而不是像今天这样的五花八门永无叛乱之虞的奴隶。"[②] 从这里我们就可以想象得出吧城当局把爪哇人视同外国人的用心所在。

---

① 莱佛士：《爪哇史》，第 I 卷，第 84 页。
② de Haan：《老吧城》，第 I 卷，第 452 页。

第六章　吧城华侨人口数字的推估

17世纪城区华侨人口：利用人头税资料推估1658—1663年城区华侨人口数。——18世纪城乡华侨人口：利用莱佛士人口统计资料推估18世纪城乡华侨人口数。

我们将东印度公司统治时期的吧城华侨人口按世纪分别列表，17世纪只列城区人口，18世纪则兼列城区和乡区人口。一如我们前面所提到的，在17世纪，吧城的建设和行政管辖都没有超出城区范围，官方公告人口也只有城区数字。当然，这不是说17世纪吧城乡区没有华侨居住，事实上，在吧城城池还没有兴建的时候，吧城乡区就已经有华侨居住了，仅在城池建就后，纷纷迁往城区居住。《开吧历代史记》就这样写道：

唐人社原在蚊加赖（Manggarai）、吃浪班让（Djalan Pandjang）二处，城池既就后，乃移居城内外地，而蚊加赖及吃浪班让二处衰矣！[1]

17世纪的华侨人口，我们从文献中所收集到的数字只有十四个年份，而这十四个年份的分布又大多集中在17世纪初叶和末叶，因此不足以显示整个世纪的人口变化趋势。为了补充17世纪中叶的人口数字，我们不得不借助于估算，利用人头税资料，间接推估1658—1663年的城区华侨人口。

吧城华侨人头税是从1620年10月1日起征的，[2] 开始时是由政府直

---

[1] 《开吧历代史记》第27页。
[2] 《燕·彼得逊·昆东印度商务文件集》，第Ⅲ卷，第648页。

接派员征收,规定年满 14 岁有劳动力的华侨男丁,均须按月交纳,仅妇女、残废、疾病及年满 60 岁或未满 14 岁者方得豁免。① 自 1658 年起,吧城当局为减省稽查手续及避免逃税损失起见,决定将人头税交由华侨承包。②

表 6—1　　　　1658—1663 年吧城人头税承包额及人头税率③

年份	承包额	出处	税率	出处
1658	每月 1950 元（reaal）	《吧城日志》,1659 年,第 59 页,1659.3.31	每人每月 1 元	《吧城布告集》,第 Ⅱ 卷,第 251 页,1657.12.1
1659	每月 1450 元（reaal）	同上	每人每月 0.8 元	《吧城布告集》,第 Ⅱ 集,第 314 页,1658.12.20
1661	每月 1565 元（reaal）	《吧城日志》,1661 年,第 1 页,1661.6.1	同上	同上
1662	每月 1250 元（reaal）	《吧城日志》,1661 年,第 524 页,1661.12.30	同上	同上
1663	每月 1293 元（reaal）	《吧城日志》,1663 年,第 1 页,1663.7.1	同上	同上

　　我们先从承包额和税率估计纳税男丁人口,然后再按照 1673—1682 年城区华侨人口的年龄构成,平均每 2.75 人中有一个 14 岁以上的男丁人口,比例推算各年的华侨总人口。这里由于资料限制,我们将 14 岁以上的男丁近似看成纳税男丁,暂不扣除 14 岁以上的残废、疾病及年老人口。估计这类人口为数不多,特别是 60 岁以上的老年人口。王大海在《海岛逸志》一书中就写道:"吧地蒸热,频年沐浴,元气时泄,人至五六十,已为上寿。"④ 因此把 14 岁以上的男丁人口视同纳税人口,该不致

---

① 《吧城布告集》,第 Ⅱ 卷,第 251 页,1657 年 12 月 1 日。
② 《吧城日志》,1657 年,第 344 页。
③ 参阅本书附录四"人头税率变动表"。
④ 《海岛逸志》(1791 年),各岛条。

产生重大误差。

表6—2　　　1658—1663年吧城纳税男丁与华侨总人数一览　　　单位：人

年份	估计纳税男丁	估计华侨总人数
1658	1950	5363
1659	1812	4983
1661	1957	5382
1662	1562	4295
1663	1616	4444

下面列表时，为了区别有文献可考的数字，凡估计数一律用括号表示。

表6—3　　　　　　　　17世纪吧城城区华侨人口

年份	城区居民总人口（人）	华侨人口（人）	华侨人口占城区总人口的比重（％）	出处
1619		300—400		《燕·彼得逊·昆商业通讯集》，第Ⅵ卷，第178页；de Haan：《老吧城》，第Ⅰ卷第25页
1620	2000	800	40	《燕·彼得逊·昆商业通志集》，第Ⅵ卷，第200页
1623	6000	850—900	15	de Haan：《老吧城》，第Ⅰ卷，第126页
1628	(7000)	3000	(43)	de Haan：《老吧城》，第Ⅰ卷，第77页
1658		(5363)		根据人头税承额估计
1659		(4983)		同上
1661		(5382)		同上
1662		(4295)		同上
1663		(4444)		同上
1673	27068	2747	10.15	《吧城日志》，1674年，第28—29页
1674	30779	3081	10.01	《吧城日报》，1675年，第50—51页
1676	33749	3489	10.34	《吧城日报》，1677年，第62页
1677	31454*	3176	10.10	《吧城日报》，1678年，第47页
1678	32324**	3220	9.96	《吧城日报》，1678年，第768页

续表

年份	城区居民总人口（人）	华侨人口（人）	华侨人口占城区总人口的比重（%）	出处
1679	31554	3006	9.53	《吧城日报》，1679年，第643页
1680	30740	3156	10.27	《吧城日报》，1680年，第852页
1681	30598	2933	9.59	《吧城日报》，1681年，第795页
1682	28693 ***	3101	10.81	《吧城日报》，1682年，第1475—1477页
1685		4000—5000		耶稣会神父 Guy Tachard（1650—1712）于1685年路过吧城去暹罗时对吧城华侨的估计，见 Purcell《东南亚的中国人》第463页

注：* 原文合计数为31088，与细数合计不符，特更正如上。

** 原文合计数为32124，与细数合计不符，特更正如上。

*** 原文合计数为28653，与细数合计不符，特更正如上。

东印度公司时期的华侨人口资料，最感缺乏的是18世纪的人口数，这一点是大大出乎我们意料之外，揆之常理，年代越近，人口资料就越齐全，但事实上则不然。吧城当局所公告的人口数字都收集在《吧城日志》里面，后人将这部档案整理刊行直到1682年为止，此后就付阙如；换句话说，整整一个18世纪，公开刊行的官方人口资料是空白一片。值得庆幸的是莱佛士在进驻吧城期内，曾从荷兰人的遗弃档案中整理出一张很完整的十八世纪吧城城乡人口数字，这是一份十分珍贵的人口文献，① 但是非常遗憾的是没有华侨人口数。如果莱佛士统计表中的城乡人口是指包括华侨人口在内的总人口，那么我们未尝不可利用其他材料，从中推出华侨人口数。现在的问题是莱佛士所整理的吧城城乡人口是否包括华侨人口在内？

莱佛士在统计表的前言中，曾经明确声言："有关华人人口及其死亡、婚姻情况的登记材料，在攻击吧城时已被摧毁，所以表内没有提到

---

① 详细数字见本书附录五。

华人。"① 同时表头人口合计栏的标题又是"欧洲人和原住民",没有言及其他。② 这些似乎都说明莱佛士人口表中的城乡人口数并不包括华侨人口。但是经过一再推敲,并同其他文献材料进行对比核对之后,我们倾向于接受相反的结论,即其中包括华侨人口在内。理由有如下几方面。

(1) 莱佛士所整理的吧城人口是根据吧城政府的档案材料,其中有一份是《吧城日志》,③ 从已经刊行发售的 17 世纪《吧城日志》来看,我们认为 18 世纪的吧城日志在内容编排上都应与 17 世纪完全相同,因为 J. A. vander Chijs 在整理《吧城日志》时,并不是以著者或编者的身份自居,而是作为一个"审订者"(Onder toezicht van Mr. J. A. van der Chijs),他只是按时间先后将原件加以编排付印,并没有更动原件的内容和形式,所以公开印行的《吧城日志》完全是政府档案的翻印,这与他整理《吧城布告集》的情况完全不同。在整理《吧城布告集》时,他是以编者身份自居(Door Mr. J. A. van der Chijs)对原件的内容和形式都经过一番剪裁加工,将内容相同的综合在一起,并用自己的语言加以概括,这样我们就无从查知原件的真面目。根据这一点,我们认为 18 世纪吧城日记也如同 17 世纪一样有着一份有关吧城总人口的公告资料,具体证明是 Vermeulen 在写《红溪惨案本末》一书时曾自"吧城寄荷文牍案卷"中抄录 1748 年、1744 年、1745 年、1748 年等的华侨人口数字,其项目编排如:"城东""城西""南门外""成年男子""成年妇女""十四岁以上子女""十四岁以下子女"等等,无一不与 17 世纪的吧城日记材料雷同。④ 所以只要莱佛士是利用吧城日记的材料来编制那份收集在附录中的人口统计表,就不可能不同时把华侨人口计算在内。

(2) 莱佛士统计表中的人口数字只有两栏,一栏是"欧洲人",另一栏是"欧洲人和原住民"(Europeans & Natives);显然,前者是细数,后者是总数,即后者应包括前者。问题是"原住民"人口的具体内容是什么,有无可能包括华侨人口在内?

莱佛士的人口数字来自荷兰人的调查登记材料,根据荷兰人的人口分类,全吧城人口分为荷兰人、欧亚混血后裔、被释放奴隶、马来人、

---

① 莱佛士:《爪哇史》,第 III 卷,附录 A,第 iii 页。
② 同上书,第 4 页。
③ 同上书,第 iv 页。
④ Vermeulen:《红溪惨案本末》,第 121—122 页。

巴厘人、中国人、摩尔人及爪哇人、奴隶8个项目。这种分类一直持续到18世纪，Veth在《爪哇》一书中提到1766年及1788年的吧城人口数字时，就列举"中国人""奴隶"等细目。① Keller在《殖民》一书中提到1778年的吧城人口数字时，也列举自由公民、爪哇人、中国人、其他东方人、奴隶等细目。② 这些似乎都说明18世纪的人口分类与17世纪是完全一致的，但是我们在官方公告的人口分类中，找不到"原住民"这个项目。前面我们曾经提过，吧城政府不仅不把爪哇人看成"原住民"，而且相反地把他们看成"外国人"，爪哇人在吧城城区人口中始终是属于少数，17世纪爪哇人占城区总人口的比重还不到5%（见前文所列"各族居民人口构成"表），到18世纪，爪哇人仅在乡区人口中占据多数，在城区人口中依然属于少数。Veth所列举的1766年、1788年两年人口数字③就证明了这一点：

表6—4　　　　　　　　1766年、1788年吧城人口数字

	年份	欧洲人（不受雇于公司）	中国人	奴隶	其他	城区人口合计
绝对人口数（人）	1766	1282	2518	8974	2226	15000
	1788	475	1320	4211	994	7000
相对人口数（%）	1766	8.55	16.79	59.83	14.83	100
	1788	6.79	18.86	60.16	14.19	100

表6—4"其他"一栏包括"欧亚混血后裔""被释放奴隶""马来人""巴厘人""摩尔人及爪哇人"五类居民，合计比重还不到15%，其中爪哇人所占比重之小就可想而知了。

这种情况甚至在莱佛士进驻爪哇期内，也仍然继续不变，他在1812—1813年对吧城城区人口进行过一次调查，根据这次调查，爪哇人只有3331人，仅占城区总人口47217人中的7%。④

但是莱佛士在整理18世纪城区人口时，欧洲人和原住民的每年合计

---

① Veth：《爪哇》，第Ⅱ卷，第243页。
② Keller：《殖民》，第436页。
③ Veth：《爪哇》，第Ⅱ卷，第243页。
④ 莱佛士：《爪哇史》，第Ⅱ卷，第270页。

数，上半世纪平均是 20000 人，下半世纪平均是 15000 人，其中欧洲人上半世纪平均是 1500 人，下半世纪平均是 1300 人，① 因此原住民上半世纪平均是 18500 人，下半世纪平均是 13700 人。如此众多的原住民显然不可能仅指在人口中始终居于少数地位的爪哇人，换句话说，莱佛士笔下的原住民显然不是专指爪哇人或印度尼西亚人，而是泛指一切东方人，其中也包括华侨人口在内。

（3）把中国移民称为"原住民"（native），在莱佛士的同一著作中，并不是没有先例的，他在《爪哇》第五章谈到中国与爪哇之间的商业往来时，就用"原住民"字样来指中国移民，他说："在来自中国的输入品中，对爪哇商业和政治起着极其深远影响的是原住民自己，中国船只除了载来商品，每只还搭带二百名至五百名不等的珍贵而又勤劳的原住民。"②

所以"原住民"一词的含义，在莱佛士笔下并非如我们今天所理解的那样专指爪哇人或印度尼西亚人。中国移民既然也称为原住民，那么在原住民人口中包括华侨人口就很自然的了。

事实上，莱佛士著述中的许多用词，我们是无法用今天的标准来理解的，例如"利润"这个词汇，莱佛士的含义就同我们今天所理解的相去十万八千里。他在叙述东印度公司的财政状况时，用"总利润"（Total profits）和"纯利润"（Nett profits）这二个术语来指"总收入"（Total receipts）和"总结余"（Total surplus）。③ 若不是我们手头还有其他文献可资校核的话，④ 贸然按照今天的概念来理解"总利润"和"纯利润"，就不知道要造成多大的错误。所以莱佛士统计表中的用语，从今天的要求来看，其未尽确切之处是不足为奇的。

（4）莱佛士统计表上城区人口中的"欧洲人和原住民"一栏数字，同其他文献所列举的城区"人口总数"很接近。下面我们把有关数字列表在一起进行比较：

---

① 莱佛士：《爪哇史》，第Ⅱ卷，附录 A。

② 同上书，第 228 页："Of all the imports from China, that Which Produces the most extensive effects on the commercial and political interests of the country is the native himself: besides their cargoes, there junks bring a valuable import of from two to five hundred industrious natives in each vessel"。

③ 同上书，第Ⅰ卷，序言第 XXV—XXVI 页。

④ Glamann：《荷兰与亚洲贸易》，第 248 页。

表6—5　　　　　Veth 和莱佛士统计吧城人口数字　　　　　单位：人

年份	Veth 数字	莱佛士数字
1766	15000	—
1768	—	15256
1787	—	9910
1788	7000	—

Veth 著作中只列举 1766 年、1788 年两年的城区人口数，[①] 而莱佛士统计中则缺少 1765—1767 年及 1788—1789 年等年城区人口数，为了对比起见，我们取其邻近年份数字。

从各年数字的增减变化来看，我们找不出 Veth 数字同莱佛士数字有什么口径不符之处，Veth 数字既是指总人口而言，那么莱佛士统计表中的"欧洲人和原住民"也应该是指总人口而言，即其中包括华侨人口在内。

（5）在莱佛士统计表中，1740 年的城区人口和 1741 年的乡区人口呈现急速的下降，这一现象与 1740 年荷兰当局屠杀吧城华侨事件应有密切关系，看来也只能用这一事件来解释。

表6—6　　　　1740 年前后的吧城城乡人口和华侨人口　　　　单位：人

年份	莱佛士表中的"欧洲人和原住民"		华侨人口	
	城区	乡区	城区	乡区
1739	18502	68229	4389	10573
1740	14141	72506	—	—
1741	13977	47583	—	—

资料来源：莱佛士人口数字见《爪哇史》，第Ⅱ卷，附录 A，表1 及本书附录五；
　　　　　华侨人口数字见 B. Hoetink《1740 年吧城华人甲必丹连富光》一文。

根据莱佛士的计算，1740 年吧城城区人口下降了将近 1/4，计 4361 人，而 1739 年吧城城区华侨人口是 4389 人，这两个数字非常接近。如果莱佛士表中的城区人口数字没有包括华侨人口，那就无法解释这两个数

[①]　Veth：《爪哇》，第Ⅱ卷，第 243—244 页。

字为什么如此接近，也就无法说明为什么1740年城区人口会如此锐降。

在乡区人口的变动方面，也有相应的迹象可寻：1740年荷兰当局的大屠杀使城区华侨几乎全部罹难，而乡区华侨则纷纷揭竿而起，不是随军转战各地，就是家破人亡逃离星散。乡区华侨人口的消失，必然会引起乡区总人口的下降。只是二者幅度不一，一为一万余人，二为二万余人；同时在时间上也有出入，莱佛士统计表中乡区人口的下降不是出现在1740年，而出现在1741年，1740年数字不仅没有下降，反而有所上升。不过这一差异并不足以推翻我们的看法，只是足以证实我们的看法。因为根据前面提到的吧城户口管理办法，各地区是于每年九月底将所辖人口填报警察局，经警察局审订汇总后转报评政院，[①] 因此警察局所接到的各地人口数字是反映9月底的人口状况。1740年的大屠杀是发生在10月份，城区"秩序"当月即告恢复，而乡区华侨抗荷战争则方兴未艾。1740年12月31日荷印总督Adriaan Valckenier在评政院中报告："准备派原住民军队出击勿加泗（Bekasi）的华侨抗荷军"，[②] 1741年6月荷印政府又再次派出重兵前往勿加泗一带袭击华侨抗荷军。[③] 这些都说明乡区"秩序"直到第二年7月华侨抗荷军向中东爪哇转移后方告恢复。这样1740年年末警察局在汇总各地人口数字时，只能对城区人口根据惨案后实际情况进行订正，乡区人口则因战争尚未平息而无数字可据，只能根据9月底的上报数字进行汇总综合。换句话说，吧城当局1740年所公告的人口数字，城区反映了惨案后的人口变动，乡区则是惨案前的人口状况。由于惨案前吧城经济的萧条和吧城政府的敲诈勒索，大批华侨（包括1739年冬及1740年春的新移入华侨）都纷纷迁往乡间居住，[④] 造成乡区人口的上升，这就是为什么1740年官方公告材料中乡间人口反而增加的原因。但是到1741年9月统计人口时，乡间华侨不是死于战乱，就是随军东移，或是逃避深山，总之乡间华侨人口大为下降。此外，战争影响不可能只局限于华侨人口，爪哇人口也必然被波及，这不仅是因为有许多爪哇人民参加了华侨的抗荷斗争，[⑤] 而且因为初期的主要战场是在乡

---

① 《吧城布告集》，第Ⅲ卷，第155—162、190—191页。
② Vermeulen：《红溪惨案本末》，第77页。
③ 同上书，第78页。
④ Hoetink：《1740年吧城华人甲必丹连富光》。
⑤ 莱佛士：《爪哇史》，第Ⅱ卷，第231—244页。

区，爪哇的和平居民也就不能不遭受池鱼之殃了。例如吧城档案记载1740年10月27日荷军出击文登河一带的华侨抗荷军，"一路只见成群的难民，衣衫褴褛，面黄肌瘦"[①]。荷军允许这批逃亡难民自由通行，不加杀害，当然这不可能是华侨难民。所以1740年红溪惨案所引起的乡区人口的下降不可能仅限于华侨人口，必然要包括部分爪哇人口。这样我们就很容易说明1741年乡区总人口的下降幅度超过华侨人口数字。

就是基于上述种种理由，我们认为莱佛士从吧城档案中所整理出的18世纪吧城城乡人口数字，应当包括华侨人口在内。

至于莱佛士在表首序言中所说的"表内没有提及华侨"一语，如果我们把它理解为由于遗失了有关华侨人口的婚姻、死亡登记材料，因而不能像欧洲人口那样地单独列举他们的婚姻、死亡状况，那就没有什么难于解释之处了。

以上所讨论的毕竟只是一种文献考证，不论怎么言之有理，都可能为新的材料的发现所否定。不过，即使是这样，我们仍然认为莱佛士所整理出的人口统计表，在推估华侨人口上有其参考价值。因为根据其他文献的材料，18世纪吧城华侨人口占全吧城总人口的比重，城区大约是20%，乡区是10%—15%；如果莱佛士统计表中的吧城人口当真没有包括华侨人口，那么根据这张表所推估的城乡华侨人口数字，由于误认包括华侨人口在内所造成的低估误差，无论如何也不会超过这两个百分点。若是我们的着眼点是在于探索华侨人口的升降趋势，而不在于它的绝对数值，那么这种误差所造成的影响就更加微弱了。事实上，我们在后面就会看到，官方统计所提供的华侨人口材料，也只具有相对意义，适于说明人口的变化趋势，至于绝对数值的增减就不足为凭了。

将莱佛士所整理出的人口数字作为基础，我们再利用从其他文献上所收集到的华侨人口占总人口中的比重，就可以大致推出18世纪的吧城城乡华侨人口数字了。推算时为了简便起见，我们以十年为一隔间，将一百年分为十组，每组以所属十年的人口平均数为代表数。如果这十年之中有一年有文献可考的华侨人口占总人口的比重，那就以该比重作为整个十年的平均比重来推估；如果十年之中没有任何比重可据，那就参考上下十年的人口比重以及当时的人口变化情况（详见后文各时期的人

---

① Vermeulen：《红溪惨案本末》，第74页。

口变迁分析），大致推定一个比重来估计华侨人口数。为了便于同现有文献可考的数字相区别起见，凡是推估数字一律加括号来表示。现在我们将18世纪华侨人口数字及有关参考数据，逐一列表如下：

表6—7　　　　　　18世纪吧城城区及乡区华侨人口

年份	总人口（人） 城区	总人口（人） 乡区	其中华侨比重（%） 城区	其中华侨比重（%） 乡区	华侨人口（人） 城区	华侨人口（人） 乡区	华侨人口（人） 合计
1700—1709	20437	47780	(21)	(11)	(4292)	(5256)	(9548)
1710—1719	20248	63386	21	11	(4252)	(6972)	(11224)
1720—1729	22295	70605	(23)	(14)	(5128)	(9885)	(15003)
1730—1738	21186	75365	24	16	(5085)	(12058)	(17143)
1739	180502	68229	24	16	4389	10573	14962
1740	14141	72506	—	—	—	—	—
1741	13977	47583	—	—	—	—	—
1742—1749	14258	66353	8	9	(1141)	(5972)	(7113)
1750—1759	15689	91750	(13)	(13)	(2040)	(11928)	(13968)
1760—1769	16010	112358	17	(17)	(2722)	(19101)	(21823)
1770—1779	12519	126769	(18)	(21)	(2253)	(26621)	(28874)
1780—1789	10875	129910	19	(16)	(2066)	(20786)	(22852)
1790—1792	7244	119825	(22)	(11)	(1594)	(13181)	(14775)
1812	47083	218777	25	6	(11854)	(11951)	23805

表6—8　　　　　　华侨人口比重参考数据

年份	城区 总人口（人）	城区 华侨人口（人）	城区 华侨人口比重（%）	乡区 总人口（人）	乡区 华侨人口（人）	乡区 华侨人口比重（%）
1673—1682	30773	3101	10.08	—	—	—
1719	19411	4068	20.96	68082	7550	11.09

续表

年份	城区			乡区		
	总人口（人）	华侨人口（人）	华侨人口比重（％）	总人口（人）	华侨人口（人）	华侨人口比重（％）
1739	18502	4389	23.72	68229	10573	15.50
1743	14609	567	3.88	55023	4650	8.45
1745	14926	1162	7.78	—	—	—
1766	15000	2518	16.79	—	—	—
1778	(10075)	(1814)	(18.00)	(100741)	(21495)	(21.00)
1788	7000	1320	18.86	—	—	—
1812	47083	11854	25.18	218777	11951	5.46

资料来源：1673—1682 年见前引《吧城日志》数字。

1719 年、1739 年、1743 年总人口数见莱佛士《爪哇史》，第Ⅱ卷，附录 A，表 1；华侨人口数见 Hoetink《1740 年吧城华人甲必丹连富光》一文脚注。

1745 年总人口数同前，华侨人口数见 Vermeulen《红溪惨案本末》，第 112 页。

1766 年、1788 年总人口数同前，华侨人口数见 Veth《爪哇》，第Ⅱ卷，第 243—244 页。

1778 年见 Keller《殖民》，第 436 页。全吧城人口合计共 110816 人，其中华侨 23009 人。按莱佛士统计表 1770—1779 人城乡人口比例 1：10 推算，城区总人口为 10075 人，乡区总人口为 100741 人；又按 1766 人及 1788 年城区华侨人口平均比重 18% 推算，城区华侨人口为 1814 人；乡区华侨人口为 23309－1814＝21495 人，占乡间总人口的 21%。

1812 年见莱佛士《爪哇史》，第Ⅱ卷，第 70 页。

第七章　吧城华侨人口数字的可靠性

1619 年、1620 年、1628 年、1673 年、1674 年等年华侨人口数字的考证（附荷印币制说明）——人头税出包以前，官方公告数字接近于负税人口，人头税出包以后，官方公告数字接近于负税人口加眷属人口。——官方公告数字相当于华侨实有人口数字的下限，上限应比下限高 20%。

吧城政府所公告的华侨人口数字，究竟有多大的可靠性，这是值得我们作进一步探讨的，搞清这一点将大大有助于我们对于华侨人口真实情况的了解。

吧城官方公告数字的真实性，颇多可资质疑之处，不独后人观感如此，就是当时的人也是如此。公司总督燕·彼得逊·昆在致荷兰董事会的信中说："究竟有多少中国人从东方来到这里，又有多少潜居到别的地方去，那就无从知道了。"① 莱佛士对荷兰机构和人员所提供的吧城人口数字曾作此评价："由于华人人头税和其他市政税的征课，各族居民都认为隐瞒人口的真实状况是有利的，因此实际人口总数很可能大大超过所提供的数字，无论如何，肯定不会低于所提供的数字。"② 由此看来，吧城政府所公告的华侨人口数字，同实际情况一定是有着距离的，而且一般是偏低。现在的问题是这个距离到底有多大，下面我们想通过几个有材料可资校核的例子来说明。

---

① 《燕·彼得逊·昆东印度商务文件集》，第Ⅰ卷，第574页，1620年7月31日致荷兰书。
② 莱佛士：《爪哇史》，第Ⅱ卷，第270页。

一 1619 年的城区华侨人口数字

根据总督燕·彼得逊·昆向荷兰寄送的报告，这一年城区华侨人口是 300—400 人。① 这个数字也许比较可信，因为 1619 年是公司占领雅加达的头一年，劫后余生，人口稀少，调查登记比较容易，而且人头税也没有开征，为逃税而隐瞒人口的现象还不存在。征之《开吧历代史记》的记载，也可以旁证这个数字同实际人数相去不远：

"万历四十七年（1619）和五月，庇得郡令人请唐人发船来吧生理，禁唐船不得再往万丹交商，庇得郡又筑城墙开港造桥，草创略备，申文报告祖家王，此时唐人来吧贸易，利息数十倍。吧国初定，俱用元通铜钱出入，是以闻风面来者逾众，时唐人有百十人家而已。"② 如果按照中国传统五口之家计算，110 家共 550 人，这与 300—400 数字距离较大，但是如果按照 1673—1682 年吧城华侨人口构成，平均每户 3.07 人计算（吧城官方公告人口数字无广数，暂以成年男丁数替代），那么 110 家共 338 人，这与 300—400 的数字就相去不远了。看来后一种情况是比较接近事实的，因为新移入的华侨，抵达伊始，大多单身，还没有家室之累，所以每户平均人数不会像传统的常住户那么多。

如果我们的推算是成立的话，那么 1619 年的城区华侨人口就可以看成一个比较可靠的数字，即吧城华侨人口的变迁，起点是一个接近事实的数字，剩下的问题就在于以后的人口数字是怎么渐渐地远离真实状况了。

二 1620 年的城区华侨人口数字

根据 1620 年 7 月 31 日燕·彼得逊·昆致荷兰董事会的报告，这一年的城区华侨人口是 800 人，但是几乎就在同一材料中，我们找到 800 这个

---

① 《燕·彼得逊·昆东印度商务文件集》，第Ⅵ卷，第 178 页。
② 《开吧历代史记》，第 24 页。

数字的真正含义，现在我们把这份报告和其他报告中的有关段落摘录对比如下：

> 目前大约有华人 800 名，连同其他公民、马来人、吉林人、奴隶、工匠、卫队等等，整个吧城约有 2000 人。
> 我们直到现在都没有对居民征课捐税或实物，只是要求部分中国人建筑一道土墙，全部土方约有 975 立方哖。①

燕·彼得逊·昆在同年 10 月 26 日的另一份报告中，又提到这项工程："我们付给中国人 1600 元（reaal）作为出工补偿，但是工程进行并不如我们所想象的那么好，而且许多中国人认为从事其他较轻松的工作可以获得更高的报酬，因此他们建议捐献现金，让这项工程由其他愿意承担的人去做。我们同意这一建议，决定中国人每月每人应交纳代金 1.5 元，从本月一日起实行。现在有 811 名中国人自愿交纳捐款代替出工，另有病人 35 名及其他原因者 9 名，准予免纳捐款。"②

按照这里列举的数字计算，交纳捐款者 811 人，免纳捐款者 44 人，合共 855 人，这就是说 1620 年吧城至少有华侨 855 人，这与 800 人的数字相去不远。问题是这 855 人并不是华侨总人口，仅是其中负担捐税的成年男丁。我们知道 1620 年的出工代金就是日后华侨人头税的肇始，③ 根据人头税的征课办法，负税人口仅指 14 岁以上的成年男丁，妇女、残废、老弱、疾病者除外。④ 所以燕·彼得逊·昆所报告的城区华侨人口 800 人是指相当于十四岁以上的负税成年男丁人口，并不是全部华侨人口。

三 1628 年的城区华侨人口数字

根据 de Haan 在《老吧城》一书中的记载，1628 年吧城城区华侨人

---

① 《燕·彼得逊·昆东印度商务文件集》，第 I 卷，第 574 页。
② 同上书，第 600 页。
③ 同上书，第 III 卷，第 648 页。
④ 《吧城布告集》，第 II 卷，第 251 页，1657 年 12 月 1 日。

口是3000人，这个数字也如同前面一样是一个低估了的数字。

1628年9月15日吧城政府曾就华侨赎免兵役问题作出如此决定：

> 1628年总督燕·彼得逊·昆鉴于吧城荷兰公民、日本人、被释放奴隶都不断持枪抗御敌人，唯独中国人不愿参加警卫队，更不愿为捍御公司的利益而战。按照他们与生俱来的贪婪本性，除了发财致富，就别无所求了，然而一旦发了财，他们就带着钱财返回中国。因此提议命令中国人捐献款项，以便减轻公司为保护他们安居乐业而负担的军事费用。①

> 会议对此进行了讨论，兹决定：除了贫困及本月火灾遭受损失者外，其余有钱的及未受损失的中国人应共同负担捐献3600元，这个数目相当于平时一个月的人头税。②

既然3600元相当于一个月的人头税，而当时的人头税率是每人每月1.5元，③那么华侨纳税男丁就应当有2400名。

此外根据Valentijn著《东印度的今昔》一书中的材料，1628年公司抵御马打兰王国攻打吧城，在Jaques le Febre将军指挥下的一支军队里，有华人700名。④ 显然这700人是因为无力交纳免役赎金而必须在军中服役的成年华侨男丁。⑤ 因此连同已交纳赎金准予免服的人数，吧城的成年华侨男丁就应当有3100名，这与de Haan的数字很接近。但是也如同前一个例子一样，这个数字仍然不是指全部华侨人口，仅是指就申报的负税人口，或14岁以上的成年男丁人口。

我们从上述三个例子里，就可以看出，自从华侨人头税开征以后，吧城政府初期所统计的华侨人口都只是着眼于负税人口。这一点在一个以掠夺为目的的殖民政府看来是不足为奇的。

---

① 《燕·彼得逊·昆东印度商务文件集》，第V卷，第697页，1628年9月8日。
② 同上书，第V卷，1628年9月15日，第699页。
③ 同上书，第Ⅲ卷，第648页；又参阅本书附录三"人头税率变动表"。
④ F. Valentijn：《东印度的今昔》（*Oud en Nieuw Oost-Indien*），第Ⅲ卷，第342页。
⑤ 《燕·彼得逊·昆东印度商务文件集》，第Ⅲ卷，第992页。

四 1673 年及 1674 年的城区华侨人口数字

根据《吧城日志》的记载，1673 年是吧城政府第一次公告人口数字的年份，这一年城区华侨人口是 2747 人，其中 14 岁以上的成年男丁是 1085 人。[①] 1674 年城区华侨人口是 3081 人，其中 14 岁以上的成年男丁是 1196 人。[②] 我们前面提到成年男丁人口与人头税额之间是有着非常密切的关系，现在我们就利用人头税材料来核对一下这两年的成年男丁人口数。

人头税是从 1658 年起交由华侨承包，[③] 政府最低出包额的规定必然是视其掌有的负税人口数字而转移，吧城政府一般是在每年年初公告上年的人口数字（参阅上文第五节吧城人口数字的时间标志），而在每年年末招标承包来年的人头税。所以每年的人头税额是与前年的人口数字发生联系，这就是说：1673 年、1674 年的人口数字是与 1674 年、1675 年年末出包的 1675 年、1676 年度的人头税额发生联系。

1674 年 12 月 1 日殖民当局招标承包 1675 年度的华侨人头税，结果以每月 840 元（rijksdaalder）出包；[④] 1675 年 12 月 31 日招标承包 1676 年的华侨人头税，结果以每月 890 元（reaal）出包。[⑤] 当时人头税率沿用 1670 年 1 月 1 日的规定，每人每月 0.8 元（reaal）。[⑥]

在没有具体计算之前，我们急于要在这里插一句有关币制的话。从这么仅有的三个金额中，我们就碰到两个不同的币制单位，一个是"rijksdaalder"，另一个是"reaal"，但我们在中译名上则一律以"元"来表示，以后我们还会不时碰到这两个单位，如果不弄清它们之间的关系，在折算对比上就会造成很大的混乱。

早期的东印度是一个西方殖民者的角逐场所，各国商船都到此贸易，

---

① 《吧志日志》，1674 年，第 28—29 页；具体数字参阅本书附录三。
② 《吧志日志》，1675 年，第 50—51 页；具体数字参阅本书附录三。
③ 《吧志日志》，1657 年，第 344 页；1675 年 12 月 21 日。
④ 《吧志日志》，1674 年，第 352 页；1674 年 12 月 1 日。
⑤ 《吧志日志》，1675 年，第 352 页；1675 年 12 月 31 日。
⑥ 《吧志日志》，第 II 卷，第 493 页；1669 年 12 月 31 日。

因此币制非常混乱，荷兰人侵入爪哇之后，就几乎到处碰到当时作为一种交易筹码和记账单位的西班牙银元"piastra"，荷兰把它叫作"reaal van achten"，或简称"reaal"，这个单位后来在吧城就变成一种贵金属的计重单位。英国人称这种银元为"piece of eight"或"ryall of eight"，后来直称为"西班牙银元"（Spanish dollar），而葡萄牙人则称为"pataca"或"pardas de reaales"。

"rijksdaaler"是荷兰的币制单位，1rd（rijksdaaler，rixdollar）＝2.5g（guilder 荷盾），1g＝20st（stuiver 荷兰小额辅币），即 lrd＝50st。

"reaal"与荷兰本国币之间的兑换率，时有变动，1594 年 1rd（reaal）＝45st，1603 年增至 46st，1602 年增至 47st，1622 年增至 48st，①1652 年增至 50st，② 这样到 1652 年，一个 reaal 就相当于一个 rijksdaalder 了，此后具体兑换率虽时有变动，但习惯上，都把一个 reaal 看成等价于或近似于一个 rijksdaalder。就由于这一原因，我们把二者同译为"元"，此后"元"字均指此而言，或指西班牙银元，或指荷兰银元，非必要时不另标注。

现在我们返回正题，按照当时的人头税率折算，1673 年至少有 14 岁以上的华侨男丁 1050 人，1674 年至少有 1112 人，这两个数字与 1673 年及 1674 年的官方公告成年男丁人口 1085 人及 1196 人是非常接近的，其间只有 3%—7% 的差距。看来，这个差距数字绝大部分可能是属于残废、失业、年老等免税成年男丁人口。

这样，我们又再次证明：吧城官方公告的华侨人口数字同财政税收是有着非常密切的关系的，东印度公司几乎把华侨人口看成一项重要的税源。如果说在前三个例子里，当人头税由政府直接派员征收时，官方所提供的华侨人口数字只是负税人口；那么从 1658 年起人头税交由华侨承包之后，官方所提供的华侨人口数字就变成负税人口加上他们的眷属人口。

毫无疑问，负税人口仅是华侨人口中的部分人口，用负税人口来代表华侨人口，必然会产生严重的低估现象。但是负税人口加上他们的眷属人口是否就等于全部华侨人口，而不存在低估现象呢？我们并不认为

---

① Glamann：《荷兰与亚洲贸易》，第 50 页。
② 《荷印百科全书》，第 II 卷，第 795 页。

是这样。因为人头税的承包人通常都是商人，例如甲必丹苏鸣岗既是一个商人，又是一个包税人，① 他们是把包税当作一项商业活动来经营，这就必然要求实收税额大于承包税，否则，赔本买卖是无人问津的。从承包人私印税单一事，我们也可以旁证实收税额一定要大于承包税额：按照吧城政府的规定，收税税单应由政府印发，加盖印记，但承包人则有私印税单逃避控制情事，如"武直迷（Boedelmeester）陈巧郎与景观同赎照身票（即人头税）时，不买公班牙票壳，而自制票壳，仍假公班牙印号，此事犯律"②。因此我们可以肯定政府公告数字，以负税人口加上眷属人口作为全部华侨人口也一样存在低估现象，现在的问题是我们能否从中推估出它的低估幅度？如果有办法获知承包人的实收税额，那就万事大吉；但是我们无法得知这种数字，因为这是一项商业秘密，从不公开。我们只能从侧面着手，根据当时的一般商业活动情况推估出一个略数来。

包税人既然是把包税看成一项普通的商业活动，那么根据平均利润法则，他们对此所投下的资金和人力就有权利要求获得一般的平均利润补偿，因此我们可以从当时的一般商业利润率来推算实收人头税额。

文献上有关当时商业利润率的记载是凤毛麟角，十分稀少，我们只能借用东印度公司的财务报告。按照这份报告，东印度公司的历年商业利润如下③：

表7—1　　　　　　　东印度公司历年利润一览

年份	吧城发货值（千盾）	荷兰径货值（千盾）	毛利率（%）
1639/40—1648/49	26390	72911	176
1649/50—1658/59	25301	81814	223
1659/60—1668/69	25749	89524	248
1669/70—1678/79	34107	92907	172
1679/80—1688/89	45078	101635	125
1689/90—1698/99	40952	124484	204

---

① de Haan：《老吧城》，第Ⅰ卷，第57页。
② 《开吧历代史记》，第52页。
③ Glamann：《荷兰与亚洲贸易》，第16页。

17世纪东印度公司的贩货利润，最高是60年代，毛利率达到248％，为了推算低估幅度的最高限起见，我们就以此作为整个17世纪的平均商业毛利。这里之所以采用毛利，而不采用纯利，是因为我们要从承包税额来推算实收税额，对征收过程中承包人的费用开支，暂不考虑，这样承包税额，就相当于购货值，实收税额就相当于售货值，二者之差是毛利，不是纯利。

毛利率248％是年率，因为当时荷兰吧城之间的航程，一般是九个月，① 加上装卸货物和采购推销的时间，单程一趟平均是一年。人头税是按月交纳，所以还得将年率化为月率，即每月毛利应为20％。如果这就是包税人所要求的平均利润，而政府公告的成年男丁人口，一如前面所计算的，又只能大致保证包税人收回所交纳的包银，那么包税人要在收回包银之外，还能获得20％的平均利润，实有的纳税成年男丁就应当比政府公告数字增加20％。依此类推，华侨实有总人口也就应当比政府公告数字多20％。

我们认为根据上述实收税额所推估的实有华侨人口，应为华侨人口的上限，因为推算实收税额时所使用的利润率是最高利润率，而且是以雄厚政治资本为背景、以强征掠夺为手段的东印度公司的最高利润率，这些都不是华侨包税人所能望其项背，这就在一定程度上使推估数字偏高。至于政府公告数字则应为华侨人口的下限，上限比下限多20％。这个差距初看起来，也许会使人产生一种偏小的印象，但是若从人口密度来看，也许还会产生相反的印象。17世纪末吧城城区连同城郊的住宅，总面积是2平方千米，按照1676年的人口统计，再加上20％的遗漏，城区总人口是40500人，这样每平方千米的人口就高达20250人。当时的吧城并没有现代化的高楼建筑，其人口的拥挤稠密度就可想而知了。

至于18世纪吧城官方公告的华侨人口数字，究竟有多大程度可靠，由于手头没有任何可以核对的材料，连一个租略的概数也无从推估。尽管华侨人头税到18世纪仍然继续征课，但官方公告的出包数字一向是刊载在《吧城日志》上，而吧城日志整理刊印出版的只到1682年为止，整个18世纪是空白一片。其次，18世纪华侨人口已扩散到乡区，而且以乡

① Glamann：《荷兰与亚洲贸易》，第25页。

区人口居多,但乡区华侨人头税则迟至 1793 年年底才宣告开征,① 在此之前,乡区华侨只需在定居之日一次缴纳一笔税款就行了。② 因此,我们手头即使占有 18 世纪的人头税出包数字,也无法用来核对占华侨总人口半数以上的乡区华侨人口数字。不过,就当时情况推测,乡区地区辽阔,户籍管理松弛,人口易于逃匿,政府公告数字的失真程度当比之 17 世纪更为严重。

东印度公司统治时期的官方人口数字,尽管有着上述缺陷,但在没有其他更为可靠和更为完整的材料的情况下,我们仍然有必要加以使用。其次,官方数字较为系统全面,同时前后口径也较为一致,其偏离程度也大致相同,因而便于相互对比,察其趋势。换句话说,官方数字所反映出的人口状况,其相对变动当比之绝对变动来得更加接近于事实的真相。此后我们使用这些数字时,更多是从这一见地出发,着重它的升降趋势,而不斤斤计较它的绝对大小。

---

① 《吧城布告集》,第Ⅺ卷,第 620 页;1793 年 12 月 16 日,参阅本书附录四"人头税率变动表"。

② 《吧城布告集》,第Ⅳ,第 458 页;1739 年 4 月 30 日;又第Ⅶ卷,第 709 页;1763 年 12 月 16 日。

第八章 吧城华侨人口的构成

一、职业构成

1742年吧城华侨人口的职业调查。——从事手工业及种植业者占华侨职业人口的77%，从事商业者不到23%。——蔗糖业人口在华侨总人口中占据绝对多数，蔗糖业的盛衰密切关联华侨人口的升降。

二、性别和年龄构成

吧城华侨人口具有鲜明的移民色彩，成年人口及成年男丁人口比重特别高。——移民入境是华侨人口增长的重要因素。——城区未成年人口性别结构严重偏离及其生成原因。

三、出生地构成

男性人口以国内出生为主，绝大多数为出国移民。——女性人口以当地出生为主，其中又以与华侨结婚的当地妇女为多。——当地出生人口颇多世系湮远，在东南亚华侨人口中别具风格。——国内出生地的分布以福建漳泉居多，占十之六七；有历史的原因，也有当时国内外的政治经济原因。

有关吧城华侨人口的自然构成和社会构成，因为材料限制，我们只能讨论这样三个重要方面，即职业构成、性别和年龄构成、出生地构成。现在我们依次讨论如下。

一 吧城华侨人口的职业构成

在谈论具体的职业构成之前，我们想先就总的方面看看当时有关华侨职业生活的素描。

传教士 He urnius 在 1625 年旅居吧城时这样写道："这儿华人众多，勤劳努力，吧城居民完全依靠他们，否则，吧城就没有市场，没有房子，也没有什么商业可做。"①

1680—1686 年旅居东印度的一位随军医生 Christophel Fryke，退职后在他的回忆录里这样写道："吧城华人机巧敏慧，为最精明的商人，除钟表业外，几乎无不有店铺。"②

荷印政府的一位高级官员 Hogendorp 说："中国人十分积极、勤劳、奋发、俭朴，他们在吧城几乎经营每一行有用的手艺、商业和工业，他们种出最好的蔬菜，开办糖厂，因此他们是异乎寻常的有用，而且是不可缺少的。"③

Ritter 在《爪哇》一书中这样描写吧城的华人铁匠："当人们沉入梦乡的时候，这个人却起床了，他半裸着身站在火炉旁边，虽然夜里凉爽，但他已是满身大汗，他把发辫缠在脑后，单薄的蓝布裤卷到膝盖，在这夜间人静的时候，他拼命地干活。"④

《老吧城》一书作者 de Haan 博士说："谁若是没有见过一个华人在热带种地，他就不会懂得劳动的真谛。"⑤

这些话都是身经目击之谈，有 17 世纪，也有 18 世纪，有世纪初，也有世纪末，时间分布足以概括公司时期的华侨职业状况。

按行业来说吧城华侨人口的职业，除了经商、包税外，从事农业生产者存有：种稻、种蔗、种菜、种水果、种胡椒、饲养牲畜和培植牡蛎等等。

从事手工制造业者有：酿酒、榨油、制糖、打石、打铁、打铜、打锡、裁衣、制鞋、编帽、烧砖瓦、烧石灰、编箩、糊灯笼、油漆、制造家具、建筑房屋等等。

从事采集业者有：伐木、捕鱼、采树皮、割棕榈汁等等。

---

① de Haan：《老吧城》，第 I 卷，第 76 页。
② 见黄素封译《十七世纪南洋群岛游记两种》，第 95 页。
③ 莱佛士：《爪哇史》，第 I 卷，第 252 页注。
④ Ritter：《爪哇》(*Java*)，第 228 页，1855 年莱登版。
⑤ de Haan：《老吧城》，第 I 卷，第 76 页。

从事交通运输业者有：航海、造船、搬运、开凿运河等等。

此外，还有从事各种服务行业和自由职业者，如开旅馆、理发、行医、教书、和尚、道士、吹鼓手等等。① 其中行医在吧城极负盛名，华侨医生不仅为侨胞治病，还为荷兰官员治病，总督 Rijklof van Goens（1678—1681）在 1681 年卸任返国时就特别邀请一位华侨医生周美爹同行。② 为荷兰总督治病的汉医，不仅有男医生，还有女医生，如 1689 年"林森观妻，能治和人之病，因得常见大王"③。汉医的如此受重视，未尝不是反映当时中国科学技术的发展水平。

在这些行业中华侨人口的分布又是怎样，这是一个十分难以回答的问题，因为这方面的材料少得惊人，而少得惊人的材料又彼此矛盾百出。例如有的文献说，吧城华侨大部分是从事农业的，④ 有的文献，或者更多的文献则说大部分从事商业。⑤ 究竟公司时期吧城华侨是以经商为主，还是以务农或务工为主？这是一个十分值得探索的问题，对我们了解当时的华侨经济生活也十分重要。我们手头只有一份吧城政府在 1740 年红溪惨案后，对各行各业需用华人数目的调查报告。这次调查是因为惨案过后，吧城华侨空无一人，或是被杀，或是逃离，往日华侨所经营的工、农、商业全部停顿，吧城公私经济陷入瘫痪状态，荷印政府为了恢复正常生活，特地派员调查各行各业所需雇用的华人数目，以便重新招徕华人。调查结果，城乡共需华人 5934 名，政府规定 1/3 居住城区，2/3 居住乡区。这 5000 多人的行业分布如下：

---

① E. Hardomin：《Java》，第 234 页；《燕·彼得逊·昆东印度商务文件集》，第 II 卷，第 641 页；莱佛士：《爪哇史》，第 I 卷，第 205 页；de Haan：《老吧城》，第 I 卷，第 120—121、392、493、508 页；Vermeulen：《红溪惨案本末》，第 8、119—120 页；王大海：《海岛逸志》；《开吧历代史记》。

② 《开吧历代史记》，第 33 页。

③ 同上书，第 34 页。

④ Vermeulen：《红溪惨案本末》，第 16 页。

⑤ H. A. Van Coenen Torchiana：《热带的荷兰，爪哇和外岛》（*Tropical Holland, Java and other Islands*），第 114—116 页。

表 8—1　1740 年红溪惨案后荷兰吧城所需华人待业人口数量

行业	人数（人）	比重（%）
手工业	3534（4414）	60（65）
其中：制糖	2400（3280）	
酿酒	224	
榨油	100	
制造家具	40	
制鞋	30	
裁缝	30	
编帽	20	
打铁	100	
打锡	40	
打铜	10	
烧砖瓦	200	
烧石灰	50	
烧炭	40	
泥水匠	60	
油漆	50	
编篾	100	
制灯笼	10	
砖瓦搬运	30	
农业	800	13（12）
服务业及自由职业	50	1（0.7）
其中：理发	40	
医生	10	
其他	1550	26（22.3）
合计	5934（6814）	100（100）

资料来源：Vermeulen《红溪惨案本末》，第 121—122 页（中译本）。

我们手头没有该书的荷文本，只有中译本和英译本。中英译本内容

略有出入：（英译本见《南洋学报》第九卷第一辑）

（1）英译本有烧炭及榨油工人，中译本无此项目，恐系漏列，特从前者补入。

（2）英译本灯笼工为 10 人，中译本为 100 人，恐后者有误，特从前者订正。

（3）表内括号数字为订正数字，详见后文解释。

原材料仅列举 4384 人的行业细目，余 1550 人没有详加说明，其具体行业分布情况不明，但参阅其他文献，其中绝大部分应为商人（包括租税承包人）。根据吧城官方档案记载，截至 1742 年 10 月 2 日，各行业招用华人经政府审查批准者共 3431 名，这些人的职业是①：

商人	1442
菜农、稻农、酿酒工、烧石灰工	935②
制糖及伐木工	728
手工业者	326
合计	3431

其中商人 1442 名与调查报告中列举行业的人数 1550 人很接近，因此我们认为未注明行业的人数中应以商人为主。

这次调查虽然只是调查各行业所需招雇的华人劳动力，并不等于就是华侨人口的职业调查，但是我们认为可以在很大程度上体现华侨人口的职业分布情况。理由是这次调查尽管是在一次非常事变之后举行，但调查对象是各行业为恢复其正常经济活动所需招徕的华侨人数，每招徕一名华侨，就要求在恢复吧城正常经济生活中担负一项工作，而这项工作在惨案前又一直是由华侨所从事的。所以我们未尝不可把这次调查看成华侨职业岗位的调查，这些岗位的行业分布，必然要反映华侨人口的职业分布，因为广大华侨之所以能在当地定居和繁衍增殖，必然有其谋生之所，这些谋生活动就长期来看，一定是适应当地的经济情况，为当

---

① Hoetink：《1740 年华人甲必丹连富光》。

② Furnivall 在《荷印多元经济》一书第 46 页中将此 935 人全部列为菜农和稻农，与荷文材料不符，其中还应包括酿酒工及烧石灰工。如果 935 人全部为农业劳动者，则政府规定招用农业劳动者 800 名的限额早就超越了。

地社会发展所必需，否则就无法长期赖此为生，只好改行换业或离此他迁。也正因为华侨的谋生活动为当地经济所必需，惨案后华侨的大批死亡和离去才会导致吧城公私经济生活陷于瘫痪状态，基于这一理由，我们把这次岗位调查看成一种变相的职业调查。

当然，用职业岗位来替代职业人口，其间不无差距，但估计差距不大：首先是各行业所需招徕的华侨5934人必然是劳动人口，而且是成年男丁人口。这个数字与惨案前夕1739年官方公告的华侨成年男丁人口无甚出入，这一年城区成年男丁是2511人，乡区成年男丁是4837人，两者合计是7348人，即各行业所需人数已高达实际成年男丁人口的80%。即使把全体成年男丁人口都看成职业人口，这次调查也包括80%的职业人口，其调查面不能说不广了。事实上，我们只要稍加考订还可以提高这个百分比，因为在余下的20%成年男丁中，我们还可以通过间接资料进一步判别其职业状况，即其中有一半以上的人口是从事制糖业生产的。这次调查所列举的制糖业需要华工2400人是根据这样的方式来确定的："为供应本地的蔗糖消费和输出，吧城城乡糖厂生产至少要恢复60间，每间需要榨糖华工40人，合共2400人。"① 糖厂60间是指惨案后为保证食糖的消费和输出所必须恢复的数目，而1739年吧城的实际糖产是65600担，实际糖厂是82间；② 因此按每间雇用华工40人计算，1739年从事蔗糖生产的华工就有3280人，比调查数字多880人。如果我们把这个数字计算进去，1739年华侨成年男丁7348人，已知其职业分布者就有6814名，占总成年男丁的93%。如果我们再扣除成年男丁中老弱残废的无业人口，已知职业人口的实际比重就应当超过93%。换句话说，根据订正后所推算的职业人口几乎包括了全体成年男丁人口。

其次，按照吧城政府规定，重新招徕的5900多名华侨，仅1/3可居住城区，余2/3须居住乡区，这种城乡分布比例恰与惨案前夕1739年华侨成年男丁人口的城乡分布完全一致。这一年城区成年男丁2511人和乡区成年男丁4837人，恰好是总成年男丁人口的1/3和2/3。城乡分布比例的雷同，虽然不能否认存在偶然巧合的可能，但是吧城当局作出如此

---

① Vermettlen：《红溪惨案本末》，第119页。
② Veth：《荷印地理及统计辞典》，第Ⅱ卷，第463页。

规定，其必然参考过去华侨职业人口的实际分布状况，则应无疑义。因此，这次调查不仅反映了华侨职业人口的行业分布，同时也反映了华侨职业人口的城乡分布。

所有这些都说明：我们把这次调查看成华侨人口的职业调查，不至于产生严重的误差。

如果我们上面的推论是成立的话，那么 18 世纪中叶吧城华侨的主要经济活动就不是商业，而是手工制造业。即职业人口的 60% 是从事各种物质产品的加工制造（其中以榨糖、酿酒著称，烧窑、编篾次之）。再加上农业劳动者，从事物质财富生产活动的职业人口，就高达 73%，按照订正数字计算，这项比重就应当高达 77%。至于流通领域的商业劳动者，充其量还不到职业人口的 1/4，而这 1/4 不到的商业人口又绝大部分是从事小本经营的零售商贩，因为吧城政府的既定政策是："大规模的进出口贸易由公司经营，批发贸易由自由公民（主要是荷兰公民）经营，零售商业则由中国人经营。"① 这就无怪乎 Van Leur 在阅读总督燕·彼得逊·昆谈论中国商人的通信后，要得出这样的结论："所谓杰出的华人贸易，主要是一些小商贩和贫困的水手所经营的买卖。"②

从这里我们就可以看出：华侨人口的绝大多数是手工业者和农民，而不是商人，更不是巨商。中国移民之定居吧城，发财致富者只是其中的少数，绝大部分是从手到口的自食其力的劳动者。从制糖酿酒到打石造屋，从栽菜种稻到烧砖铸铁，华侨不只是赖此营生，而且是在营生的同时，为当地物质财富的创造和社会经济的发展，作出了重大贡献。也正因为是如此，华侨之定居当地才能"异乎寻常的有用，而且是不可缺少的"③。

在华侨人口的职业分布中，我们想着重指出一个同我们后面分析人口升降变迁特别有关的地方，即吧城华侨从事蔗糖生产（包括种蔗和制糖）的人数来得特别多。根据上面的计算，1739 年单是制糖一项就几乎占了职业人口的一半左右。如果我们往前倒退三十年，即倒退到 1710 年，那么制糖业人口比重之高就更加惊人了。这一年吧城华侨经

---

① Cator：《荷印中国人的经济地位》，第 7 页。
② Van Leur《印尼贸易与社会》，第 375 页。
③ 莱佛士：《爪哇史》，第 I 卷，第 252 页注。

营的糖厂共达131间①（其中包括为欧洲人和爪哇人所有而出租给华侨经营的糖厂，因为吧城糖厂都是由中国人经营，即使不是中国人所占有，也是出租给中国人经营，②"中国人是唯一有能力经营此业的东方人"）③ 按照每间糖厂需要华工40人计算，1710年制糖华工就有5240人，而当时全吧城城乡华侨人口包括老幼妇女在内，一共才有10843人（参阅前述18世纪华侨人口的推估）。如果比照1739年华侨成年男丁占总人口比重57.21%推算（见前述年龄结构指标），1710年成年男丁只有6203人，从事制糖业者就将近85%了。这仅仅是就制糖人口而言，如果再加上种蔗人口，那么华侨从事蔗糖业生产者，为数之众就可想而知了。这就无怪乎1740年某殷姓船户谈其游吧城见闻时说：

其国华人侨寓者数千人，皆种蔗做蔗为业，择其能者一人为首，名之曰唐（甲）大，唐人俱听其约。后有他国王经其地，见其富饶，询知因有唐人做糖，是以商贾云集。④

其中叙述虽不无过甚之辞，但已充分说明吧城蔗糖业与吧城华侨的关系，蔗糖业是吧城华侨赖以营生的主要场所，是容纳中国移民的重大尾闾，因此其生产盛衰必然要影响到华侨人口的升降。这就要求我们在分析华侨人口的升降变迁时，必须把蔗糖业生产的盛衰作为一个重要因素来掌握。

二　吧城华侨人口的性别和年龄构成

吧城华侨人口所具有的鲜明移民标志，没有比从性别和年龄构成方面来说明更为恰当了。尽管这一方面的文献材料也如同职业构成一样是少得十分惊人，但是我们仍然可以从断片的零星记载里找出必要的线

---

① 《吧城布告集》，第Ⅳ卷，第6页；1710年10月10日。
② de Haan：《老吧城》，第Ⅰ卷，第420—421页。
③ Day：《荷兰人在爪哇的政策和统治》，第69页。
④ 顾森：《甲喇吧》，《南洋学报》第九卷第一辑。

索来。

　　华侨移民标志的鲜明与否，是就对比而言，即须同其他各族居民的人口结构进行对比。但在进行对比之前，我们要先对对比资料进行审订加工，消除其间的口径差异。

　　前面我们说过吧城政府所公告的人口资料是把全城人口分为八类，即荷兰人、欧亚混血后裔、中国人、被释放奴隶、摩尔人及爪哇人、马来人、巴厘人、奴隶。这种分类虽然基本上是根据种族的生理特征，但也每每出于法律身份的考虑而有所不同。例如同中国移民结婚的当地妇女及其所生的子女，在人口分类时是不加区别地视同"中国人"；而同荷兰人结婚的当地妇女则仍从原属人口分类，不另改变，其所生的子女应为"欧亚混血后裔"，不得视同"荷兰人"。就由于这样，在官方公告的人口资料中，华侨人口拥有大量的妇女和儿童，而荷兰人口则为数不多。显然华侨人口中的妇女和儿童不可能是移入人口，特别是妇女。根据《开吧历代史记》的记载，在长达二百年的时间里，只移入一位中国妇女，这件事的罕见几乎达到轰动吧城朝野的程度：

> 　　康熙卅八年，己卯，即和1699年正月，唐船来吧，有王界夫妇，潜搭此船来吧，登岸时唐番俱见，此信播扬通吧，直至大王耳边。王界妻郑氏，体态生成，仪范端庄，衣服与吧人迥异，大王询知备细，切意欲观中华妇人，即令人来请，王界夫妇，齐到王府内相见。①

　　荷兰人虽然有妇女移入，但为数不多，不论总督燕·彼得逊·昆是如何鼓励已婚和未婚女子移入东印度，效果都不显著，② 替代的办法是来到东印度的荷兰男子与当地妇女，特别是混血后裔妇女通婚。政府当局对这种婚姻极为歧视，规定当地妇女不得随同丈夫返回欧洲，③ 其所生子女不论是否合法，自1649年起一律禁止带往欧洲。④ 就因为种族歧视，我们在荷兰居民的人口统计中找不到与其成年男丁相适应的妇女和小孩

---

① 《开吧历代史记》，第35页。
② 《燕·彼得逊·昆东印度商务文件集》，第Ⅳ卷，第507、529页。
③ Keller：《殖民》，第436页。
④ de Haan：《老吧城》，第Ⅱ卷，第510页。

数字。

既然中荷两族居民人口的分类互异,那么对比性别和年龄结构指标时,就必须消除这种人为的差异,但是我们无法从华侨人口中区分移入人口和后裔人口,因此在计算荷兰居民的性别和年龄指标时,我们将"欧亚混血后裔"人数合并进去一起计算,以便各族居民人口指标口径同一、相互可比。

下面我们根据1673—1682年吧城政府公告的人口数字,计算吧城各族居民人口的性别和年龄结构指标。

表8—2　1673—1682年平均吧城城区各族居民人口性别年龄结构　　单位:%

| 居民 | 年龄结构指标 ||| 性别结构指标:男子比重 ||| 综合结构指标: |
	成年人口比重	十四岁以上未成年人口比重	十四岁以下未成年人口比重	总人口	成年人口	十四岁以上未成年人口	十四岁以下未成年人口	成年男子 / 总人口
中国人	61.29	7.09	31.62	52.70	52.86	55.23	51.83	32.40
荷兰人及欧亚混血后裔	55.61	12.13	32.26	50.15	53.29	42.10	48.16	29.64
被释放奴隶	51.63	14.89	33.48	45.33	42.20	48.44	48.79	20.75
摩尔人及爪哇人	60.54	8.41	31.05	48.85	50.25	53.41	45.91	30.42
马来人	62.78	10.48	26.74	49.47	47.94	45.09	54.77	30.09
巴厘人	69.80	8.42	21.78	46.58	45.19	55.54	47.56	31.54
奴隶	87.42	12.58		缺	53.35	缺	缺	46.63

资料来源:根据本书附录三资料计算。

单纯对比各族居民人口的性别结构和年龄结构,也许还觉察不出华侨人口有什么鲜明的移民特征,因为一般地说,吧城各族居民都是属于移入人口,甚至连爪哇居民也是重新移入的,荷兰人占领椰加达之后,就将原有的爪哇居民驱逐一空,因此各族居民人口在性别和年龄结构上都带有不同程度的移民色彩,即成年人口比重比较高,性别比例比较不平衡。而另外,1673—1682年又正是清政府厉行海禁、移民中断的时期,吧城华侨人口的移民色彩最为淡薄，同其他各族居民对比起来，就显不出有什么独特的地方。不过，尽管如此，我们仍然可以找到华侨人口之区别于其他各族居民的地方，这就是华侨男子成年人口在总人口中所占比重之高冠各族居民，而仅次于奴隶。（奴隶情况特殊，为贩入人口，非一般移民）

"男子成年人口占总人口的比重"不是单纯的性别结构指标，也不是单纯的年龄结构指标，而是二者的综合，反映性别和年龄的综合变动，即

$$\frac{男子成年人口}{总人口} = \frac{成年人口}{总人口} \times \frac{男子成年人口}{成年人口}$$

等号右端第一个指标（成年人口占总人口的比重）是年龄结构指标，第二个指标（男子成年人口占总成年人口的比重）是性别结构指标。华侨人口这两个指标都偏高，前者说明华侨人口基本上是移入人口，后者说明移入人口基本上是成年人口。

如果我们把视线越过1673—1682年这个历史上华侨移民色彩空前淡薄的时期，而进入18世纪，那么华侨人口的移民色彩就异常鲜明突出了。不论是成年人口比重指标，还是成年人口性别指标或是成年男子比重指标，18世纪都迅速上升，其值之高已不是其他各族居民人口所可同日而语。

表8—3　　1673—1748年吧城城区华侨总人口的性别年龄结构　　单位：%

年份	年龄结构指标			性别结构指标：男子比重				综合结构指标：
	成年人口比重	十四岁以上未成年人口比重	十四岁以下未成年人口比重	总人口	成年人口	十四岁以上未成年人口	十四岁以下未成年人口	成年男子/总人口
1673—1682年平均	61.29	7.09	31.62	52.70	52.86	55.23	51.83	32.40
1719	—	—	—	—	—	—	—	40.29
1739	—	—	—	—	—	—	—	57.21
1743	75.13	6.35	18.52	51.67	55.39	36.11	42.86	43.74
1744	76.67	4.40	18.93	53.72	56.85	33.33	45.81	43.59

续表

年份	年龄结构指标（%）			性别结构指标（%）：男子比重				综合结构指标（%）
	成年人口比重	十四岁以上未成年人口比重	十四岁以下未成年人口比重	总人口	成年人口	十四岁以上未成年人口	十四岁以下未成年人口	成年男子总人口
1745	76.68	7.23	16.09	54.91	57.91	42.86	45.99	44.40
1748	80.52	3.52	15.96	62.10	66.05	34.04	48.36	53.18

资料来源：1673—1682 年见表 8—12；

1719—1743 年见 B. Hoetink《1740 年华人甲必丹连富光》；

1744—1748 年见 Vermeulen《红溪惨案本末》，第 121—122 页；并参见本书附录六"红溪惨案前后城区华侨人口"。

华侨人口中成年比重的不断上升（60%—80%），说明公司时期华侨人口的主要增长源泉，不是自然增殖，而是新移民的入境（包括入境后所娶的当地妇女）。特别是 18 世纪以来，吧城卫生环境严重恶化，死亡率竟高达到令人难以置信的程度（40%—60%）[1]，在这种情况下，再高的人口出生率也不足以抑制人口的锐减，但是吧城华侨人口不但没有下降，反而迅速上升，这就因为一方面有大量的新移民入境，另一方面又有大量的当地妇女嫁与中国移民。

成年人口中男子比重不断上升，52%—66%，这反映了早期中国移民的独特传统：只有男子外移而无女子外移，移入男子又多与当地妇女通婚，生男育女，繁衍孳息。如果说：华侨在当地务农经商、勤劳努力、促进生产是他们在当地得以和平定居的"经济"基础，那么同当地妇女联婚、和睦相处、同心共济就是他们得以和平定居的"社会"基础。

至于综合反映年龄和性别结构的"成年男子人口比重"指标，则升降不一，1739 年达到高峰，计 57%，随后就开始下降，但不久又迅速回升。这是因为 1740 年红溪惨案前夕，中国移民前往吧城盛况空前，因此

---

[1]《大英百科全书》第三卷，1932 年版，第 199 页。并参见本书第十五章《1780—1800 年吧城华侨人口的升降变迁》。

成年男子比重升高；惨案后大批人丁死亡和离去，成年男子比重就骤然下降；此后新移民不断入境，比重又开始上升。这个升降变化恰好反映了华侨人口的移民特征。照理"成年人口比重指标"和"成年人口性别比例指标"也应当具有同样的变化，因为"男子成年人口比重"是这两个指标的乘积，乘积增大，乘数或被乘数也应当增大，只是我们手头没有具体数字，无法指出其升降变化罢了！

正因为吧城华侨人口具有浓厚的移民色彩，因此我们在后面分析各个时期华侨人口的升降变迁时，就不能不把注意力集中在移民入境的升降变迁上面，把移民入境作为一个重要因素来考察。

以上所讨论的成年人口指标，在下面谈论华侨人口的出生地构成时，还会再度提到，现在让我们转来谈谈未成年人口指标。

我们纵观 1673—1748 年吧城城区未成年华侨人口指标的升降变化，就立刻会觉察到有一种现象显得十分醒目而又特殊，即进入 18 世纪以后，未成年人口性别比例指标出现了严重的偏差，而偏离方向又与成年人口指标迥然不同，不是男多女少，而是男少女多；同时在 14 岁以上的未成年人口中，男少女多的现象又比 14 岁以下的未成年人口来得严重。这究竟是什么原因？

如果说吧城未成年人口之区别于成年人口的地方是成年人口大多来自外面的移入人口，而未成年人口则几乎尽是当地出生的人口；那么，未成年人口的性比例就应当遵从一般常住人口的规律，男女比例不应相去如此悬殊。即使考虑到婴儿成长过程中的社会环境，也应当是男多女少，而不是男少女多，特别是中国封建家庭的重男轻女和残害女婴的恶俗，在吧城华侨家庭中也一样存在。一位在 1680—1686 年旅居吧城的西方人在他的回忆录里就这样写道："华侨有子无女，余甚奇之，久索不得其故。后与一人相识，始明了个中真相，盖彼等有惨无人道坑毙女孩之风也。"[①] 所以我们不能不对吧城城区未成年人口的男少女多现象，感到迷惑不解。

Vermeulen 博士在他的博士论文里，有一句话初看起来好像很有助于说明这一现象：

[①] 黄素封译：《十七世纪南洋群岛两种航海游记》，第 96 页。

华侨的习惯很可能只送儿童回国受教育，这就是为什么在人口登记中，十四岁以上的儿童人数特别少，例如1686年6月14日公司决定用公司船只送一位华人雷珍兰（Luitenant）的两位女孩子回国接受最好的教育。①

这句话再加上华侨家庭的重男轻女习惯，遣送回国受教育以男孩居多，就似乎可以说明为什么14岁以上的未成年人口中男孩来得特别少。但是实际情况恐怕又未必尽然，因为有能力送子女回国受教育的，只限于个别的富裕家庭，绝不是普遍现象，构成华侨人口的绝大多数都是身无分文的苦力，②他们自顾尚且不暇，还有什么余力送子女回国受教育。所以Vermeulen博士的解释并不足以令人信服地回答他自己所提出的问题。即使他的话成立，也仍然没有说明为什么14岁以下未成年人口还是男少女多。

如果我们把吧城城区华侨人口指标同乡区对比一下，就可以立刻找出其中的关键所在。下面是1743年城乡华侨人口性别指标，其中未成年人口没有区分14岁以上和以下③：

表8—4　　1743年吧城华侨成年与未成年人口中男性所占比重　　单位：%

地区	成年人口	未成年人口	总人口
城区	58.22	41.13	53.97
乡区	58.90	52.27	57.05
全城	58.83	51.18	56.72

按照这份材料，乡区未成年人口性别结构与城区相反，不是男少女多，而是男多女少。城乡合计的未成年人口性别指标也是如此，而且因

---

① Vermeulen：《红溪惨案本末》，第18页。中译本将14岁以上儿童译为14岁以下儿童，核与英译本及《吧城日记》人口登记数字不符，特更正如上。请参阅前表1673—1682年吧城各族居民人口年龄结构指标，其中14岁以上未成年人口占总人口比重以华侨人口为最低。

② de Haan：《老吧城》，第Ⅰ卷，第492页。

③ Hoetink：《1740年华人甲必丹连富光》。

为包括范围较广、人数较多，其性别比例更接近于正常的幼年人口指标，即男略多于女。这一现象就充分说明吧城华侨的未成年人口不是移入人口，而是当地出生的常住人口。城区未成年人口的男少女多很可能是男孩迁居乡区的缘故，特别是14岁以上的男孩。这种现象恐怕很大程度上是出于经济上的考虑，即逃避人头税。按照吧城政府的规定，人头税的征课对象是14岁以上的男丁人口，乡区华侨在1739年以前，一直是免纳人头税，[①] 虽然1739年以后，乡区也开征人头税，但税额很低，而且是一次性征课，负税男丁只需在定居之日交纳一次，此后就不必再行交纳，[②] 直到1794年公司快倒闭的时候，乡区华侨人头税才改按城区办法逐月征收，税率也与城区同。[③] 所以几乎在东印度公司的整个生存期内，广阔的吧城乡区不仅是华侨谋生之所，也同时是逃避殖民政府苛捐杂税的避风港，无力负税的未成年人口大多避居乡间。虽然14岁以下的未成年男丁暂时还不是纳税人口，但却是后备人口，未雨绸缪，及早迁居，看来为数也在不少，当然其紧迫程度不同于14岁以上的男丁人口。也正因为是这样，城区14岁以上未成年人口的男少女多现象才会比14岁以下人口来得严重。

三　吧城华侨人口的出生地构成

最后我们想谈一谈吧城华侨人口出生地的分布，这一方面我们找不到任何的数量记载，只能根据一些侧面材料探索其大致趋势。

先谈华侨人口出生地是以国内为多，还是以当地为多？这种对比牵涉人口的国际移动，华侨出生地在国内者就意味着是从国内移去的人口，早期的中国移民几乎尽是男丁，罕有妇女外移，因此我们把男女分开来谈。

---

① 《吧城布告集》，第Ⅱ卷，第486页；1669年12月8日。
② 同上书，第Ⅳ卷，第458页；1739年4月20日。
③ 同上书，第Ⅺ卷，第620页；1793年12月16日。

表 8—5　　　　1673—1748 年吧城城区华侨男性人口年龄结构　　　　单位:%

	1673—1682 年平均	1743 年	1744 年	1745 年	1748 年
成年比重	61.47	79.21	81.14	80.88	85.66
14 岁以上未成年比重	7.43	4.66	2.73	5.64	1.93
14 岁以下未成年比重	31.10	16.13	16.13	13.48	12.41
合　　计	100	100	100	100	100

资料来源：同表 8—4，并参见本书附录六男丁人口数字。

表 8—5 数字表明成年男性人口占总男性人口中的绝对多数，其比重之大和上升之速已超越前表男女合计人口中的成年男性比重。

如此大量的成年男丁，其后备来源是什么？当然，当地出生的未成年人口的成长是一个来源，但是这只是一个微不足道的来源。前面提过 18 世纪以后，吧城卫生环境严重恶化，人口死亡率高达 40%—60%，在这么高的死亡威胁面前，即使把 14 岁以上的未成年男丁全部投入作为成年男丁的后备力量来使用，也远不足以补偿成年男丁每年所消失的死亡人数，何况这部分微小的后备力量，还不是全部都处于成年阶段的前夕，他们是属于当地出生的常住人口，其年龄分布应遵从正常人口的变动规律，紧接成年阶段的人数只是其中的一小部分。此外，成年人口的减少除了死亡外，还有返国及外迁，并且为数也在不少（详见后文"1619—1661 年华侨人口升降原因的分析"）。

这样，我们就可以大致得出结论：占人口 80% 以上的男性人口，其主要的后备源泉并不是当地出生的未成年人口，而是国内出生的移入人口。若是每年不是有着大量的移民补充，华侨人口不仅不能有所上升，即使要维持原有水平也不可能，这就是为什么在 1808 年中国来船只有两只时，吧城各行各业就大感华侨劳动力的不足。[1] 所以我们认为公司时期吧城华侨男性人口的出生地，应以国内为多。

至于华侨女性人口的出生地，很明显，由于早期没有妇女外移，因此几乎尽是当地出生，这里面包括与中国移民通婚而被统计为中国人的当地妇女，这部分人口看来相当可观，下面的数字就说明了这一点。

---

[1]　de Haan：《老吧城》，第 I 卷，第 492 页。

表 8—6　　　　1673—1748 年华侨城区女性人口的年龄结构　　　　单位:%

	1673—1682 年平均	1743 年	1744 年	1745 年	1748 年
成年比重	61.08	68.20	71.50	71.56	72.13
十四岁以上未成年比重	6.71	8.81	6.33	9.16	6.13
十四岁以下未成年比重	32.21	22.99	22.17	19.28	21.74
合计	100	100	100	100	100

资料来源：同表 8—5 并参阅附录六女性人口数字。

如果说华侨成年男性人口的主要源泉是新移民的入境，那么华侨成年女性人口的主要源泉就是与华侨通婚的当地妇女。显然，这部分妇女人口的增加是与华侨成年男子的入境密切关联的，前者是后者的直接结果，没有后者就不会有前者，这也在另一个意义上说明了移入人口的重要性。既然移入人口在华侨人口中居举足轻重的地位，那么我们后面在分析吧城华侨人口的升降变迁时，就不能不把它当作一个重要因素来考察。

我们说华侨人口的主要源泉是出生在国内的移入人口，这并不意味着当地出生的华裔人口可以等闲视之。相反的，这部分人口在东南亚是独树一帜，别具风格，这就是他们之中颇多父子相继，世系湮远。谢清高在《海录》（1782—1795 年游南洋群岛）中说："华人在此（噶喇吧）贸易者不下数万人，有传至十余世者。"[①] 三十年为一世，十余世至少有三四百年之久，即公司时期的当地出生华侨，颇不乏元末明初的移民后裔。像这样世系湮远的后裔在东南亚各地华侨人口中，确实不多见。1956—1958 年美国康奈尔大学印度尼西亚研究组在爪哇的实地调查中，曾发现有大几千名华侨能追溯其世系至十二代以上，有些人仅因 1740 年的红溪惨案及其后所发生的战乱，才无法往前追溯。而 1950—1955 年在泰国的一次实地调查中，则发现华侨后裔鲜能追溯其世系至四代以上者。[②] 当然，这不是说泰国华侨的定居晚于爪哇华侨，而是说爪哇华侨后裔尽管年代久远，仍然保持先人的风俗习惯，对祖籍故土念念不忘。同时这些华裔在当地也很有地位，公司委派的吧城华人官员颇不乏当地出生的华裔，1740 年红溪惨案期内的华人甲必丹连富光就是一个

---

① 《海录》，噶喇吧条。
② G. W. Skinner：《海外中国文化的变迁和持续》（Change and Persistence in Chinese Culture Overseas），《南洋学报》1960 年第 1、2 辑合刊。

从没有到过中国的华裔，①1766年从武直迷升任雷珍兰的刘成光也是一个。②

以上是讨论华侨出生地之为国内抑为国外，现在我们转来讨论国内出生地的分布：

根据文献的记载，吧城华侨的国内出生地有福建、广东、广西、江苏、浙江③等省，此外大概还有湖南、湖北二省。旅居吧城七年（1729—1736）的程日炌在《噶喇吧纪略》一文中说："本朝盛德，四被远人，实服功令，不禁通商，中华福建漳泉二州、湖广两粤之人争趋之。"④ 程日炌是清雍正乾隆年间游吧城，"湖广"自明设布政使司以来就专指两湖之地，清代改称"湖广总督",⑤ 因此他笔下的湖广该不至于是元代的"湖广行省"（包括今之广东、广西、湖北、湖南、贵州、四川等省交界地区）。两粤即今之广东、广西。

就各省分布比重来看，吧城华侨则大多来自福建。雍正五年（1777）九月闽浙总督高其倬等奏称，出洋之人"大约闽省居十之六七，粤省与江浙等省居十之三四"⑥。而福建华侨又以漳、泉二府居多，《瀛环志略》一书中说：

  噶喇吧，漳泉之人最多，有数世不回中华者。……为甲必丹者，皆漳泉人。⑦

吧城华侨国内出生地以福建或是漳、泉二府居多，是由许多因素所造成的，首先是历史因素：元征爪哇是从泉州出海，兵丁大多招自福建沿海各地；明郑和七下西洋，每次都由长乐或泉州出海,⑧ 福建濒海居民随航者当不在少数；清郑成功据金厦以抗清兵，及后收复台湾十年生聚，率部几乎尽是漳泉人，事败后颇多逃亡吧城。

---

① Hoetink：《1740年华人甲必丹连富光》。
② 《开吧历代史记》，第53页。
③ 《朱批谕旨》第46册。
④ 《南洋学报》第九卷第一辑。
⑤ 《中国古今地名大辞典》，第915—16页。
⑥ 《朱批谕旨》第46册。
⑦ 《瀛环志略》第二卷，噶喇吧条。
⑧ 朱偰：《郑和》，第57—66页。

及至荷兰人东侵之后，初期的武力通商和劫掠平民，都是在漳泉一带；① 17世纪公司派船来华贸易，也是以漳泉一带为对象。② 18世纪中叶，荷兰船只虽然改驶广州贸易，③ 但漳泉一带居民移往吧城，并不因此而受影响，相反倒因此而更为增进。因为自1757年起，清政府宣布广州为唯一对外贸易港口，外商船只只能在此贸易，不得驶往厦门、宁波等地，④ 但是不禁厦门船只前往南洋贸易。⑤ 同年6月17日吧城政府也宣布公司已与广州直接通商，此后私人不能再与广州、澳门及其他珠江流域地区进行贸易，但厦门、宁波二地例外。⑥ 从此广州去船就备受限制，厦门去船则备受鼓励，公司为弥补不能直接与厦门通商的损失，多方设法招徕厦门船只给予采办返航船货的方便，⑦ 并且给予厦门船只以较高的载人限额⑧，此后限额又多次提高，⑨ 而对广州、汕头、潮州等地去船，不仅载人限额不予提增，反而自1786年起禁止载运移民。⑩

所有这些都便利福建漳泉沿海居民前往吧城，从而漳、泉二府移民在吧城华侨人口中的比重日益增大。

不仅如此，当时国内情况又从其他方面来加强这一趋势，即福建移民一旦定居海外之后，返国就不像广东移民那么来得方便，要遭受清政府的种种限制和迫害。薛福成在《出使奏疏》里说："中国出洋之民数百万，粤人以庸工为较多，其俗虽贱，视之尚能听其自便，衣食之外，颇积余财，至今滨海郡县稍称殷阜，未始不藉乎此，闽人多富商钜贾，其俗则待之甚苛，拒之过峻。往往拥资百万，羁栖海外，十无一还，而华

---

① Bontekoe：《难忘的东印度航海记》，第80—113页。
② 《吧城日志》，1677年，第13、102页；1678年，第129页；1679年，第125页；1680年，第36页；1681年，第231页。
③ Glamann：《荷兰与亚洲贸易》，第45—47页。
④ 马士：《中华帝国对外关系史》，第Ⅰ卷，第76页；又王之春《柔远记》卷五，乾隆廿二年禁英商来浙互市条。
⑤ 《厦门志》卷五，船政考："粤省澳门定例，准番船入口贸易，厦门准内地之船往南洋贸易。"
⑥ 《吧城布告集》，第Ⅶ卷，第217页；1757年6月17日。
⑦ 同上书，第Ⅺ卷，第276页；1791年5月31日—6月9日。
⑧ 同上书，第Ⅹ卷，第846页；1786年7月27日。
⑨ 同上书，第Ⅺ，第442页；1792年6月22日；又第ⅩⅥ卷，第12页；1804年2月24日。
⑩ 同上书，第Ⅹ卷，第846页；1786年7月27日。

民非无依恋故土之恩也。"① 1733 年吧城茶商陈魏、杨营挈眷返归漳州就是一个令人痛心疾首的例子，他们不幸为官府捉拿，原议"杖一百徒三年"，后改勒"捐谷一万三千石"了事。② 1749 年吧城华人雷珍兰陈依老挈眷回国，③ 为福建地方官吏所捉拿，没收家产判处充军，④ 是另一个令人痛心疾首的例子。

福建移民既是出国方便，返国不易，其在吧城华侨人口中所占的比重，就必然要比其他省份来得大。因此闽浙总督高其倬等所说的出洋之人，"闽省居十之六七"当不为过！

---

① 薛福成：《出使奏疏》，第 6—8 页。
② 雍正《朱批谕旨》第 55 册。这二人的讯供，对我们了解当时吧城华侨商人的海上贸易和生活情况，颇有帮助。特录其口供如下，以供参考。
陈魏供称："犯生向在广东贸易，于康熙五十三年（1714）买有茶叶货物在广搭船往噶喇吧，五十五年娶了妻室杨氏，原是福建人。本年犯生回至广东，买了磁器等货物复往吧国，卖完了又卖布匹，稍有利息。原去的船已回掉了，随于五十六年奉禁出洋，船只稀少，回来不得，并不是甘心久住番邦。自蒙万岁爷天恩开了洋禁，雍正七年才得回到家里，住了三年，十年上在苏州捐了监生，又买茶叶等货仍在广东搭船到噶喇吧。原是做生意的人，不能歇业，历次往来上税照票俱托船户料理的，家中尚有老母兄弟，常寄银信回家养赡。今年春间妻室不在了，留下三个女儿，因无子买了两个番妾，两个小番使女。四个番仆，都是当着荷兰番官明白买的；带了些番米行李同家眷回归故土，侍奉老母，永为盛世良民，并无违禁货物。起身的时节，夷目呷哔丹配了郭佩的船。本年五月里到大担门外，犯生因次未曾请得牌照，汛口盘诘严谨，为此雇了小船由大担外洋回家。犯生从前羁留外邦实非得已，并不是甘心住在番邦，若忘了故土的人，于今就不挈眷回乡了，只求详察。"
杨营供称："小的原在同安县做生意，雍正六年正月在广东将本银三百两买了些茶叶瓷器，搭船到噶喇吧，娶了妻室郭氏，是中国人，原要随船回来的，小的因染了病，至八年五月里仍回广东，买了货，于九年正月又往吧国，这几次出洋纳税照票，都是船主代为料理的。小的有个哥子杨课，原在吧国娶有嫂子，生下两个侄儿，上年哥子不在了，小的娶的妻室生了两个儿子，一个女儿，年纪尚小，又买了一乳妈，三个番仆，俱系番官说完身价买的，连嫂子侄儿共十一口，向番目呷哔丹说明搬眷情由，他配给了高凤的船，于今年六月里到了大担门外，因没有照，怕塘汛查验，雇了一只小渔船厂，由大担外洋到家。就被本县挈了。小的原是守分良民，自雍正五年奉恩旨开了洋禁，漳泉的百姓得到番地做生意，如今家给人足，无不感戴国恩，不但小的不敢忘本，即现在外邦的，俱有思归之念；小的因愚蠢无知，这次误犯私渡禁令，只求超释！"
③ 《开吧历代史记》，第 48 页。
④ 《清文献通考》卷 297，四裔考五。

第三部分　升降变迁

第九章 1619—1661年吧城华侨人口的升降变迁

吧城华侨人口的上升期。——公司大力招徕中国移民：重建椰加达，垦地种稻，种蔗榨糖。——公司对华贸易。——船只与移民之间的关系。——公司对中国生丝的强烈需求。——大力招徕中国船只。——明末清初中国社会的大变乱，民不聊生，苦不堪言，大批人口流离失所。——驶吧华船载运人数及其对吧城华侨人口升降的影响。

就总的趋势来看，东印度公司时期，吧城华侨人口一直是在不断地上升，17世纪中叶比17世纪初叶增加，17世纪末叶又比17世纪中叶增加；同样，18世纪也是如此。但是就不同阶段来看，17、18世纪都经历了上升、下降、上升等多次起伏，这些变化既与当地的政治经济情况有关，也与当时中国的国内情况有关。为了讨论的方便，我们将公司时期的华侨人口变迁分为六个时期：

1619—1661年，从公司占领椰加达起到郑成功收复台湾的前夕为止；

1662—1682年，从郑成功收复台湾起到清政府攻克台湾的前夕为止；

1683—1700年，从清政府攻克台湾起到17世纪末为止；

1701—1739年，从18世纪初起到红溪惨案前夕为止；

1740—1780年，从红溪惨案起到第四次英荷战争前夕为止；

1781—1800年，从第四次英荷战争起到东印度公司宣告结束为止。

这六个时期的划分，固然是根据吧城华侨人口的增减变化，但具体的年代起讫，则更多是为了说明的方便，选择对人口增减具有深远影响的某一重大事件作为分界，并且以这一事件的发生年份作为各该时期的起点。至于这些事件所导致的人口变动，也许会滞后若干年，因为人口的变动，除了像 1740 年红溪惨案的大屠杀之外，在一般情况下，不论是自然变动，还是迁徙变动，都经历相当长的一段时间以后才能在数量上呈现出来，特别是华侨人口关系于国与国之间的人口移动，比之一国范围内的人口迁徙，受着更多因素的限制和约束，其数量反映就需要更长的时间。

下面我们就分时期来讨论。

这个时期从 1619 年东印度公司占领椰加达起到 1661 年郑成功收复台湾的前夕为止，前后大约四十年，这是华侨人口的上升期，由期初的 300—400 人，增至期末的 5000 余人，即增长了十余倍（见前列 17 世纪华侨人口统计表）。

这个时期华侨人口的增长，我们可以从当时吧城华人事务组织的扩大得到证明：① 1619 年公司实行"以其族治其族"（like over like），② 委派首任华人甲必丹（Kapitein）一名，统理华人事务。③ 1633 年华侨人口增加，事务日繁，除甲必丹外，又派雷珍兰（Luitenant）一名，传令兵达氏（Soldaat）一名。1689 年华侨人口再度上升，雷珍兰名额由一名增至两名。④ 随着华侨人口增加的是华侨死亡丧葬人数日众，因而又于 1650 年募款购建冢地一所，设土公一名。⑤ 这些都在不同程度上反映这个时期吧城华侨人口的不断上升。

这个时期吧城华侨人口的增加，虽有国内和国外的原因，但主要是国外的原因，即东印度公司的大力招徕中国移民和力求实现对华贸易，现在分开来谈。

一　东印度公司的大力招徕中国移民

总督燕·彼得逊·昆在 1619 年占领了椰加达之后，就积极着手制定

---

① 参阅本书附录七"吧城华人事务机构人员名额变动表"。
② Furnivall：《殖民政策和实践》，(Colonial policy and practice)，1936 年版，第 225 页。
③ 《燕·彼得逊·昆东印度商务文件集》，第Ⅲ卷，第 541 页；又《开吧历代史记》，第 25 页。
④ 《开吧历代史记》，第 28 页。
⑤ 同上书，第 30 页。

人口规划，他认为："这个共和国不论吸收什么民族，必须华人占据多数，而后这个共和国才能生存下去。"① 在这种政策指导下，东印度公司千方百计地从四面八方招徕中国移民。首先是就地招徕，设法把已定居在万丹、井里汶和爪哇其他地区的华侨争取到吧城来。利诱无效，就强制威胁，1619年公司命令万丹中国船只"在离开时，必须输送一批中国人前来吧城，否则就要扣押水手"②。其次是外地招徕，公司命令驻东南亚各地的商馆和船只大力劝诱中国人前来吧城，总督燕·彼得逊·昆几乎不放过任何一个微小机会来谆谆告诫属员要全力以赴地来完成这项工作：

1619年7月2日他指令前往占卑、北大年、平户等地的船队司令Hendrick Jansz，"要大量招徕中国人，特别是木匠、伐木工和渔民，对渔民，要他们把渔网一起带来"③。

1619年12月28日在给前往占卑的船长Frederick Pietersz的命令中说："你们此去的任务不只是装运胡椒，还要留意从中国来的船只，要会同当地商馆制订一个完善的计划，使所有的中国船只都驶来吧城，以便繁荣吧城的贸易。"④

1619年7月2日，1620年2月28日、5月3日、6月13日及1621年6月11日等先后五次致函日本平户商馆，要他们除了招徕日本移民之外，更要注意招徕中国移民，人数多多益善，"你们这样做不仅是对我们表示了深厚的友谊，而且是对公司作了最大的贡献"⑤。

1619年12月18日致函占卑商馆说："我们已经派出Dolphijn号前往占卑会同其他不载运胡椒的船只一起负责在海面瞭望本季候风期内由中国驶来的船只，劝诱他们驶来吧城，以便充实吧城人口及繁荣吧城贸易。"⑥

1619年6月2日、7月2日及1620年5月3日、7月3日等先后四次吩咐北大年商馆说："要全力劝诱定居在那里的中国人前来吧城，特别是

---

① 《燕·彼得逊·昆东印度商务文件集》，第Ⅱ卷，第702页。
② 同上书，第Ⅲ卷，第516页。
③ 同上书，第Ⅱ卷，第577页。
④ 同上书，第632页。
⑤ 同上书，第Ⅱ卷，第571、654、704、727页；又第Ⅲ卷，第58页。
⑥ 同上书，第Ⅱ卷，第571、654、704、727、629页。

木匠，如果他们不愿来，可以以公司的名义雇用他们，发给高工资，并且欢迎他们携带妻子儿女一起来，他们的眷属一样可以得到工作维持生活。"①

吧城当局除了采用欺骗利诱等手段外，还采用海盗行径，派遣武装船只前来中国沿海劫掠和平居民。1622年总督燕·彼得逊·昆在给驶往中国海岸的舰队司令Reyersz信中，公然声称："建议阁下一有机会就大量俘虏中国男女和小孩……并在下次来船时送来吧城。"② 不仅这样，他还奉劝他的接班人要继承先业，发扬光大，在致其继任总督Pieter de Carpeatier（1623—1627）的信中说：

> 在下一个汛风季节里，要派出一支大舰队前往澎湖和中国调查各地海湾、河道和港口，并且上岸尽量劫掠中国男女和小孩……这些俘虏一来可以为公司服务，二来可以弥补战费，因为他们就像没收到的中国商品一样能给公司带来巨大好处。
>
> Haarlem号所运来的中国俘虏，每名除人头税外，要以60元（reaal）的代价典给有钱的中国人使用，使用期内每人每月以工资四元计酬，当做满了60元之后，如果他们提出要求的话，可以准予他们回国，但无论如何不能允许他们从我们管辖下移居到其他非公司管辖下的地方去。如果俘虏多的话，可以按照同样条件送一部分到安汶岛及班达岛上去。③

当然，这种武装劫掠没有产生，也不可能产生积极的效果，这支舰队从1622年冬到1623年春一共俘虏中国居民1300名，先运至澎湖建筑碉堡，竣工后转运吧城，其中除Groningen及Haarlem号船所载运的150名俘虏似乎安全到达外，其余1150名在澎湖候船期内就已经死亡过半，到1623年9月登船驶吧城者仅571人，在航行中又有大量死亡，到1624年1月船到吧城，活着的俘虏只有33人。④

东印度公司之如此不择手段招徕中国移民，究竟是为了什么？简单

---

① 《燕·彼得逊·昆东印度商务文件集》，第Ⅱ卷，第559、572、759页。
② 同上书，第191页。
③ 同上书，第Ⅲ卷：第304—311页。
④ Bontekoe：《难忘的东印度航海记（1618—1625）》，第15页。

地说，就是为了建设吧城和繁荣吧城。

东印度公司在1619年所占领的椰加达，是一座劫后废墟，万事待举。一如荷印政府事后所追忆的："公司攻克椰加达，只仅仅是困难的开始，城堡、房子、堆栈……总之，一句话，整个城市都有待于重建。"① 在另一方面，荷兰殖民者又惧怕爪哇人民报复，"将爪哇居民从吧城及其邻近地区驱逐一空，以便在城池周围建筑一道深广荒芜的屏障。"② 而荷兰本国移民又姗姗来迟，裹足不前。1618—1630年这是东印度公司鼓吹荷兰本国移民东来的第一个时期（此后两个时期是1662—1700年，1742—1752年，详见后文讨论），虽然政府当局采取种种鼓励措施，但是移民东来寥寥无几，当他们一旦发现在勤劳上不如中国人，在垦殖上缺少资本和人力，在商业上又得不到自由贸易时，就大失所望纷纷掉头返国，此后公司所鼓吹的移民事业就整整中断了三十多年，直到1662年才作第二次尝试。③ 至于那批定居下来的荷兰移民又是怎样？用总督燕·彼得逊·昆的话说："他们都是人类的渣滓，懒得出奇，不愿用手来拿取食物，即使把食物放在他们的嘴里，他们也懒得用牙齿去咀嚼。"④ "我们不能期望这样一些人来担任要职、管理奴隶和经营工、农、商业。"⑤

相形之下，华侨的辛勤努力就大为公司所珍视，燕·彼得逊·昆在给董事会的一封信中是这样来对比中国人和荷兰人的："瞧，我们是多么惭愧，中国人也同我们一样是外来人，但是他们来到一个陌生的海岛上，拿起工具就造起美丽的大船来，而我们竟然为了一条小舢舨而束手无策，要不就得从荷兰运来。"⑥ 这样吧城政府就把重建吧城的希望寄托在华侨身上，吧城政府在1620年2月28日给平户商馆的一封信中说："你们应当尽量把中国人劝诱到椰加达来，我们正在建筑市集，急需人手，建筑工程目前正在开始，显然在七年内是不能竣工的。"⑦ 1622年3月10日在给远征舰队的指示中也说："你们应当俘虏大量的中国男女和小孩，一来可以充实舰队人手，二来可以充实吧城、安汶、班达等地的人口。……

---

① 吧城市政府编：《作为一个商业、工业和居住中心的吧城》，1937年版，第38页。
② 莱佛士：《爪哇史》，第Ⅰ卷，第71页。
③ Keller：《殖民》，第433—435页。
④ 同上书，第434页。
⑤ 《燕·彼得逊·昆东印度商务文件集》，第Ⅳ卷，第616页。
⑥ 同上书，第Ⅵ卷，第53页。
⑦ 同上书，第Ⅱ卷，第654页。

因为只有吧城、安汶、班达等地人口得到充实，而后公司才能获得大利，我们所有的城堡都要用他们的人力来建筑和修理。"① 吧城城墙的修建工程就是勒令华侨来承担的，② 城内的运河开凿也是由华侨来承担，甲必丹苏鸣岗就是以承包工程著称。③ 甲必丹潘明岩则以开凿运河著称。④

吧城政府除了需要大批中国移民前来担负各项建筑工程之外，还需要大批中国移民在吧城四郊开辟水田种植大米，使吧城在粮食上不致过分依赖马打兰王国。⑤ 因为马打兰王国用来对抗东印度公司侵略的经济武器就是大米，它禁止公司从扎巴拉运出大米，并且宣布大米为王国的专卖品，其他人不得经营，以防止大米流入荷兰人手中。⑥ 公司所采取的对策，除一方面设法从其他地方输入大米外，另一方面就是大力招徕中国移民在吧城四郊开辟水田种植大米。

此外，吧城的蔗糖业也需要中国移民前来经营。17 世纪 30 年代欧洲糖价暴涨，以西印度群岛的 moscovados 粗糖为例，1622 年每荷磅（Pond）价格 0.27 盾，1633 年涨至 0.54 盾，1637 年再涨至 0.67 盾。这时公司贩运蔗糖获利惊人，1636 年荷兰董事会作过一项有趣的成本核算：认为派一只快艇专程前往吧城贩糖，即使空放，也可以在往返二十个月内获得纯利 110%。⑦

成本：船只折旧（总值 29000 盾）　　　　　　　　　　　7380 盾
　　　船员工资　　　　　　　　　　　　　　　　　　　13020 盾
　　　给养装备　　　　　　　　　　　　　　　　　　　9600 盾
　　　蔗糖实价（450000 荷磅，每 100 荷磅，价 7.5 盾）　　33750 盾
　　　合计　　　　　　　　　　　　　　　　　　　　　63750 盾

收入：450000 荷磅蔗糖扣除运输损耗 15%，净重 382500 荷磅，每百荷磅卖价 35 盾。

　　　共得　　　　　　　　　　　　　　　　　　　　　133875 盾
　　　净益　　　　　　　　　　　　　　　　　　70125 盾（110%）

---

① 《燕·彼得逊·昆东印度商务文件集》，第 III 卷，第 150—162 页。
② 同上书，第 I 卷，第 574 页。
③ de Haan：《老吧城》，第 I 卷，第 75 页。
④ 同上书，第 134 页。
⑤ 萨奴西巴尼：《印度尼西亚史》，第 146 页。
⑥ 同上书，第 151 页。
⑦ Glamann：《荷兰与亚洲贸易》，第 48、155 页。

如果按蔗糖抵达之日，即1637年的价格每100荷磅67盾计算，则纯利将高达210%。就在这种暴利的驱使下，董事会向吧城的要货量迅速上升，1622年仅要糖1760担（Picul＝125荷磅），1633年增至4800担，1637年增至30000担。① 但在另一方面，公司货源则因万丹苏丹禁止万丹糖运往吧城而大受影响，这时公司除了将收购价格从过去的每担6元提高到9元之外，还于1637年在公司领地内开始扩大种蔗榨糖。② 鉴于中国糖在欧洲市场上极负盛名，畅销一时，因此公司当局就大力招徕中国移民在吧城种蔗榨糖，并且采取种种鼓励措施：

1637年11月7日宣布豁免华侨商人杨官（Jan kong）蔗糖什一税十年。③

华侨缺乏资金无力经营者，公司给予无息贷款。④

1648年9月1日宣布将华侨人头税从过去的每人每月1.5元降至0.5元，政府在布告中明白声称："此举目的在于要趁清兵入关中国政局动乱之际，大力鼓励中国移民前来吧城种植大米和甘蔗。"⑤

1650年11月1日进一步宣布豁免吧城华侨人头税，尽量招徕中国移民。⑥

就在这种鼓励下，移民入境日增，吧城华侨人口也跟着日增，吧城的糖产量从1637年的年产196担增至1652年的12000担，在短短的十五年内，增长了六十余倍。⑦

从这里我们可以看出吧城蔗糖业与中国移民之间的关系，在以后的几个时期里，我们还会进一步谈到蔗糖业的盛衰是如何关系到中国移民的数量和生活。在爪哇用蔗制糖是始自中国移民，而且在两个多世纪里一直是由中国移民来经营。⑧ 尽管吧城的蔗糖业在荷兰人没有来之前就已经开始了，但是大规模的经营则在公司时期。公司所贩运的蔗糖本来一向是仰给于中国沿海，1628年公司驻台湾商馆曾与福建总兵郑芝龙签订

---

① Glamann：《荷兰与亚洲贸易》，第153页。
② 同上书，第156页。
③ 《吧城布告集》，第Ⅰ卷，第416页；1637年11月7日。
④ Furnivall：《荷印多元经济》，第42页。
⑤ 《吧城布告集》，第Ⅱ卷，第123页；1648年4月27日。
⑥ 同上书，第160页；1650年11月1日。
⑦ Glamann：《荷兰与亚洲贸易》，第158页。
⑧ 莱佛士：《爪哇史》，第Ⅰ卷，第196页。

过一项为期三年的购货合同，其中议定郑芝龙每年交付生丝 1400 担、糖 5000 担、糖姜 1000 担，绢绫 5000 件，① 除绢绫重量不详外，在全部货重中，糖及糖货占了 80%。1637 年欧洲糖价暴涨，公司董事会通知吧城当局火速购运蔗糖，要求尽量采办中国砂糖（poeder sugar）、板糖（brood sugar）和冰糖（kandij sugar），只要中国方面能够供应所需数量，就不要采办孟加拉糖和万丹糖，更不要暹罗糖，因为这些地方的糖质量远不及中国糖。② 但是到了 17 世纪 40 年代以后，由于公司在台湾和吧城相继招徕中国移民扩大种蔗榨糖，中国糖的输出就日益下降，公司对中国糖的需求也就日益从对商品的需求，转为对经营蔗糖的技术和劳力的需求。这个转变在此后吧城华侨人口的变迁上起着十分深远的影响，中国移民的大量入境和各项限制移民禁令的趋于无效，都直接间接地与吧城蔗糖业生产的扩大有关。③

二　东印度公司的对华贸易

这个时期吧城华侨人口增加的第二个原因就是东印度公司的"对华贸易"，不只是这个时期，在以后几个时期里，我们还会不止一次地接触这个问题。

东印度公司的对华贸易，严格说来，只是公司对中国商品的需求，因为当时中国市场对于欧洲商品简直没有胃口，对于印尼商品的需要量也不大；例如我们刚才提到的公司驻台湾商馆在 1628 年与郑芝龙所签订的购货合同，每年购货总值是 300000 元（reaal），公司偿付条件，除以胡椒三千担折价 33000 元外，其余 89% 的货值全部是用现金来支付。④ 这种单向贸易一直持续了一个多世纪，到 1728—1734 年公司直接派船来华贸易时，其载运的支付手段 96% 仍然是现金，商品价值还不到 4%。⑤ 所以公司的对华贸易，更恰当地说，是公司对中国商品的需求。

---

① Van Leur：《印尼贸易与社会》，第 339 页。
② Glamann：《荷兰与亚洲贸易》，第 153 页。
③ Veth：《爪哇》，第 II 卷，第 134 页。
④ Van Leur：《印尼贸易与社会》，第 339 页。
⑤ Glamann：《荷兰与亚洲贸易》，第 46 页。

第九章 1619—1661年吧城华侨人口的升降变迁

Vermeulen博士说："公司对中国商品的需求是17世纪末叶吧城华侨人口大量增加的一个原因。"① 事实上，这个原因早在17世纪初就开始发挥作用，所不同的是：17世纪初公司是在无法直接进行对华贸易的情况下，不得不假手中国帆船贩运中国商品；而17世纪末则是公司在可以直接对华贸易、因获利不丰而自动放弃的情况下，依然假手中国帆船贩运中国商品。另一个不同点是：17世纪初公司既欢迎中国商品，又欢迎中国移民；17世纪末则只欢迎前者，而限制后者（详见后文讨论）。

这个时期公司所需求的中国商品，我们刚才提到过"糖"，但更重要的是"生丝"，糖只占"货重"的首位，生丝则占"货值"的首位。如果说中国对外贸易的大宗输出品，18世纪是茶叶，那么17世纪就是生丝。东印度公司之贩运中国生丝是由一桩偶然的事件所引起的：1603年荷兰舰队在柔佛港外劫掠一艘葡萄牙船只，获得中国生丝1200大捆，运回欧洲后，卖价高达2250000荷盾，② 相当于公司股本总额的1/3（公司总股本是6450000荷盾）。③ 从此公司对中国生丝就贪得无厌、垂涎欲滴了。1608年公司董事会发出指示说：

> 我们必须用一切可能来增进对华贸易，首要目的是取得生丝，因为生丝利润优厚，大宗贩运能够为我们带来更多的收入和繁荣。如果我们的船只无法直接同中国进行贸易，那么公司驻各地商馆就必须前往中国船只经常往来的地区（如北大年等地），购买中国生丝。公司应当调动更多的现金来购买生丝，生丝比胡椒来得更有利，因为葡萄牙人已经拥有大量胡椒，他们可以在市场上压价倾销。④

这个时期公司之相继在北大年、暹罗、宋卡等地开设商馆，其主要目的也是向前来贸易的中国船只购买生丝，甚至在日本开设商馆最初也是为了这个目的。⑤

17世纪初期，中国丝在欧洲市场上极负盛名，以1624年荷兰涵塘交

---

① Vermeulen：《红溪惨案本末》，第14页。
② Glamann：《荷兰与亚洲贸易》，第112页。
③ Furnivall：《荷印多元经济》，第24页。
④ Glamann：《荷兰与亚洲贸易》，第112页。
⑤ 同上书，第114页。

易所的拍卖价为例：Milano 丝（意大利）每荷磅值 5.40 盾，Ardasse 及 Legie 丝（波斯）值 9.60 盾，Messina 丝（意大利）值 10.65 盾，Vicenza 丝（意大利）值 14.10 盾，而中国丝则值 16.20 盾。[1] 公司贩运中国生丝获利之丰也是惊人的：1621 年公司在宋卡购买中国生丝 1868 荷磅，每荷磅付价 3.81 盾，运到欧洲后每荷磅售价 15.9 盾，毛利高达 317%；1622 年公司在台湾购买中国生丝 1211 荷磅，每荷磅付价 4 盾，运到欧洲后每荷磅售价 16.88 盾，毛利高达 322%。[2] 我们只要对比一下公司在 1639—1739 年这一百年间的贩运利润就可想而知这个数字之惊人了，这个时期年平均毛利从没有超过 250% 的。

中国丝货在公司贩运贸易上的重要性，我们从前面提到的 1628 年公司驻台湾商馆与郑芝龙所签订的三年购货合同中也可以得到说明。根据这份合同，郑芝龙交货如下：[3]

表 9—1　　　　　　　　　　1628 年郑芝龙交货明细

货名	数量（担）	单价（两银）	货值（两银）
生丝	1400	140	196000
糖	5000	3*	15000
糖姜	1000	4	4000
绢绫	5000		7000—9500
合计			222000—224500

注：*原文此处单价为每担 3 元（reaal）恐为 3 两银之误，特更正如上。

全部货值按每两银等于 1.35 元（reaal）折算，在 299700—303075 元，其中生丝及绢绫占 92%。当时公司每年返航船队贩货总值在 400000—500000 元，[4] 因此中国丝货占公司全年贩货总值的一半以上。尽管这项购货合同后来因公司缺乏现金作罢，但已在很大程度上反映了当时公司对中国商品的需求情况。

正由于中国商品在公司贩运贸易上居重要地位，公司奠基人燕·彼

---

[1] Glamann：《荷兰与亚洲贸易》，第 113 页。
[2] 同上书，第 114 页。
[3] Van Leur：《印尼贸易与社会》，第 339 页。
[4] 同上书，第 225 页。

得逊·昆一开始就制定了一个独占中国贸易的宏图远略，他打算把盘踞在中国门口的竞争者（葡萄牙人）从澳门驱逐出去，并且袭击盘踞在马尼拉的西班牙舰队，从而最后完全垄断中国的对外贸易。① 但是这场美梦并没有实现，1622 年公司舰队司令 Cornelis Reyersz 率领战船 15 只、官兵千余人进攻澳门，结果以惨败而告终，死者 130 人，伤者更多，司令本人亦在内。② 此后公司虽然在澎湖找到一个立足点，但是在明"兵直逼夷城，改分兵三路齐进"③ 下，又不得不拆城远徙。1634 年公司命令台湾总督 Putmans 率船串同海盗进犯泉漳沿海一带，企图以武力强迫通商，但又为明将郑芝龙的强大舰队所击退，此役"生擒红夷 136 名"④，击沉荷船两只。⑤ 经过这次的实力较量后，公司才觉察到自己真正是没有力量击败中华帝国，也没有可能凭借武力获得对华直接通商的权利，⑥ 因此不得不改弦更张，从直接通商转求间接通商。一方面，派船前往高棉、北大年、宋卡、那空、博他仑、平户等中国船只常行驶的港口去购买中国商品。另一方面，而且是更重要的方面，就是设法把中国船只吸引到公司统治下的吧城来，使吧城成为一个中国商品的吞吐港。总督燕·彼得逊·昆早就明白宣称："只要我们继续无法直接在中国沿海进行贸易，那么最好的出路就是设法稳定和繁荣吧城的贸易。"⑦ 他对华船期望的殷切，简直是溢于言表："本年第一艘中国船已到达，但只带来一些粗陋的爪哇人用的商品，据说第二艘正在路上。……但愿上帝保佑，明年能有更多的中国船前来。"⑧

燕·彼得逊·昆死了以后，其继任者一直奉行这项政策，1632 年总督 Hendrik Brouwer 在对属员的训词中谆谆告诫："我们必须赢得住在吧城的中国人的好感，以便增加吧城的对华贸易。"⑨

公司就是抱着如此殷切的心情大力招徕中国船只，所使用的方法也

---

① Glamann：《荷兰与亚洲贸易》，第 230 页。
② Bontekoe：《难忘的东印度航海记》，第 85—87 页。
③ 《明实录》卷 47。
④ 《明清史料》乙编第七本，第 659 页。
⑤ 《吧城日志》，1631—1634 年，第 232 页，1634 年 2 月 1 日。
⑥ 同上书，第 253 页，1634 年 2 月 19 日。
⑦ 《燕·彼得逊·昆东印度商务文件集》，第 II 卷，第 711 页。
⑧ 同上书，第 654 页。
⑨ Vermeulen：《十七、十八世纪荷属东印度公司有关华人的司法行政》，《南洋学报》第 12 卷第 2 辑。

如同招徕中国移民一样,不外乎威胁、利诱、欺骗。

利诱:

1620年5月3日公司指示北大年商馆说:"你们必须劝诱在北大年、宋卡、那空、博他仑等地的华船下年载运大批美丽的生丝、绢绸以及其他中国货物前来椰加达,向他们保证,我们不缺乏现款,也不缺乏檀木、胡椒,而且他们前来可以不必交纳任何税款,一切捐税全部豁免。"①

1620年5月15日公司又以相同的指示给暹罗商馆:"要求你们尽力劝诱中国商船把货物载运来椰加达,不要驶往其他地方,告诉他们,我们这边不缺乏现金,也不缺乏胡椒和檀木,他们前来可以免除一切捐税,同时又没有战争的威胁。"②

威胁:

1619年5月31日公司当局作出如下决议:"从扎巴拉押来的中国帆船,准予释放,但应通知他们下年不得再驶往扎巴拉,必须驶来椰加达,这里将给予他们以各种自由和方便,如果他们下次再犯,船货就要无偿充公。"③

1622年公司指示远征舰队司令Reyersz说:"上次训令中告诉你们可以允许少数中国船只前往暹罗和高棉,现在看来这是不适宜的,你应当禁止一切中国船只前往这些地方,命令他们只能航驶吧城。你要尽力把这件事情做好,因为公司十分关心要把吧城变成一个贸易中心。……再次明确地告诉他们,你不能容忍任何船只驶往吧城以外的地区,违者船货充公,人员拘捕。"④

欺骗:

1622年4月14日吧城政府向荷兰董事会建议:"重要的是我们必须付出全部精力把华人贸易吸引到吧城来,公司十分注意前来这儿的华商是否得到款待,我们应当考虑是否可以在他们支付小额费用后,派一两只船保护他们免受海盗的抢劫,一直把他们护送到靠近中国大陆的某个海岛上为止,然后再派一两只船在那里等候护送他们前来吧城,使航行吧城变得安全方便,富有吸引力,这样我们就可以用最小的强制来招徕

---

① 《燕·彼得逊·昆东印度商务文件集》,第Ⅱ卷,第702页。
② 同上书,第711页。
③ 同上书,第Ⅲ卷,第509—511页。
④ 同上书,第191页。

华人。"① 显然，这是护航其名，监视其实。事实上，抢劫中国船只的海盗正是东印度公司自己，就在吧城当局建议采取"护航"措施的当年冬天，荷兰舰队在中国沿海先后劫走中国船只 17 艘，船员 430 人。② 1657—1658 年公司又先后拦劫到柔佛、北大年等地的中国船只 4 艘。③

由于东印度公司千方百计地招徕中国船只，因此中国船只前往吧城者也日益增加，载运的移民也跟着增加，17 世纪 20 年代每年到船平均是 5 只，30 年代及 40 年代前半期，每年到船增至 6—10 只，到清兵入关以后才因海路不靖，去船骤降，每年平均只有 2 只（详见附录八"东印度公司时期华船驶吧统计表"）。去船既多，随船而去的人数也多。其中不乏富商巨贾，但绝大部分是属于变相移民的肩挑小贩。根据《吧城日志》的记载，1625 年 2 月 24 日有一只泉州船驶到，载入中国人 480 名，其构成如下④：

表 9—2　　　　　1625 年 2 月 24 日泉州船载中国人构成

大商人*	40 名
船员水手	80 名
带货的小贩**	360 名
合　计	480 名

注：*"大商人"原文是"Quewijs"，这似乎是"客位"一词的闽南音译，指房舱乘客，荷文解释为"Cooplieden"，即"商人"，或译"商业官"，这个称号在公司时期颇为尊贵，在公司官员中，其等级仅次于评政议员（Andere Raden）。为了区别于一般小商起见，我们权译为"大商人"。

**"小贩"原文为"Passagiers"，即旅客，但注明此等旅客仅支付所带货物运费，而不必再支付其本人船资。按荷文文献记载，这些旅客大多是沿街叫卖的肩挑小贩，⑤ 为了区别于一般旅客起见，我们把他们译成"带货的小贩"。

根据 Vermeulen 博士的解释，在这 480 人中，"随货同来的 360 人都

---

① 《燕·彼得逊·昆东印度商务文件集》，第Ⅳ卷，第 540 页。
② Bontekoe：《难忘的东印度航海记》，第 102—112 页。
③ W. Campbell：《荷兰人占领下的台湾》（*Formosa under the Dutch*），《郑成功收复台湾资料选编》，第 128 页。
④ 《吧城日志》，1642—1629 年，第 130 页；1625 年 2 月 24 日。
⑤ Vermeulen：《红溪惨案本末》，第 12 页。

是肩挑中国瓷器到处沿街叫卖的小贩,没有疑问,他们之中有许多是住在吧城,因为这里的生活条件比之南中国好"①。迟至17世纪末,我们还可以找到这种又是小贩又是移民的记载,1695年1月14日吧城政府的一张布告中说:"新到华人通常都沿街叫卖他们随身带来的瓷器和杂货,他们每人每月向包税人交纳市场税二元。他们也在七八个人睡在一起的房间里卖东西,但不开店,包税人要他们再领一张店铺执照,每月纳税二元,政府认为包税人的要求不合理,宣布他们之中只要一人领店铺执照就行了,其余可领小贩执照。"②

如果从全船480人中扣除船员水手,那么400名乘客中,就有90%的是属于这种肩挑小贩的变相移民,其比重之大确实惊人。所以公司招徕中国船只越多,其结果必然是中国移民的入境也越多。

当然,这个时期吧城华侨人口的增加,除了当地的原因外,还有当时中国国内之所以促成移民外出的社会背景。有关这一方面的情况,有待专题探索,这里我们只想简单地指出一点:这个时期正是明末清初中国社会发生大变乱,人民生活贫困,颠沛流离,苦不堪言,明末权贵豪富一方面实行田赋加派,巧立名目,公开掠夺;另一方面又设矿盐税使,横征暴敛,破坏生产,使"三家之村鸡犬悉尽,五都之市丝粟皆空"③。所有这些苛捐赋役最后都全部落在劳动人民身上,地主则"产无赋,身无徭,田无粮,廛无税"。④ 农民生活无着,向地主借贷,"轻则加三,重则加五,谷花始取,当场扣取,勤勤一年,依然冻馁"⑤。人祸之外,又加天灾,饥馑连年,草木殆尽,全国各地相继出现"人相食"的惨状。⑥ 明亡,清军入关,抗清斗争,此伏彼起,不屈不挠。清廷勾结奸豪地主实行惨绝人寰的大屠杀,十室九空,田园荒芜,"万井烟寒,千家空杵"⑦。农村生产遭受空前未有的大破坏,大批人口流离失所。接着又是苛赋重役,民不聊生,"有田已卖尽,贫无立锥,而仍报重役者",富者则"田连阡陌,坐享膏腴,而全不应差",于是"田归不役之家,

---

① Vermeulen:《红溪惨案本末》,第14页。
② 《吧城布告集》,第Ⅲ卷,第381页;1695年9月14日。
③ 《明史》卷二二三《王宗沐传》。
④ 《复社纪略》卷三。
⑤ 吕坤:《实政录》卷二。
⑥ 《明史》卷三十。
⑦ 《明清史料》,内编,第783页。

役累无田之户,以致贫民竭骨难支,逃徙隔属"①。从逃徙隔属到逃徙隔海,只是百步与五十步之差,濒海地区贫民的远遁海外,应当是势所必然。

在上述各种内外原因的驱使下,中国移民前往吧城者究竟有多少?这是一个十分值得探索而又难以回答的问题。前面我们曾经提到公司时期吧城华侨人口的主要来源是移入人口,为了便于在分析华侨人口的升降变迁时,能对移入人口所起的作用获得一个数量概念,我们想借用这个时期作为一个例子来谈谈这个问题。

要估计移入人口就先要估计到船多少,因为全部移民都是经由船运的。根据不完整的零星记载,这个时期中国船驶吧的数目如下:

表9—3　　　　　1619—1661年中国船只驶吧城数目

年份	到船(只)	出处
1625	5	Van Leur:《印尼贸易与社会》,第198页
1626	5	《燕·彼得逊·昆东印度商务文件集》,第V卷,第56页
1627	5	Van Lear:《印尼贸易与社会》,第198页
1631	5	《吧城日志》,1631—1634年,第9页;1631年3月28日
1636	6	Van Leur:《印尼贸易与社会》,第213页
1637	7—9	《吧城日志》,1637年,第31页;1637年2月2日。记本年泉州来船一只,据报其后尚有6—8只船会陆续到达
1638	停	《开吧历代史记》第28页,崇祯十一年(1638),"唐山反乱,禁港,洋船不得来吧"
1639	停	《开吧历代史记》第28页,崇祯十二年(1639),唐山大乱,商船无到贸易
1644	10	《红溪惨案本末》,第12页。华船载人4000余人,按每船平均载人400推估到船10只
1648	2	《吧城日志》,1647—1648年,第31、62页;1648年2月24日;1648年4月12日
1657	2	《吧城日志》,1657年,第330页;1657年11月30日

---

① 柯耸:《编审厘弊疏》,《清经世文编》卷三十,顺治十八年。

从历年到船的情况来看，1644年是一条分水岭，在此以前到船日增，由期初的每年5只增至10只，1644年清军入关以后，到船就急速下降，每年只有1—2只，这种情况一直持续到1638年清军占领台湾为止。[1] 1644年以后到船的下降，一来是因为清政府严禁下海通商。[2] 二来是因为抗清英雄郑成功在南中国沿海作收复台湾的准备，截住船只，防止走漏消息。[3]

假如我们把个别停航年份略而不计，又假定1644年以前到船每年平均5只，以后到船每年平均2只，那么本期1619—1661年这四十多年间，华船到吧总数当不下150只。

这150只船载运人数有多少？还必须作进一步的推估。文献材料更多只提到到船的数目，很少谈及船的载运人数，我们只能根据零星记载来推估一个略数：

表9—4　　　　　　　　1619—1661年中国船只载客数目估计

年份	到船（只）	载客（人）	出处
1625	3	1480	Van Leur：《印尼贸易与社会》，第198页，谈及本年到船5只，但仅列举4只船的载运人数，即480名、500名、100名、500名，其中一船载人100名，与其他各船载人数字相去过远，恐有笔误，特剔除不计
1626	3	1450	Van Leur：《印尼贸易与社会》，第198页，谈及本年到船3只，其载运人数为500、500、450名
1627	3	1250	Van Leur：《印尼贸易与社会》，第198页，谈及本年到船5只，但仅列举3只船的载运人数，即400、350、500名
1637	1	300	《吧城日志》，1637年，第31页；1637年2月2日

---

[1]　Vermeulen：《红溪惨案本末》，第12页。
[2]　顺治十三年（1656），"严商民下海交易之禁，奉谕海逆未勤，又有奸民暗通线索，资以粮食，今后有犯者，不论官民，俱处斩，货物入官，本犯家产尽赏告发之人，其地方文武官皆革职，从重治罪，地方保甲不行检举，皆处死"。见《清文献通考》卷一九五《刑考一》。
[3]　"中国方面已经很久没有船来，这一事实使卡萨氏（Cornelis caesar）及在台湾的中国人得出结论：国姓爷可能真正企图前来，所以截住船只，防止走漏计划，以便进行突然袭击。"见W. Campbell《荷兰占领下的台湾》，引自《郑成功收复台湾史料选编》，第127页。

续表

年份	到船（只）	载客（人）	出处
1648	2	650	《吧城日志》，1647—1648 年，第 31 页；1648 年 2 月 24 日是。到船一只，载 200 人 《吧城日志》，1647—1648 年，第 62 页；1648 年 4 月 12 日，到船一只，载 450 人
1657	2	500	《吧城日志》，1656—1657 年，第 330 页；1657 年 11 月 30 日
合计	14	5630	

根据 14 只船的载运人数，每船平均载人 400 名，这个数值虽然是来自零星记载，但我们认为相当可靠，因为这个时期吧城当局还没有开始限制中国移民的入境（限制入境开始于 1690 年），① 也没有开始限制船员和水手的入境数目（船员水手限额开始于 1706 年），② 所以中国船载运人数不必像后期那样地多方设法隐瞒，逃避检查。这 14 只船的年份分布还相当均匀，期初、期中、期末都有，足以代表整个时期的到船情况；而每船的载运人数都在 300—500 人，波动幅度不算太大。看来，取其平均值每船 400 名来推估总载运人数，不致产生重大误差，至少同后期材料对比起来是如此。也正因如此，我们才希望通过这个比较可靠的例子来具体说明移入人口对吧城华侨人口的升降影响。

如果我们按照每船平均载人 400 名计算，这个时期到船 150 只，应共载人 60000 名，全期以 40 年计，每年平均入境人口是 1500 名。乍看之下，这个数字同期末吧城华侨总人口 5382 人对比起来，显得很不相称，特别是入境人口全是成年男丁，而华侨总人口则包括儿童和妇女，因此二者的距离要比之单纯的数字来得大。但是实际情况则又不然，其中原因就在于船只载入人数并不全部都是在吧城作长期定居的移民，其中有相当一部分仅作短期逗留，必须趁季风随船返航或转船他往。

现在让我们来看看载入人口中到底有哪些人是不能在当地作长期定居的。

---

① 《吧城布告集》，第Ⅲ卷，第 262 页，1690 年 5 月 21 日—29 日。
② 《吧城布告集》，第 566 页，1706 年 6 月 3 日。

首先是船员和水手，他们必须随船返航，这批人为数相当可观，据《厦门志》的记载："通贩外国之船，每船船主一名；财付一名，司货物钱财；总杆一名，分理事件；火长一正一付，掌船中更漏及驶船针路；亚班舵工各一正一付；① 大缭二缭各一，管船中缭缤；一椗二椗各一，司椗；一迁二迁三迁各一，司桅缭；杉板船一正一付，司杉板及头缭，押工一名，修理船中器物；择库一名，清理船舱；香公一名，朝夕焚香楮祀神；总铺一名，司伙食；水手数十名。"② 这里虽然没有言明水手的确数，但水手以上的船员则已多达 22 名。另一记载有言及"舵水"人数（舵水可能指全体船员）。

  出洋贸易商船许双桅梁头，不得过一丈八尺，如所报梁头一丈八尺，而连两舷水沟统算果有三丈宽者，许用舵水八十人；梁头一丈六七尺，而连两舷水沟统算果有二丈七八尺者，许用舵水七十人；梁头一丈四五尺，而连两舷水沟统算果有二丈五六尺者，许用舵水六十人。③

出洋商船桅头不得过一丈八尺的规定虽然始于康熙四十二年（1708），但根据荷文材料，这项记载仍然可以适用于 17 世纪初的中国出洋船只，这就是我们前面所提到的，1625 年 2 月 24 日有一只泉州船驶达吧城，全船 480 人，内船员水手 80 人。④

首先是当时航驶吧城的中国船只，船员 80 人恐怕是一个不可少的数目，后期吧城政府所规定的中国船水手限额也证明了这一点：1706 年 6 月 3 日吧城当局为限制中国移民入境，宣布中国船驶吧大船水手不得超过 100 人，小船不得超过 80 人，各船水手均须随船返航，不得稽留滞返。⑤

船员 80 人，这是一个固定数目，不因搭客多少而改变，如果我们按照当时每船平均载人 400 名计算，那么必须随船返航的船员就占了 20%。

---

① 上樯桅者为亚班，见《东西洋考》卷九《舟师考》。
② 《厦门志》卷五《船政篇》。
③ 同上。
④ 《吧城日志》，1624—1629 页；1625 年 2 月 24 日。
⑤ 《吧城布告集》，第Ⅲ卷，第 566 页；1706 年 6 月 3 日。

其次是押货而来的大商人，其中也许不乏富商巨贾，但更多是他们的代理人，① 他们出钱出货，以加倍的利息贷给这些人漂海经商，只是在船只遇险失事时，才算钱货两空，一般情况下都可以坐获厚利。② 因此这批押货而来的代理人，一卖了货就得赶办回船货返航结账，无法在吧城久居。按上述泉州来船标准计算，这类商人 40 名，占总载运人数（480 名）的 8.33%。

再次是为数众多的带货小贩，这些人有许多就是移民，只是为了赚取蝇头小利，才顺便贩一点粗货来卖。其中也有不少是到处走卖的流动小贩："这些小贩（Small Pedlars）是在中国借钱贩货到万丹、北大年等地来卖，要求卖得好价，否则就免不了要以身赎债了。这就是说，这批小贩必须在返航季候风改向之前完成贸易，因为他们的小额资本不允许在当地久留待价而沽。"③ 由此看来，在小贩中，离吧他往者也不乏其人，他们或是返回中国，或是转往其他埠头。我们假定来吧小贩之中有 1/4 须离吧他往，那么按照这只泉州来船，离吧小贩就有 90 名，占全船载运人数的 18.75%。

上述离吧人口三项合计共占载入人口的 47%，这样每年到船平均载入 1500 人，能够在吧城作长期定居者只有 53%，即 795 人。

显然，这个数目还不等于就是吧城华侨人口的增长幅度。事实上，增长幅度还不到这个数字，因为定居下来的移民，还有不少返国的。1620 年吧城华侨只有 800 人，④ 而搭船返国的竟多达 300 人，⑤ 相当于官方公告华侨总人口的 37.5%，或者更确切些说，相当于华侨纳税男丁人口的 37.5%，因为我们在前面讨论人口资料的可靠性时，曾指出 1658 年以前吧城官方所公告的华侨人口就是纳税成年男丁人口而言，现在我们就以纳税男丁人口为准（同时移入人口按照中国的移民传统，也尽是成年男丁），假定从低估计，每年离吧回国的只有 20%，那么以 1658 年、1661 年纳税男丁人口将近 2000 人为例，回国者就将近 400 人。

男丁人口的下降，除了返国，还有死亡。据文献记载，18 世纪吧城

---

① Van Leur：《印尼贸易与社会》，第 138 页。
② 同上书，第 140 页。
③ 同上书，第 197—98 页。
④ 《燕·彼得逊·昆东印度商务文件集》，第 Ⅵ 卷，第 200 页。
⑤ 同上书，第 Ⅰ 卷，第 574 页。

人口的死亡率高达 40%—60%，我们假定 17 世纪吧城卫生环境较佳，成年男丁的死亡率只有 10%，那么 2000 名男丁每年约死亡 200 人。

这样每年平均载入移民 795 名，抵补这两项的人口减少后，真正能计入人口的增长部分，还不到 200 人。这就说明为什么华侨人口的增长速度并不如我们开始所设想的那么惊人，当然，男丁人口的增长还可以来自人口的自然增殖，即未成年人口的递升，但是由于 14 岁以上的未成年人口比重过低，远不足以抵补成年人口的下降。这一点我们在上面已经谈过了，这里就不再重复。

从上述讨论中，我们又再度证明：若是没有持续不断的成年男丁的移入，原有成年人口的维持和增长是不可能的，换句话说，只有大幅度的移民才能促使华侨人口的上升，中等幅度的移民只能保持原有的人口水平，小幅度的移民就将引起人口的下降。18 世纪末华船驶吧减少，移民入境锐降，吧城华侨人口就跟着下降，这件事充分说明作为人口增长的重要源泉的移民，对于吧城华侨人口的升降所起的影响作用（详见后文 1780—1800 年吧城华侨人口的变迁分析）。显然，这里所谓移民幅度的大小，并没有绝对意义，只是相对于前一个时期的移民幅度而言，如果前期的移民是大幅度地移入，由于移民尽是成年人口，而成年人口在总人口中又占绝对多数，它所要求的后备人口也就相应增大，只有本期的移民是以更大幅度来进行，然后才能促成人口的显著上升。否则，尽管对比于其他更早时期来说，本期移民幅度并不算小，但若较小于前期，也一样会引起人口的下降。

第十章 1662—1682年吧城华侨人口的升降变迁

吧城华侨人口的下降期，出现华侨人口低潮。——清政府厉行锁海迁界，严禁片帆寸板下海，华船停航，移民中断。——华船作为公司对华贸易的中介作用暂告中断。——公司对待华侨政策的转变。——恢复人头税，华侨离境他迁。——公司鼓励荷兰本国移民东来失败。

这个时期比较短暂，自1662年郑成功收复台湾起至1682年清军占领台湾的前夕为止，前后共二十年，这是吧城华侨人口的下降期。从期初的5000余人降至期末的3000余人，即下降了40%。

吧城华侨人口在本期之所以出现下降，主要是由于当时的国内情况所使然。

郑成功自1646年高举抗清大旗给予清军以严重打击之后，[1] 清政府遂于1655年宣布"海禁"，禁造二桅以上大船下海通商，违者处斩。[2]

翌年，即1656年，又宣布"锁海"，筑土坝、树木栅，不许片帆入口。[3]

---

[1] 林绳武：《海滨大事记》卷4《郑成功攻福州始末记》。

[2] "（顺治十二年）下海船只除有标号文引，许令出洋外，若奸豪势要及军民人等擅造二桅以上桅式大船，将违禁货物下海前往番国贸易，潜通海贼，同谋结聚及为向导劫掠良民者，正犯处斩枭示，全家发边疆充军，其打造海船卖与番人图利者，为首处斩，为从发边疆充军。若止将大船雇与下海之人，分取番货及纠通下海之人接买番货并探听番货，到时私贩苏木胡椒至一千斤以上者，俱发边疆充军，番货入官。"见《古今图书集成》，祥刑典第五十一卷，大清律令部汇考三十七。

[3] "（顺治十三年）郑成功等窜伏海隅，至今尚未剿灭，必有奸人暗通线索，贪图厚利，贸易往来，资以粮物，若不立法严禁，海氛何由廓清！自今以后，各该督抚镇著申饬沿海一带文武各官严禁商民船只私自出海，有将一切粮食货物等项与逆贼贸易者，或地方官察出，或被人告发，即将贸易之人不论官民俱行奏闻处斩，货物入官，本犯家产尽给告发之人。……凡沿海地方大小贼船可容湾泊登岸口子，各该督抚镇务要严饬防守，各官相度形势，设法拦阻，或筑土坝，或树木栅，处处严防，不许片帆入口，一贼登岸。"见《明清史料》丁编，第155页。

1661年则悍然宣布残暴的"迁界锁海"政策,将山东、江苏、浙江、福建、广东沿海居民,尽徙入内地,沿海船只尽行烧毁,"离海三十里村落田宅,悉皆焚弃;城堡台寨,尽行拆毁"①。"凡官员兵民违禁出界贸易及盖房屋居住耕种田地者,不论官民,俱以通贼论处斩,货物家产俱给评告之人。该管文武不能查获,俱革职,从重治罪;地方保甲知情不首者,处绞。其违禁出境主人,审明系何地方出口,将守口官兵知情者以同谋论立斩,不知情者从重治罪。"② 在这种严刑峻法下,船只驶吧及移民外出俱告中断。

"迁界锁海"政策从本期初开始,一直持续到期末清军占领台湾为止,因此整个时期都是属于中断时期,这就是为什么我们无法在文献上找到有关这个时期的船只驶吧和移民入境的记载。我们上面说过,吧城华侨人口的增长除了依靠自然增殖外,更重要的是依靠移民入境,现在移民来源既然中断,原有人口在高死亡率的威胁下,就不能不日益下降。

造成本期华侨人口的下降,还有着另一个重要因素,即吧城政府对待华侨政策的转变。如果说前一个时期东印度公司的历任总督曾经采取过积极的招徕政策,那么这个时期就转变为消极的抑制政策。这首先是因为这个时期公司的"对华贸易"发生了很大的变化,一方面是清政府迁界锁海,华船驶吧中断,东印度公司要想继续过去的假手中国船只来完成对华贸易已无可能;另一方面是东印度公司耗费了将近半个世纪的精力,用尽各种方法都无法获得的直接对华通航贸易,现在竟因时过境迁而如愿以偿了,清政府用自由通商和拨地建造商馆等手段来勾结荷兰人,派兵来攻郑成功。③ 吧城当局自本期初起,即1662年起就不断派遣船只前往中国沿海直接进行通商贸易。据不完全的统计,1662—1664年三年间共派出船只41只,④ 1676—1682年七年间共派出船只18只。⑤ 公司既是可以直接通航贸易,中国船只在对华贸易上的中介作用就宣告

---

① 林绳武:《海滨大事记》卷4,《闽海徙民志略》。
② 《古今图书集成》,祥刑典第52卷,律令部汇考38。
③ 《吧城日志》,1679年,第624页。
④ 《吧城日志》,1680年,第488—489页。
⑤ 《吧城日志》,1676年,第122、339页;1677年,第222页;1678年,第344页;1680年,第488页;1681年,第442页;1682年,第850页。

中断。

其次是吧城华侨在商业活动上同荷兰本国移民发生了冲突,荷兰商人发现自己在勤勉上不是华侨的对手,[1] 就转向求助于行政保护,早在1650年吧城荷兰商人就联名向荷兰国会指控吧城当局对本国移民保护不力,要求采取行政措施抑制华侨的商业活动。[2] 加之,这时吧城的安全已可以确保无虞,吧城的建设也大致完成,公司感到自己羽毛已丰,无须再像过去那样需要借重华侨了。

所有这些都促使总督 John Maetsuijcker（1653—1678）改变公司的对华政策,他公开声称要抑制华侨的经济活动,借以培植荷兰公民的经济势力,他说:"在我统治上,如果荷兰人能够享受到华侨所享有的优惠的一半……我敢保证吧城的情况将完全改观。"[3] 他所采取的第一个抑制措施,就是宣布自1658年起恢复过去为招徕中国移民而停征的华侨人头税,并且提高税率为每人每月一元。[4] 接着又在1665年宣布取消华人甲必丹在法院中充任陪审官的权利,陪审官制度自1620年就开始实行,现在他宣称这个职位已不再需要了。[5] 1665年甲必丹颜二官逝世后,他就长期拒派新人接替,任由其遗孀颜二嫂暂代。[6]

吧城当局对待华侨政策的转变,当然会影响到吧城华侨的定居,特别是人头税的恢复,促使不少华侨离吧他迁,[7] 1661年城区华侨纳税男丁人口是1950人(见前述吧城华侨人口数字的推估),1682年纳税男丁人口减至1020人,[8] 即将近下降了50%。这种大幅度下降,部分原因是逃税外迁。

新的中国移民既告中断,已定居的华侨又纷纷外离,这就不能不使总督 Joan maetsuijker 感到沮丧,他深为自己的举止而后悔,[9] 并积极采取各种对策,其中为首的一项就是积极鼓励荷兰本国移民东来取代华侨。

---

[1] Keller:《殖民》,第454页。
[2] de Haan:《老吧城图片集》,附录文件第11页。
[3] Vermeulen:《红溪惨案本末》,第11—12页。
[4] 《吧城布告集》,第Ⅱ卷,第251页;1657年12月1日。
[5] Vermeulen:《红溪惨案本末》,第12页。
[6] 《吧城日志》,1678年,第327页;1678年6月29日。
[7] Vermeulen:《红溪惨案本末》,第12页。
[8] 《吧城日志》,1681年,第295页。参阅本书附录三该年14岁以上的男丁人口数字。
[9] Vermeulen:《红溪惨案本末》,第12页。

就是在他的鼓励下开始了第二个荷兰移民东来的时期（1662—1700），公司免费从欧洲运送移民，并且保证在不损及公司利益的条件下，准许移民自由经商。但是这种鼓励并没有带来积极后果，荷兰商人不相信公司的保证，认为在公司的商业官僚制度下，要想到东印度去发财，只能以高居人上的公司官员身份前往，而不能以在公司官员肆意蹂躏下的自由商人身份前往。公司的垄断独占是与自由贸易背道而驰的，公司只准允私人经营某些暂时还无法垄断或是无足轻重的商业，如果以后这些商业变得重要起来，公司就多方设法进行干预，直到最后完全排斥私人经营为止。自由贸易既是没有保障，荷兰本国移民的微弱事业心也就随之烟消云散，直到 17 世纪末公司所采取的一切旨在促使本国移民东来的鼓励措施都没有真正生效过。①

输入本国移民没有著效，吧城当局就不能不转而设法阻止华侨人口的外迁。总督 Joan Maetsuijker 一方面宣布自 1658 年 7 月 5 日起取消华侨免费搭乘公司船只前往台湾的办法，规定此后乘船每人须缴船费 25 元 (reaal)，以便增重华侨离境的负担；② 另一方面又宣布自 1659 年 1 月 1 日起华侨人头税率从每人每月 1 元降至 0.8 元，以便减轻已定居的华侨的负担。③

促使吧城当局采取如此措施的另一个原因，就是这个时期吧城的蔗糖业又需要招徕中国移民。过去公司贩运欧洲的蔗糖，主要是来自中国大陆和中国台湾地区，现在则因锁海停航及郑成功收复台湾而货源枯竭，虽然公司早在 1637 年就开始在吧城扩大种蔗榨糖，但产量不多，成绩不著，甚至到 1660 年吧城蔗糖业反而缩小，糖厂数目从 1652 年的 20 家减至 10 家，④ 如果按 1652 年糖厂 20 家、糖产 12000 担⑤的比例推算，那么 1660 年吧城糖产只有 6000 担了。另外，当时欧洲的需糖量则又不断上升，1660—1668 年荷兰向吧城的要糖量每年是 1200—6400 担，1660—1672 年增至 8000—12000 担，⑥ 在这种供少求多的情况下，公司就不得不

---

① Keller：《殖民》，第 435 页。
② 《吧城布告集》，第Ⅱ卷，第 307 页；1658 年 7 月 5 日。
③ 同上书，第 314 页；1658 年 12 月 20 日。
④ H. C. Prinsen Geerligs：《爪哇种蔗及榨糖业手册》(Handboek den Dienste van de Suikerriet-cultuur en de Rietsuiker - Fabricage op Java)，第Ⅳ卷，第 118 页。
⑤ Glamann：《荷兰与亚洲贸易》，第 158 页。
⑥ Glamann：《荷兰与亚洲贸易》，第 158—159 页。

积极扩大吧城的蔗糖业,① 从而也就不得不扩大招徕中国移民。公司除了宣布降低城区华侨人头税外,又自 1670 年 1 月 1 日起豁免居住乡间的华侨人头税,进一步鼓励中国移民前往乡间种植甘蔗和大米。②

但是所有这些措施都没有显著效果,因为作为吧城华侨人口的重要来源的新的移民,既然由于清政府的锁海迁界及郑成功的收复台湾而濒于中断,那就不论采取什么行政措施都不足以扭转局面。这就是为什么吧城华侨人口的变迁在总督 John Maetsuijker 任内出现了一个低潮。

---

① de Haan:《老吧城》,第Ⅰ卷,第 418 页。
② 《吧城布告集》,第Ⅱ卷,第 486 页;1669 年 12 月 8 日。又第 493 页;1669 年 12 月 31 日。

第十一章 1683—1700年吧城华侨人口的升降变迁

　　吧城华侨人口的回升期，由低潮向高潮过渡。——海禁开放，华船驶吧络绎不绝，西方船只亦相继来华通商。——公司对华直接通航贸易，因福建沿海官商操纵，无利可图而自动放弃，需求中国商品仍然借重驶吧华船。——公司开辟亚洲蔗糖市场，吧城糖业生产增大，需求大批中国移民。

　　这个时期比之前一个时期还要来得短暂，从1683年清军占领台湾海禁开放起到17世纪末为止，前后只有18年。但是这18年在华侨人口的变迁中却是十分重要，因为这是吧城华侨人口的回升期，从低潮向高潮过渡，新的移民又不断入境，从而华侨人口又不断上升。城区华侨从期初的3000余人增至期末的4000余人。尤其值得注意的是乡区华侨的大量增加，到本期末乡区华侨人口已超越城区华侨人口，为数多达5000余人，城乡合计共约万人，即在十八年之间，吧城华侨人口增加了两倍多。

　　这个时期吧城华侨事务机构组织的迅速扩大，也充分反映了吧城华侨人口的迅速上升：

　　1689年华人雷珍兰名额从二人增至四人。①

　　1690年华侨创设救济院，从荷文音译称之为"美色甘"（Weeskamer），用以救济孤儿无教、年老无依、疾病无靠的人，内设"美色甘病厝""美色甘义学""美色甘嘧喳唠厅"（即公寓）三部分。②

　　1690年吧城政府除委派甲必丹及雷珍兰外，又在其下增设甲首

---

① 《开吧历代史记》，第34页。
② 同上书，第34页。

（Wykmeenter）一职，甲首即街长，原由荷兰人充任，现特在华侨聚居街坊，委派华侨充任付职。①

1696年救济院华人董事"武直迷"（Boedelmeestef）名额，由一人增至二人。②

另外，从17世纪90年代吧城当局所采取的各种限制中国移民的措施，也可以从反面证明当时华侨人口的增加，不然，就不必采取限制措施。1690年5月1日公司宣布：凡在1683年以前定居吧城的华侨准予继续定居，但须向华人官员处登记，并申报家庭人口及职业；在1683年以后进入吧城的华侨则须经甲必丹申报审批后，方准继续居留；此后蓄辫移民一律禁止入境，从中国、东京、越南、柬埔寨等地前来的中国商人和水手均须随船返航，不得稽留滞返，违者拘罚苦役，并候下次来船时遣返回国。③ 1696年5月25日吧城当局又重申到埠华船水手须全部随船返航，违者除拘罚苦役外，并科处船主罚金每人15元。④

这个时期吧城华侨人口的急速上升，有国内的原因，也有国外的原因，二者都同样重要。国内的原因主要是清政府占领台湾，解除海禁：

"（康熙二十三年，1684）出海贸易之禁已开，其先定处分之例、拏获奸民议叙之条俱行停止，凡直隶、山东、江南、浙江等省民人情愿在海上贸易捕鱼者，许令乘载五百石以下船只往来行走。"⑤ 海禁既开，以荷兰为首的西洋各国船只就相继前来通商。

"（康熙二十二年，1683）荷兰以曾助剿郑氏，首请通市，许之。而大西洋诸国因荷兰得请，于是凡明以前未通中国勤贸易而操海舶为生涯者、皆争趋。疆臣因请开海禁，设粤海、浙海、闽海、江海権关四于广州之澳门、福建之漳州、浙江之宁波，江南之云台山，署吏以莅之。"⑥

海禁的开放及对外贸易的繁盛，不言而喻会刺激中国商船的南航和中国移民的南迁，这就是为什么Vermeulen博士说，1683年以后中国船只和移民前往吧城比之1683年以前为多。⑦ 但是仅仅这一点还不足以完全

---

① 《吧城布告集》，第Ⅲ卷，第268页；1690年5月21日—29日。
② 《开吧历代史记》，第35页。
③ 《吧城布告集》，第Ⅲ卷，第262页；1690年5月21日。
④ 同上书，第404页；1696年5月25日。
⑤ 《古今图书集成》，祥刑典第62卷、律令部汇考第48。
⑥ 王之春：《国朝远柔记》卷2。
⑦ Vermeulen：《红溪惨案本末》，第12页。

说明这个时期吧城华侨人口的迅速上升，我们还必须进而寻求当地之所以吸收大量移民的原因。

一如过去几个时期一样，我们首先要提到是"对华贸易"这个因素，Vermeulen 博士说："公司对中国商品的需求是十七世纪末叶吧城华侨人口增加的一个原因。"① 这件事初看起来并不像过去那么易于理解，17 世纪前半期公司由于一直无法对华直接通商贸易，因而不能不通过招徕华船间接进行对华贸易，现在公司既是可以直接对华进行贸易，并且已经派遣不少船只前往贸易，那又为什么要退而反求间接通商，再度假手中国船只贩入中国商品呢？如果我们回忆起荷属东印度的奠基人总督燕·彼得逊·昆所说过的一句话："关于在华取得基地和进行贸易一事，必须坚定不移地继续努力，即使再费十年或百年的时间亦在所不惜。"② 我们对于这个时期吧城当局自动放弃已取得的对华直接通航贸易权利，就更加感到迷惑不解了。

要说明这一点，我们得回顾一下前一个时期公司所进行的直接对华贸易，其得失如何？

我们在前面曾经提到，清政府之允许公司派船前来通商并在福州拨地建造商馆，是以公司派兵支援夹攻郑成功作为交换条件的，因此公司之取得对华直接通航贸易权利是付出相当代价的。据统计 1662 年公司派出的援清船只 12 艘，1663 年 16 艘，1664 年 13 艘，为了装备这些船只，公司一共耗费了黄金 36 吨，值白银 100 万两。③ 这笔费用在公司的财政支出上究竟意味着多大一笔负担，我们只要看看当时公司的现金支出就可以一目了然。当时公司每年平均支出只有 30 万两银子，④ 100 万两银子是意味着三年至四年的现金支出，其消耗公司实力之巨自不待言；特别是公司自丢失台湾商馆之后，现金来源枯竭。公司在东方的贩运贸易，需要支付巨额现金，而荷兰本国现金又供应不足，绝大部分都要求在亚洲自给自足，例如 1652—1653 年公司所耗用的黄金和白银，82% 的是得自亚洲的贩运贸易，⑤ 而其中过半数以上又是得自对日本的贸易，公司由

---

① Vermeulen：《红溪惨案本末》，第 14 页。
② 《燕·彼得逊·昆东印度商务文件集》，第 III 卷，第 206 页。
③ 《吧城日志》，1680 年，第 488—489 页。
④ Van Leur：《印尼贸易与社会》，第 339 页。
⑤ Glamann：《荷兰与亚洲贸易》，第 59 页。

台湾商馆收购中国产品，然后贩运日本换取金银，① 这种如意买卖到1662年郑成功收复台湾后就全部宣告终止，② 从而现金供应大感困难。所以当1679年清政府派遣大员前往吧城要求公司派遣战船20只，满载兵丁弹药前往台湾会攻郑成功时，③ 公司就借口吧城目下无船可派坚决加以拒绝。读一读当时公司给康熙皇帝的复信，倒是很有趣味的：

> ……我们很遗憾地奉告陛下，我们不能立即按照你的需要提供二十只大战船来充实陛下的海军实力，以便共同攻击敌人，并且在可能时共同消灭敌人。贵大使通知我们这次陛下完全依赖我们，要我们今年就派遣一支海军船队前往中国为陛下效劳，这是陛下本人的意思。对此我们想稍作一点解释，看来陛下并不怎么了解我们国家的情况，否则陛下就不致如此急迫地需要我们的援助，虽然我们已经把情况详尽地告诉贵大使，而贵大使也亲自了解过，我们仍然想在这里直接奉告陛下：
>
> 在东印度我们确实拥有大批的大小船只，但是数量并没有超过我们贸易所必需的数字，我们要在许多相隔很远的地区从事贸易。另一方面陛下也会了解在和平时期没有急迫的需要是不用保持大量战船的，因为这样会造成很多困难和巨大开支；所以如果我们需要战船和军队时，我们就必须向荷兰申请，荷兰离东印度的首都吧城远达3600英里，我们可以从荷兰得到优良的船只和足够的装备，但是在船队还没有到达吧城之前，我们就必须等待，而且一般要等待20个月，除外在建造或租借船只时，我们还要耗费许多金钱和物资。④

东印度公司所进行的对华直接贸易，付出的代价既是如此沉重，那么它的所获又是怎样？

我们姑且以记载可考的年份为例，公司在1676—1680年共派出船只18只前往中国沿海进行贸易，其往返载运货值如下：

---

① Glamann：《荷兰与亚洲贸易》，第63页。
② 同上。
③ 《吧城日志》，1679年，第624页；1679年12月29日。
④ 《吧城日志》，1680年，第488—489页；1680年7月25日。

表 11—1　1676—1680 年直接对华贸易期内公司驶华船只

率领商业官	船号	启航日期	载往货值（盾）	出处	返抵吧城日期	载回货值（盾）	其中包含卖不出的载回货值（盾）	出处
Hendrik Ysbrants	de SyP	1676.7.8	108495	《吧城日志》,1676年,第122页	1677.6.13	132058	57162,占去货总值的53%	《吧城日志》,1677年,第13页
E. Gil lis Van Breen	Schie Iandt	1676.12.15	128979	同上书,1676年,第132页	1677.4.16	183888	其中大部份为卖不出载回货物	同上书,1677年,第102页
	Het Goet Begin	同上	92058	同上	同上			同上
	Marcken	同上	35899	同上	1677.5.6	6712	—	
Louys de Keyser	Het Huys te Cleef	1677.7.14	59706	同上书,1677年,第222页	1678.4.5	209978	载回大量卖不出货物	同上书,1678年,第129页
	de Syp	同上	23021	同上	同上			同上
	de Flaman	同上	23762	同上	1678.7.3	85775		同上书,1678年,第2页
Jacob van der Pancken,	Betuwe	1678.7.4	99977	同上书,1678年,第344页	1679.4.2	86994	载回货值清单虽然没有注明卖不出的退货,但在商业官信中,则言明仍有退货,且退	同上书,1679年,第125页
Louys de Keyser	Het Huys te Cleef	同上	63087	同上	同上	79415		同上
					同上	81668	货非因滞销,而因中国官吏垄断市场	同上

第十一章　1683—1700年吧城华侨人口的升降变迁 / 117

续表

率领商业官	船号	启航日期	载往货值（盾）	出处	返抵吧城日期	载回货值（盾）	其中包含卖不出的载回货值（盾）	出处
Joannes Leeuwen-Son	de Syp	同上	89578	同上	1680.1.20	不详	注明卖不出货值5234	同上书，1680年，第36页
	de Brantgans	同上	38357	同上				
Hendrick Van den Eeden,	Alexander	1680.7.26	26988	同上书，1680年，第489页	1681.4.15	86870	仍有少许退货。这次三只船载货远比往年为少，只有1678年的五分一。原因是贸易情况不佳，这次去船是试探性质，看看情况有无好转	同上书，1681年，第231页
Joan Jacob Van Merwede	Odyck	同上	28706	同上	同上	70888		同上
	de Brantgans	同上	5838	同上	同上	7633		同上
Muniack	Odyck	1681.7.23	99858	同上书，1681年，第442页	1682.4.3	161031		—
	Jamby	同上	70639	同上	同上	91645		—
Muminck	Hellevoet Sluijs	1682.7.14	240813	同上书，1682年，第850页	—	—		—
	Het Wout	同上	271850	同上	—	—		—

在返航的载运货值中，我们发现有不少是载往中国卖不出去而又载回的商品，1676年这种退回商品占去货总值中的比重竟高达53%，以后各年因缺乏具体数字无从估计。退货之所以产生，我们很难用公司不熟识中国市场的吞吐情况来解释，因为公司的对华贸易到1676年已经积累了整整半个世纪的经验，对中国市场的需求情况早就了如指掌，绝不至于贩去大批滞销的货物，因此我们必须另寻其他原因。

翻阅一下这个时期中荷双方的往返书信，我们大致可以看到其中的真正原因可能就是中国官商的操纵垄断，使公司贩运商品要不亏本贱卖，就得原货载回。1679年4月2日商业官V. d. Plancken及Leeuwenson从福州寄回吧城的一封信中说："此间贸易远不是我们当初所设想的那么顺利和兴隆，关键所在是福州一带的地方官吏不许商人直接同我们进行买卖，而他们自己则在暗中操纵垄断，由其代理人出面交易，他们购买公司货物，出价之低是低到我们无法忍痛贱卖，而必须原货带回吧城。看来中国人的真正目的是利用各种自由贸易的空头诺言来引诱公司船只驶华，然后迫使我们一起去攻打国姓爷。"①

1680年7月25日吧城总督Rijklof van Goens在致康熙皇帝的信中，对此就叙述得更加清楚了："……如果我们能够确实享受陛下所允诺的自由贸易，我们就不至于要被迫作出如下申诉：公司对华贸易不仅得不到利润，反而损失惨重，因为经常发生，甚至就在去年陛下允许进行自由贸易的圣旨已经到达福州的时候，还仍然发生我们无法同非官府指定的商人进行自由贸易，从而我们不得不以极低的价钱来出卖我们的商品，因为凡是经官府批准持有执照的商人前来我们的商馆，用意所在不外乎是对我们挑肥拣瘦，出价之低使我们要不就亏本卖出，要不就原货载回。这类事情是一再发生。如果我们能够按照陛下来信所允许的那样同所有商人毫无歧视地进行自由贸易，那么这类事情就不会发生。我们希望陛下能够派员调查是谁从中阻梗，不遵照陛下的命令而肆意行事，妨碍我们的贸易。"②

对于公司的上述申诉，福建总督姚启圣、巡抚吴兴祚在回复吧城总督的信中，则作如下辩解："……公司派来人员我们已经给予很好的照

---

① 《吧城日志》，1679年，第125页；1679年4月2日。
② 同上书，1680年，第488—89页；1680年7月25日。

料,公司载来的商品我们也选派商人协助推销,并且还协助他们采购回船货。阁下来信说这些人在此贸易无利可言,甚至遭受损失,我们感到不胜惊愕,这大半得归咎于公司人员的刚愎自用。商业官 Leeuwenson 确实驻在商馆,但是他不信任我们所选派的商人,并且经常责骂他们,他要自己推销货物和采购货物,因而使公司贸易受到损失,但又隐瞒阁下以便骗取公司的信任。……所以像这样的人员公司应当召回,以免公司贸易继续遭受损失。"[1]

看来当时东印度公司在中国沿海各口岸所进行的贸易,处处受到当地官府的操纵挟制。为了摆脱这种处境,公司狡猾地诉诸非正常途径的走私贸易,从陆地与坐商贸易转到海上与船商贸易。1681 年 7 月 23 日公司对前往福州的三只船作出如下指示:"在到达福建海岸后,船只应停泊在闽江口外的镇海,商品买卖须在船上成交,否则就驶往厦门和金门,以便与从漳州河出来的汉满走私贩进行贸易。但要记着务必把驻在福州的商业官 Leeuwenson 载回,因为他无论如何必须返回吧城。如果同走私贸易不成,那就驶往广州作同样的尝试;如果在中国沿海各地的尝试都不成功,那就不必久待,在三月初季风转向之前务必返航。"[2]

这样公司驻福州的商馆就在 1681 年下半年正式宣告关闭,1681 年公司致知福州总督和巡抚的信中说:"我们在中国的贸易利润微薄,而公司驻福州的商馆开用巨大,每年船只一离开之后,便无贸易可言,因此我们决定关闭这个商馆,召回全部人员。"[3] 此后公司只是偶尔派一只船前往中国进行贸易。[4]

但是与此同时,公司在吧城同中国船只所进行的贸易,则获得丰厚,1694 年 2 月 6 日吧城总督 Willem van Outhoorn 致荷兰董事会的报告中说:"公司集中在吧城同中国人进行胡椒贸易,不仅获利丰厚,而且还可以防止胡椒的走私。"[5] 既然直接贸易无利可图,间接贸易反而坐得厚利,于是荷兰董事会就在 17 世纪末与吧城当局共同作出决定,取消原定计划,

---

[1] 《吧城日志》,1681 年,第 231 页;1681 年 4 月 15 日。
[2] 同上书,1681 年,第 441 页;1681 年 7 月 23 日。
[3] 同上书,1681 年,第 442 页;1681 年 7 月 23 日。
[4] 同上。
[5] Glamann:《荷兰与亚洲的贸易》,第 216 页。

放弃对华直接贸易，改在吧城招徕中国船只贩入中国商品。[①] 至此，大半个世纪来公司当局所梦寐以求的对华直接贸易，就此宣告结束，直到半个世纪之后再作第二次尝试（参阅后文讨论）。

公司对华贸易既是再度假手驶吧华船，那么中国移民的南迁就有了方便的交通工具。但是交通工具仅仅解决移民之得以渡海南迁，移民之能在当地定居还必须有其赖以营生之所。这就是当时吧城的蔗糖业生产进一步扩大，在在需要劳动力，华船驶吧载入移民正好满足了这种需要。

吧城蔗糖业的生产，本期有了长足的进展，年产量不断上升，1652年产糖12000担，1680—1700年则增至平均年产20000担。[②] 即上升了一倍有余。如果说过去吧城蔗糖生产的扩大都是由于欧洲糖价上涨需求剧增所致，那么这个时期的情况就有些两样，1680年以后，欧洲糖价暴跌销路闭塞，需求量从前期的12000担降至本期的3700担，这个数字还不到吧城糖年产量的20%。[③] 但是这时东印度公司转向中近东开辟新的蔗糖市场，吧城糖不仅击败了孟加拉糖的竞争，而且挤入印度市场，1680—1709年80%的吧城糖是运销日本、波斯、Surat、Mocha、Malabar及Coroman-del等亚洲市场。[④] 若是没有亚洲市场的开辟，吧城蔗糖生产的进一步扩大就不大可能，甚至连要维持原有的生产水平也不可能。

丹麦学者Glamann把吧城糖运销亚洲各地市场比拟为亚洲内部贸易（Inter-Asiatic trade）上的一次"商业革命"，[⑤] 这件事本身是否具有如此重大的意义，容有可资商榷的余地，我们这里只想讨论一下广大的华侨蔗糖生产者是否就因此而"比较幸运"？[⑥] 就表面来看，似乎确实如此。因为吧城糖的外销一向是为公司所垄断，而且一向是以运销欧洲市场为主，东印度公司在欧洲糖价暴跌销路闭塞的情况下，为吧城糖在亚洲寻找新的市场，这在公司二百年的贩运贸易史上是一件异乎寻常的举动。公司垄断外销的印尼产品，每当价格下跌销路不畅时，就用烧毁砍伐等

[①] Vermeulen：《红溪惨案本末》，第14页。
[②] Glamann：《荷兰与亚洲贸易》，第160—161页。根据出口量推算，1680—1709年三十年间吧城糖外销共589680担，平均每年外销19560担，又根据1713—1727年统计吧城糖就地消费没有超过总产量的2%，准此推算1680—1700年吧城糖年产量在20000担左右。
[③] 同上书，第161页。
[④] 同上。
[⑤] 同上书，第152页。
[⑥] Furnivall：《荷印多元经济》，第40页。

第十一章 1683—1700年吧城华侨人口的升降变迁 / 121

方式来调节产量，早期的香料贸易姑且不说，即使晚至1696年才传入爪哇的咖啡种植也没有例外。① 吧城政府对于成熟期长达四年②的咖啡种植，尚且在价跌时不惜采用烧砍的政策，那么对于成熟期只有一年的甘蔗，在价跌时采取迥然不同的开辟市场的政策，确实不能不使人感到印象深刻。但是这一切都是基于公司的自身利益，而且是以牺牲广大华侨蔗糖生产者的利益作为代价的。我们前面说过，公司为鼓励华侨经营蔗糖生产曾给予资金贷放，也就是说，公司通过这种形式对许多华侨经营的糖厂进行了投资。这样，公司在价跌时，就不大可能采取像对待咖啡那样的简单方式来对待蔗糖业的生产，③ 否则，就会损及自己的利益。另外，即使在糖价下跌时，公司也仍然能够用加强剥削广大华侨生产者的办法来保证高额利润，因为蔗糖外销悉由公司垄断，政府规定各糖厂所产的糖必须全部按限价卖给公司，但具体限价和收购量则视市场需求情况随时调整，糖价下跌时，公司就大幅度削减收购价格，甚至拒绝收购，④ 从而将市场变动的全部损失转嫁给广大的贫困生产者。公司就是靠着这种方法，即使在欧洲糖价暴跌的情况下，也能获得平均水平以上的利润补偿。1680—1689年公司运销波斯市场的吧城砂糖，平均毛利是137%，⑤ 而同期公司贩货到荷兰市场的吧城糖，其平均毛利只有125%。⑥ 如果再考虑到前者的航程还不到后者的1/5，那么实际获利就更高了。

  这个时期公司领地的扩张，也大大有助于吧城蔗糖业的进一步发展。1684年公司与万丹苏丹Hadji签订和约，重申1659年所确定的公司与万丹领地的分界线。⑦ 至此公司的西面疆界得到了最后的承认，从而和平也得到了保证，过去在乡区经营蔗糖业安全上所遭受的威胁宣告解除，蔗田和糖厂都不必局限在公司碉堡火力所及的狭小范围，可以深入薪柴供应和水利方便的地区，⑧ 这就为蔗糖业的进一步扩大提供了有利的条件。

---

① Day：《荷兰在爪哇的政策和统治》，第67—68页。
② Furnivall：《荷印多元经济》，第40页。
③ Day：《荷兰在爪哇的政策和统治》，第69页。
④ de Haan：《老吧城》，第Ⅰ卷，第420—421页。
⑤ Glamann：《荷兰与亚洲贸易》，第160页。
⑥ 同上书，第16页。
⑦ 莱佛士：《爪哇史》，第Ⅱ卷，第200页。
⑧ de Haan：《老吧城》，第Ⅰ卷，第418页。

我们说过，吧城的蔗糖业尽是华侨所经营，蔗糖生产既是进一步扩大，对于劳动力的需求也就跟着扩大，从而中国移民入境就日益增加。蔗糖业生产是向乡区发展，因此华侨人口就日益往乡区积聚，直到最后乡区华侨人口竟然超越城区华侨人口。加之自1670年以来，吧城政府宣告居住乡区（指城市近郊以外的地方）从事种植大米、甘蔗、蔬菜、果树以及养猪、养羊、伐木等业者，一律豁免人头税，[1] 这一措施也大大有助于乡区华侨人口的积聚。

最后，还可以附带提一笔，这个时期吧城华侨人口的增加，除了新移民的源源入境，还有着另一个比较次要的因素，即万丹华侨的迁居吧城。1684年公司用武力干涉万丹王国的王位继承，悍然发动战争，[2] 万丹苏丹被迫签订和约，其中除规定须让渡各种重大的领土权益外，并规定万丹苏丹应命令定居在万丹的中国富商迁往吧城，以便繁荣吧城经济。[3]

---

[1] 《吧城布告集》，第Ⅱ卷，第493页；1669年12月31日。

[2] 其中经过可参阅当时亲临其境的公司随军医生 Christophel Fryke 所写的《东印度航行及随军纪实》，中译本见黄素封译《十七世纪南洋群岛航行记两种》，第四、五章。

[3] 莱佛士：《爪哇史》，第Ⅱ卷，第200页。

第十二章　1701—1739年吧城华侨人口的升降变迁

　　吧城华侨人口的繁盛期，出现人口高潮。——茶叶贸易，中国茶叶在公司贩运商品中占据首要地位。——1717—1722年中国茶船停航事件。——1728—1734年荷兰与广州之间直接通航贸易，后因公司现金缺乏而中断。——对华贸易依靠中国茶船符合公司利益。——18世纪初欧洲糖价暴涨，吧城糖业生产盛况空前。——蔗糖主输入大批中国劳力，限制移民禁令一再失效。——1710年以后吧城糖业生产盛衰的商榷及其对华侨人口的升降影响和就业影响。——国内农村阶级分化加剧，土地兼并之风炽烈，农民辗转流亡。——海禁政策进一步放宽，造船限制废除。——1717—1722年清政府局部恢复海禁及其与茶船停航事件的联系。——华侨归国之禁及其影响。

　　这个时期从18世纪初开始到1739年红溪惨案前夕为止，前后共40年，其间吧城华侨人口仍然继续上一个时期所开始的增长趋势，持续不断地在上升，并且还大体保持着上一个时期所出现的增长幅度，每年平均增加200人左右。（当然这并不意味着移入人口也与前期同一幅度，我们在上面提过，要促使人口的上升，必须以比之前期更大的幅度移入人口。）但城乡华侨人口的增长速度则略有不同，根据官方统计，城区华侨增长较慢，从期初的4000余人增至期末的5000余人，仅增长25%；而乡区华侨则速度较快，从期初的5000余人增至期末的12000人，即增长一倍有余。

　　一如过去几个时期一样，足以反映这个时期华侨人口的上升是有关华侨事务机构组织的进一步扩大：

华人雷珍兰的名额 1689 年以来一直是 4 人，1707 年则增至 6 人，①连同甲必丹 1 人武直迷 2 人，合共 9 人，即通称的一甲六雷二武，这是华人官员名额空前庞大的一个时期。

人口一增多，死亡人口也跟着增多，原置义冢一所已不敷应用，1728 年又由甲必丹郭昂观集资购置勃昂山大菜园为义冢。②

1728 年甲必丹公所的传令兵"达氏"（Soldaat）因事务日繁，名额由 1 人增至 2 人。③

但是最足以说明这个时期华侨人口增长的是华船驶吧空前，过去每年到船只有 5 只左右，现在到船少则十余只，多则二十余只，平均大约 15 只。④根据不完全的统计，各年来船情况如下：

表 12—1　　　　　　　　1700—1739 年到吧华船数目

年份	到船（只）	出处
1700—1716	12—16	Glamaan：《荷兰与亚洲贸易》，第 219 页
1717	14	同上书，第 217 页
1718—1722	停航	同上书，第 216 页（详见后文解释）
1723	21	同上书，第 219 页
1724	18	同上书，第 219 页
1730	20	同上书，第 235 页
1736	14	Vermeulen：《红溪惨案本末》，第 36 页
1738	21	同上书，第 36 页
1739	13	同上书，第 36 页

这些船只来时是货少人多，去时则货多人少，⑤因此有许多旅客留在吧城。雍正五年（1727）九月闽浙总督高其倬等奏称："查从前商船出洋之时，每船所报人数，连舵水客商总计多者不过七八十人，少者六七十人，其实每船皆私载二三百人，到彼之后，照外多出之人俱存留不归；

---

① 《开吧历代史记》，第 36 页。
② 同上书，第 38—39 页。
③ 同上书，第 38 页。
④ de Haan：《老吧城》，第 I 卷，第 490 页。
⑤ 同上。

更有一种嗜利船户，略载些须货物，竟将游手之人偷载至四五百之多，每人索银八两或十余两，载往彼地，即行留住。"① 由此可见当时去人之多。

由于中国人来者日众，吧城政府限制入境的措施也就随之越来越严、越来越繁；继 1690 年 5 月 21 日及 1696 年 5 月 25 日的禁令之后，1706 年 6 月 3 日又开始实行水手限额制度，吧城政府命令港务官和华人甲必丹向到埠华船船主宣读如下规定：②

（1）此后来吧华船，大船水手不得超过 100 人，小船水手不得超过 80 人；

（2）来船水手均须向华人甲必丹登记；

（3）华船船主应交纳保证金，大船每只 1000 元（rds.），小船每只 500 元；

（4）逾限载入水手，除拘捕监禁外，并没收船主保证金；

（5）载入水手应全部随船返航。

翌年（1707 年）1 月 21 日为防止华人私自入境，又对上述规定作进一步补充：③

（1）在水闸外海岛上设立监视站，对驶吧华船进行监视，以免载客中途偷渡上岸；

（2）海关人员应对到埠华船进行搜查，如有越限载人，一律拘留船上，不得登岸；

（3）各河道入口处应严加巡逻，如发现偷渡入境者，立即拘捕惩罚苦役。

1717 年 4 月 20 日又重申上述禁令。④

但是这些措施在贪污腐化的官僚制度下，都变成了公司职员营私舞弊的手段。吧城港务官 Geursen 自 1736 年 11 月 30 日就任起至 1738 年 2 月 7 日死亡止，以每只华船贿赂三百元（rds.）为条件，允许载入旅客免受检查全部登岸。每船载人 500—700 名。⑤ 这就无怪乎《吧城布告集》

---

① 《朱批谕旨》第 46 册。
② 《吧城布告集》，第Ⅲ卷，第 566 页；1706 年 6 月 3 日。
③ 同上书，第Ⅲ卷，第 578 页；1707 年 1 月 21 日。
④ 同上书，第Ⅳ卷，第 97 页；1717 年 4 月 20 日。
⑤ Hoetink：《1740 年吧城华人甲必丹连富光》。

编纂人 Van der Chijs 在写到这个时期的移民入境情况时，不胜感慨地说："这个时候只要有钱，就无事不成"（Met geld kwarn men ook toenmaals verre）。①

由于各种限制禁令都没有切实生效过，所以中国移民私自入境者为数日众，1736 年总督 Aoraham Patras 命令对当年驶吧华船 14 只进行检查，结果发现海关登记入境人数是 1480 名，人头税承包人登记人数则多达 3411 名，② 这就说明有许多人是私自入境的。从吧城当局三令五申限期补办入境手续，也可以看出私自入境人数之多。

总督 Matheus de Haan（1725—1729）在 1727 年宣布最近 10—12 年居留吧城的华人，未请领准字者，一律遣送出境。③

总督 Durven（1729—1732）在 1729 年宣布未请颁准字的华人，应在六个月内办理补领手续，每人纳费二元（rds.）否则以非法入境论罪。④

总督 Abraham Patras（1735—1737）在 1736 年命令华人甲必丹造册具报自 1729 年以来居留吧城未领准字的华人，以便进行甄审，有用者准予继续居住，每人交纳准字费二元，无用者一律遣送回国。⑤

总督 Adriaan Valckenier（1737—1741）在 1738 年重申前令，限期补办请领准字手续。⑥

所有这些都说明这个时期中国移民并不因政府限制而中断，仍然继续不断地移入；至于"准字"制度，那只不过是公司职员对中国移民进行敲诈勒索的工具罢了。⑦

中国移民之所以能够突破各种限制禁令而入境，并在当地长期定居下来，其中固然由于公司官吏的执法不严和贪污舞弊，但更重要的是公司自身的经济利益所使然。一如总督 Van Swoll（1713—1718）所说的："政府本应完全禁止华人入境，但考虑到这会损害公司的贸易，因此不欲

---

① 《吧城布告集》，第Ⅲ卷，第 405 页。
② Vermeulen：《红溪惨案本末》，第 36 页。
③ 《吧城布告集》，第Ⅳ卷，第 197 页；1727 年 6 月 10 日。
④ Vermeulen：《红溪惨案本末》，第 34 页。
⑤ 《吧城布告集》，第Ⅳ卷，第 395 页；1736 年 6 月 12 日。
⑥ Vermeulen：《红溪惨案本末》，第 35 页。
⑦ F. W. Stapel 等：《东印度历史的真面目》（*Indie Schrijft Zijn Eigen Geschiedenis*），第 103 页。

采取严峻的措施。"① 这个时期公司贸易之直接间接关系到中国移民的入境者,有两宗是比较突出的:一是茶叶贸易,二是蔗糖贸易。前者需要招徕大批的中国茶船前来吧城贸易,后者需要招徕大批的中国移民前来种蔗榨糖。茶船的驶吧为中国移民的远渡重洋提供了交通工具,蔗糖生产的扩大则为中国移民的定居提供了栖身之所,二者相辅相成,互为条件。现在我们就来谈谈这两宗贸易是怎么影响着这个时期的中国移民。

大量移民的远渡重洋,需要大批的运输工具,1700 年以后中国船只驶吧的急速增加,正好满足了这个需要,特别是当时清政府严禁外国船只搭载中国人口:康熙五十七年(1718)"红毛等国之船使其自来,听其贸易,唯于出口时,责成地方文武严查不许夹带中国之人,违者治罪"②。不过,就主次来说,中国船只的驶往吧城主要还是为了商品贸易,以贩运劳动力为主的"猪仔贸易"在当时还没有正式出现,因此首先要求当地具备足以吸引大批船只前往贸易的条件。这就是东印度公司的"茶叶热",③ 大量收购中国茶叶,运销欧洲与同业相竞争。

如果说在 17 世纪东印度公司贩运到欧洲去的东方产品中,印尼的香料曾经是鳌头独占、名列前茅;那么 18 世纪开始,中国的茶叶就是后起之秀、无出其右了。1739 年总督 Adriaan Valckenier 向荷兰董事会呈送一份商业报告,其中谈到这一年公司返航船只共 11 只,载货总值计 2316000 盾,内主要商品按货值大小顺序排列是:④

茶叶	460000 盾
咖啡	304000 盾
胡椒	212000 盾
糖	67000 盾
豆蔻肉	59000 盾
豆蔻仁	33000 盾
樟脑	33000 盾
蓝靛	29000 盾

① 《吧城布告集》,第Ⅳ卷,第 97 页;1717 年 4 月 20 日。
② 《古今图书集成》,祥刑典第 82 卷;律令部汇考,第 68 页。
③ Glamann:《荷兰与亚洲贸易》,第 239 页。
④ Day:《荷兰在爪哇的政策和统治》,第 62 页。

丁香	25000 盾
甘蜜	22000 盾

1707年总督Joan van Outhoorn向荷兰董事会所呈送的商业报告，对该年返航船队载运商品的陈述也大致与此相同。①从这里就可以看出18世纪以来，中国茶叶在公司贩运贸易上是占据举足轻重的首要地位。①

公司运送茶叶的船只通常是派定二、三月份返航的"后期船"（after-ship），"后期"云者是区别于上年冬季，先期返航的船只。②这批后期船习惯上称为"账船"，因为吧城的会计账册每年都是交由这批船只带回荷兰的，现在这批账船竟因运送茶叶而改名为"茶船"。称号的改变虽属小事，但也未始不反映当时茶叶贸易在公司经济上的重要性。③

茶叶贸易这个例子可以生动地为我们说明，东印度公司这个海上马车夫在长达一个半世纪的对华贸易里，是如何地不甘于间接通商，但最终又不得不满足于间接通商而一再借重中国船只，从而中国移民得以源源南迁。

东印度公司所需要的中国茶叶，一向是由中国船只贩运吧城交换胡椒，这种易货贸易对公司说来是十分有利的：一来可以繁荣市面，"中国茶船一到，整个城市就活跃起来，中国商店顿形忙碌紧张，他们把各种货色都展览出来，这景象就会使人联想起荷兰故乡的年节景象"④。二来可以推销滞货，当时公司正苦于万丹、巨港两地输纳胡椒过多，乐得就地用来同中国茶船交换茶叶。这种易货贸易每年给公司带来的顺差，在18世纪前二十年在100000—500000盾。⑤但是贪得无厌的东印度公司，并不因此满足，而是一再力图贵卖贱买，一面抬高胡椒价格（每荷磅卖价从7.5元抬至10元），⑥另一面压低茶价，迫使中国茶船不仅无利可图，而且亏大本。就在这种情况下，产生了1717年中国茶船的停航事件，

---

① Glamann：《荷兰与亚洲贸易》，第213页。
② 同上书，第25—26页。
③ 同上书，第307—308页附录H。
④ 同上书，第215页。
⑤ 同上。
⑥ 同上书，第216页。

这一年公司在茶船驶达吧城后，突然宣布茶叶收购价格："新绿茶"每担40元，"武彝茶"（一级）80元，"明茶"60元。中国茶船以限价过低不敷成本，要求"新绿茶"每担至少60元，公司当局拒不置理，坚持限价，声言中国茶船嫌价过低，可以原货载回。在公司的无理敲诈下，14只中国茶船只好忍痛贱卖，但声明此后不再航驶吧城。[①] 翌年，即1718年，中国茶船果真停航，至1722年为止，前后共五年，给予公司贸易以重大损失，吧城当局为推卸责任起见，将这次停航事件归咎于中国政府的恢复海禁（详见后文讨论）。

在中国茶船停航期内，公司不得不忍痛收购葡萄牙人从澳门转贩而来的茶叶，所得不仅价高，而且量少。1718年公司只能收购到荷兰董事会所需要的数字的一半，付价则高了75%；[②] 1720年及1721年虽然买到足够数量的茶叶，但付价更高，比1717年贵了80%。[③] 公司过去与中国茶船贸易所获的顺差，现在不仅全部消失，而且转为逆差，1720年逆差30000元，1721年逆差160000元。[④] 荷兰董事会对此极为重视，一再命令吧城当局要从速招徕华船。于是吧城当局又重抄旧路，在1723年7月21日宣布驶吧华船可以享受各种优待，并且可以向公司购得上等回船货。[⑤] 同年冬天中国茶船恢复航驶吧城，这一年中国驶吧茶船从停航前的14只增至21只。[⑥]

中国茶船虽然恢复通航贸易，但荷兰人又多方挑剔茶叶质量，认为中国茶船贩吧的茶叶大多是次品，上品则尽为广州的英国商人近水楼台先得月了，[⑦] 董事们一再抱怨吧城当局购自中国茶船的茶叶质量低劣，[⑧] 不足以与英国人直接从广州运到欧洲的茶叶相竞争。[⑨] 本来在18世纪之后，荷兰董事会就经常与吧城政府商讨如何估价英国人的对华贸易，但结论是无可羡慕，公司依然满足于同驶吧的中国船只保持以往的联系，

---

① Glamann：《荷兰与亚洲贸易》，第216页。
② 同上。
③ 同上书，第218页。
④ 同上书，第217页。
⑤ 《吧城布告集》，第Ⅳ卷，第168页；1723年7月21日。
⑥ Glamann：《荷兰与亚洲贸易》，第219页。
⑦ 同上书，第218页。
⑧ 同上书，第221页。
⑨ 同上书，第242页。

董事们认为英国人的对华贸易是一种投机，不值得赞赏，其所获利益最多也只不过是一种朝露般的利润，瞬息即逝。① 可是现在董事们对于英国人在广州的捷足先登，却不能无动于衷了。加之，当时欧洲的许多国家如比利时、丹麦、挪威、瑞典等都已先后开始或计划开始对华直接通航贸易，② 因此荷兰董事们决定从荷兰派船直驶广州参加抢购茶叶的行列。这次通航贸易从 1728 年开始到 1743 年为止，前后共 6 年，派出船只共 11 只，除 2 只因中途失事沉没外，平安往返者计 9 只。这 9 只船的船名、载重及往返日期如下：③

表12—2　1728—1743年吧城赴六州平安往返9只船名、载重及往返日期

船名	身长（英尺）	载量（拉斯脱）	驶华日期	返荷日期
Coxhorn	120	100	1728.12.5	1730.7.15
Duyfje	120	100	1729.11.11	1731.7.30
Leyduyn	130	100	1730.12.11	1732.8.7
Coxhorn	120	100	1730.12.11	1732.8.7
Knappenhof	130	100	1732.7.2	1733.9.19
Ypenrode	130	100	1732.7.2	1733.9.20
Leyduyn	130	100	1732.11.26	1734.8.27
Voorduyn	130	100	1732.11.26	1734.8.27
Noordwolfsbergen	130	100	1734.1.17	1735.7.23

中荷之间的直接通航贸易，利润颇为不恶，1728 年派出的第一只船，带回茶叶、丝织品、瓷器等，计获纯利 325000 盾。④ 1732—1734 年派出的 5 只船，也带回类似的货物。共获纯利 1321689 盾，平均每船获利 264338 盾。⑤ 荷兰董事会对此成绩颇表满意。⑥ 如果这次通航一直继续并扩大下去，中国茶船的驶吧贸易就将遭受严重打击，因为这个时期中国卖给公司的商品是以茶叶为大宗，曾经是 17 世纪的主要输出项目的生

---

① Glamann：《荷兰与亚洲贸易》，第 149 页。
② 同上书，第 242 页。
③ 同上书，第 45—47 页。
④ 同上书，第 234 页。
⑤ 同上书，第 47 页注。
⑥ 同上书，第 234 页。

丝，虽然进入18世纪以后还继续外销，但销售对象不是荷兰而是英国。荷兰人自从发现孟加拉丝更为新颖之后，就逐步减少贩运中国生丝，到17世纪90年代几乎完全停止贩运，[1] 取而代之的商品是茶叶，从而中国商船驶吧也是以载运茶叶为主。这次中荷之间的直接通航贸易，仅是一种试探性质，规模既小，为时亦暂，前后只持续六年，比之上一个世纪中吧之间的直接通航贸易还来得短促。令人感到迷惑不解的是这次试探成绩既是不恶，为什么东印度公司不继续下去，要再度借重中国茶船？这个问题的探索将有助于我们进一步理解总督 Van Swoll 所说的上面那句话："政府本应完全禁止华人入境，但考虑到这会损害公司的贸易，因此不欲采取严峻的措施。"

如果说17世纪后期公司之放弃中吧直接通航贸易，是由于中国沿海地方官吏的操纵挟制，使贸易无利可图；那么这次公司之放弃中荷直接通航贸易，就是由于实力不足缺乏现金，使贸易无法继续下去。[2]

我们先来看看现金在这次直接通航中所占据的重要位置。从公司的财务档案中，我们可以找到九只安全返航的船只从荷兰涵塘启程时的成本结构。

表12—3　　　　　1728—1730年四只驶华船只成本项目[3]

项目	比重（%）
载货：现金	67.14
商品	2.32
船壳（全值）	15.89
工资	7.34
其他开支（食物、关税、领港费等）	7.31
合计	100.00
总值	1637135 盾

---

① Glamann：《荷兰与亚洲贸易》，第149页。
② 同上书，第240页。
③ 同上书，第46页。

表12—4　　　　　1732—1734年五只驶华船只成本项目①

项目	比重（%）
载货：现金	71.30
商品	2.89
船壳折旧	6.64
工资	9.00
其他（食物、关税、领港费等）	10.17
合计	100.00
总值	1878311盾

表12—3、表12—4数字说明了前往中国贸易，前四只船现金占总成本的比重是67.14%，后五只是71.3%，但后五只的比重较为正确，因为在前四只的成本中，船壳是按全值计算，包括未磨损部分，后五只则只计算船壳的折旧磨损部分，比较符合近代的成本核算概念。如果我们从载货总值来看，两批船只的现金比重就更加惊人，前四只是96.66%，后五只是96.1%，这就无异于前往中国贸易是用现金易货的。这种贸易方式既与公司的贩运原则背道而驰，也与公司的财政实力不相适应。公司的贩运原则是以货易货，贱买贵卖，两地剥削。显然这一原则不能适用在对华茶叶贸易上，早在1724年5月吧城政府致荷兰董事会的一封信中就指出："仅仅依靠向中国出售商品来进行对华贸易是不行的，对华贸易是十分需要白银的，而当时公司所拥有的白银甚至连维持印度各地商馆购买通常的返航船货都不够。"② 这次中荷之间的直接通航贸易只不过是用事实来证验这句话罢了。当时以自给自足经济为基础的中国市场对于欧洲商品缺乏胃口，不独荷兰人购买茶叶需支付巨额现金，其他欧洲商人也是如此，例如，1760—1799年英国人前来中国采购货物，所用的支付手段白银就占了64%，商品只占36%。③ 直到18世纪末，英国人找到"鸦片"这一特殊商品后，才算解除了白银在对华贸易上的沉重压力。④

---

① Glamann：《荷兰与亚洲贸易》，第46页。
② 同上书，第220页。
③ 严中平：《中国近代经济史统计资料选辑》，科学出版社1955年版，第22页。
④ Glamann：《荷兰与亚洲贸易》，第240页。

另外，这个时期广州茶叶市场上西欧各国之间的激烈竞争，也促使董事们慎重考虑这次贸易是否应当继续和扩大，尽管在对华贸易上，东印度公司是老马识途，但在广州的茶叶市场上却是一个新手，一向习惯于并擅长于借重政治资本和行政手腕来从事贸易的公司官员，在这场竞争中倒感到左右掣肘，力不从心。于是与其千里迢迢前往广州参加自由竞争，反不如坐守吧城等候中国茶船前来进行"买主垄断"式的贸易来得更加合适。1728年"Coxhorn"号的驶华经过就大致可以说明这种情况：这只船开航时竟因在全体公司干部中找不出一个有过赴华贸易经验的人员，而不得不临时雇用一位曾在比利时Ostend公司服务有过两次航驶广州经验的新人员。船从欧洲起航后，还没有驶达广州，驻广州的英国商馆就接到本国政府的命令，要他们全力设法破坏荷兰人在广州市场上购买茶叶，并且设法拦阻荷兰船只，以便错过本年的返航汛风；到1730年7月这只船买好茶叶准备起锚返航时，竟然有一群葡萄牙人、阿美尼亚人、英国人和中国人上船诘问为什么在购买茶叶时使用了与公行规章不符的欺骗手段。[①] 这些事情全都表明在广州市场上，荷兰人作为一个新手是备受欺凌的。

当然，人才的缺乏在经历几次磨炼之后，就可以迅速培养起来，但是现金的缺乏却不是那么容易解决的。董事们在经过一番争论之后，终于在1734年决定放弃中荷之间的直接通航贸易，改由吧城政府派船携带印尼商品前往广州交换茶叶。[②] 尽管这项决定只是航线和贸易方式上的改变，但是茶叶贸易之须借重中国船只却进一步为实践所证验。因为此后公司贩运欧洲的茶叶，90%以上的仍然是购自吧城的中国茶船，直接购自广州者还不到10%。即使是在1732—1734年的中荷直接通航期内，驶华荷船也只购运茶叶1350000荷磅，[③] 平均每年只购运茶叶450000荷磅，而同期中国船只载运吧城的茶叶则每年巨达3750000—5000000荷磅。[④]

这个时期公司茶叶贸易之所以要借重中国船只，根据吧城政府与董事会之间的来往函件中，我们可以归纳出这样几条理由：

---

① Glamann：《荷兰与亚洲贸易》，第234页。
② 同上书，第240、243页。
③ 同上书，第47页。
④ 同上书，第239—240页。

（1）中国船只贩运茶叶，可以就地用印尼商品与之交换，无须支付白银，① 从而得以减轻对华贸易上所遭受到的白银压力。

（2）中国船只驶吧，可以给公司带来巨额的财政税收。②

（3）中国船只运输成本之低是任何其他欧洲商船所望尘莫及，无法与之竞争的。③

（4）中国船只运吧茶叶有利于公司职员的私人贸易，在茶叶贸易热对期，公司为了加强竞争实力，曾一反过去的传统，公然鼓励私人购买茶叶利用公司舱位运销欧洲。18世纪30年代，私人茶叶运销欧洲年达2500000荷磅，④ 大多数是购自驶吧的中国茶船，其数量之巨等于公司在吧城的采购量。⑤

（5）18世纪30年代，厦门、舟山等地茶叶大量运销吧城，吧城茶价比之广州更为低廉，⑥ 直接通航反不若就地采购更为有利。

表12—5　　　　　　　　武夷茶价　　　　　　单位：两银/担

年份	吧城	广州
1729	43.61	24.6
1730	42.02	18.8
1731	19.90	17.3
1732	12.89	14.5
1733	13.23	14.9

事实完全证明上述考虑是符合公司利益的，荷兰Zeeland的一位公司董事在事后写道，自1734年改变中荷直接通航贸易之后，经吧城运销的中国商品给公司带来的利润比直接通航期内大得多。⑦

就是由于这些原因，即使广州口岸已经公开对欧洲商人开放之后，公司当局也仍然把对华贸易寄托在招徕中国帆船上面。驶吧华船既是备

---

① Glamann：《荷兰与亚洲贸易》，第243页。
② 同上书，第239页。
③ 同上书，第240页。
④ 同上书，第237页。
⑤ 同上书，第239页。
⑥ 同上书，第235、236页及附录H。
⑦ 同上书，第241页。

受欢迎，那么移民南迁也就愈益方便了。

糖业贸易

P. J. Veth 教授在《爪哇》一书中写道："十七世纪末及十八世纪上半期，爪哇的中国人是以'蔗糖主'（Suikerlords）而著称，在吧城、井里汶及马打蓝王国沿海一带的蔗园和糖厂都是由中国人来经营，他们每年招募许多本国同胞来工作……吧城政府所实行的载人限额每船最高不得逾 100 人的规定，每次都是在'蔗糖主'的要求下一再受到破坏。"① Veth 教授所说的载人限额是指 1706 年吧城政府所规定的大船水手不得过 100 人，小船不得过 80 人，② 这个限额直到半个世纪以后，即 1758 年才分别提高至 130 人及 110 人。③

这个时期的吧城蔗糖贸易，对于吧城华侨人口的增长及其城乡分布有着巨大的影响。

一如上面所提到的，1680 年以来欧洲糖价下跌，销路闭塞，吧城蔗糖运销欧洲还不到年产量的 1/5，但是 18 世纪一开始，欧洲糖价又回升，④ 欧洲的要货量也跟着上升，上世纪末（1680—1709）董事会的要糖量平均每年只有 3700 担，⑤ 1700 年以后要糖量增至 20000 担。⑥ 另外，上一个世纪在亚洲，特别是中、近东所开辟的蔗糖市场，销路也有所增进，每年销量从上世纪末的 16000 担，⑦ 增至本世纪初的 25000 担。⑧ 因此，相形之下，上世纪末吧城蔗糖年产 20000 担的生产水平就大大不敷供应了。过去董事会嫌返航船队带糖过多，现在则嫌过少，责备吧城当局不应当把过多的糖运销亚洲市场。⑨ 董事会为了保证蔗糖的供应，对吧城当

---

① Veth：《爪哇》，第 II 卷，第 134 页。
② 《吧城布告集》，第 III 卷，第 566 页；1706 年 6 月 3 日。
③ 《吧城布告集》，第 VII 卷，第 271 页；1758 年 6 月 20—23 日。
④ Glamann：《荷兰与亚洲贸易》，第 163 页。
⑤ 同上书，第 160—161 页。
⑥ 同上书，第 163 页。
⑦ 同上。
⑧ 同上书，第 165 页。
⑨ 同上书，第 163 页。

局发出了如下的指示：①
   1. 在吧城建立蔗糖的集中储备，以备调拨供应；
   2. 吧城食糖就地消耗过多，应予削减以增输出；
   3. 糖厂生产应加强管理监督，以免走私。

此外，董事会还为了加速蔗糖运输，特地建造两艘运糖快艇，每艘可运糖 4400—4800 担，第一艘在 1715 年下水，第二艘在 1718 年下水。

就在这种急迫需求的刺激下，吧城蔗糖生产盛况空前，年产量从上世纪末的 20000 担增至 1710 年的 64000 担。② 糖厂数目的增加则更为惊人，因为按照当对糖厂的技术设备，每厂年产是 800 担，③ 总产 64000 担照理只需要开办 80 间糖厂就足以供应，但 1710 年的实际糖厂却多至 131 间，④ 并且这还只是就政府所知而言，一般人认为当时的实有糖厂还不止这个数目。⑤ 我们姑且按 131 间计算，每间制糖华工 40 人，⑥ 那么 1710 年单是制糖一项就有华侨 5240 人，这个数目相当于该年吧城华侨总人口的一半，如果再加上眷属人口，实际人口就应当更多。不过，我们在考虑眷属人口时，必须充分估计到蔗糖业生产中的男丁人口，大多是贫穷的单身汉。⑦

吧城蔗糖业的兴隆既关系到华侨人口的增长，也关系到华侨人口的城乡分布，因为糖厂的设置，需要考虑到两个地理条件：一是邻近柴源，便利燃料供应；二是邻近河道，便利甘蔗运输。⑧ 前者似乎更为重要，早期四处旷野，林木丛生，柴源丰富，糖厂都设在城廓附近；后来"因鄙日夜斩伐森林，柴尽，始则移蔀以就林，由近而图远也。"⑨ 到程日炌于 1729—1736 年旅居吧城时，蔗蔀已是遍布乡间："离城农圃，如大抹脚（Mauk）、茄泊（Depok）、顺达洋（K. Sunter）、和兰营、干冬圩（Mr. Cornelis）、望笳寺（Bekasi）、十二交地、支亚无（Tjisauk）、落奔

---

① Glamann：《荷兰与亚洲贸易》，第 163 页。
② 同上书，第 164 页。
③ de Haan：《老吧城》，第 I 卷，第 412 页。
④ Veth：《爪哇》，第 II 卷，第 245 页。
⑤ 《吧城布告集》，第 IV 卷，第 6 页，1710 年 10 月 10 日。
⑥ Vermeulen：《红溪惨案本末》，第 119 页。
⑦ de Haan：《老吧城》，第 I 卷，第 421、492 页。
⑧ 同上书，第 418 页。
⑨ 《开吧历代史记》，第 27 页。

第十二章　1701—1739 年吧城华侨人口的升降变迁　/ 137

（Serpong）、走马（Tjiomas）、丁脚兰（Tangerang）、鲁古头（Krukut）诸处，创建蔗蔀公司，有蔀爹才副诸名目。"① 因此吧城华侨人口就随着糖厂的远移而日益积聚乡间。

这里我们想集中讨论一个与华侨人口密切相关的问题，即 1710 年以后吧城蔗糖业的盛衰。我们在前面讨论职业人口的结构时，曾经说过吧城的蔗糖业是吧城华侨赖以营生之所，是容纳中国移民的重大尾闾，其生产盛衰必然要影响到吧城华侨人口的升降。如果说 1710 年以后吧城蔗糖业的衰退是指长期趋势而言，那么我们就很难解释吧城华侨人口自 1710 年以来所呈现的不断上升的现象，同时也无法理解 Veth 教授所说的 1706 年以来的移民入境限额一再为蔗糖主的请求所破坏。② 如果 1710 年以后蔗糖业的衰退指的是个别年份的短期变动，事实上，个别时期生产的下降是无可避免的，那么栖息在蔗糖业中的广大华侨又如何来适应这种变动，而不至于影响新的移民的定居？搞清这一点将有助于我们进一步了解吧城华侨人口的变迁规律。

一般文献上所说的 1710 年以后吧城蔗糖业的衰退，更多是指糖厂的下降，1710 年吧城糖厂有 131 间，不久降至 100 间，到 1740 年红溪惨案前夕，正式开工生产的只有 82 家。③ 如果单从糖厂数目来看，1710 年以后吧城糖厂确实是在长期下降，不独本期如此，到 1796 年公司关闭时吧城糖厂只有 40 间。④ 但是糖厂数目的下降，并不一定就是蔗糖生产的衰退，二者变动方向可以相同，也可以相反，具体情况如何，须视糖厂的设备能力和开工运转而定。如果设备能力加倍，一个糖厂就可以抵得上过去两个糖厂；同样，尽管设备相同，全时开工与开工不足在产量上也可以相去悬殊。吧城蔗糖业的实际情况看来就正是如此。

在设备能力上，前后期的糖厂就大不相同，因为 18 世纪后半期制糖技术发生了巨大变化，榨糖机由单车改为双车，甘蔗压榨次数从一道增至三道，⑤ 每间糖厂的工人数从 110 人增至 200 人，⑥ 每间糖厂的年产量

---

① 程日炌：《噶喇吧纪略》，《南洋学报》第 9 卷第 1 辑。
② Veth：《爪哇》，第 II 卷，第 134 页。
③ Veth：《荷印地理和统计辞典》，第 III 卷，第 463 页。
④ Veth：《爪哇》，第 II 卷，第 245 页。
⑤ de Haan：《老吧城》，第 I 卷，第 422 页。
⑥ 《吧城布告集》，第 X 卷，第 830 页；1786 年 2 月 2 日。

从 800 担增至 2400 担。这些都说明糖厂的设备能力是随着时间的推移而不断扩大，其具体变化如下：

表 12—6　　　　　　　　18 世纪吧城糖厂设备能力

年份	设备能力（年产：担）
1710	800
1739	800
1750	1200
1767	1400
1796	2400

资料来源：1739 年见 Veth《荷印地理及统计辞典》，第 III 卷，第 463 页，其余年份见 de Haan《老吧城》第 I 卷，第 422 页。

在设备利用率上，前后期糖厂也有显著的不同。18 世纪初欧洲糖价暴涨，荷兰要货剧增，吧城糖厂有如雨后春笋，纷纷开设，不久即因开设过多，出现设备闲置开工不足的现象。据荷印官员 Van Swoll 和 Zwaardecroon 的调查，1710 年吧城糖厂 131 间，设备总能力应为年产 104800 担，但实际年产仅 64000 担，[1] 即每厂每年生产 488 担，仅发挥设备能力（年产 800 担）的 60%，因此 1710 年糖厂 131 间只相当于正常开工运转情况下的糖厂 79 间。后来吧城政府对糖厂生产加强管理控制，规定开设糖厂必须办理申报手续，经审批合格后方准设立，同时吧城政府又视市场供求情况，规定各个时期糖厂数目的最高限，逾限即不准设立。[2] 在这种限制下，后期糖厂的开工运转就比较正常，例如 1739 年吧城糖厂 82 间，共产蔗糖 65600 担，[3] 每厂平均年产 800 担，这与该年糖厂设备能力年产 800 担是完全一致的。

如果我们把糖厂的设备能力和开工运转情况一起考虑进去，1710 年以后吧城糖厂数目的下降就不一定意味着糖业生产的下降。用年产 800 担的糖厂作为"标准厂"，把各年的糖厂间数折算为若干标准厂，我们就会发现 1710 年以后糖厂间数的变化并不像初看起来那么剧烈，而且就长期

---

[1] Glamann：《荷兰与亚洲贸易》，第 164 页。
[2] Veth：《爪哇》，第 II 卷，第 245 页。
[3] Veth：《荷印地理及统计辞典》，第 III 卷，第 463 页。

趋势来看，1710年以后的糖厂间数不是下降而是上升了。

表12—7　　　　　　18世纪吧城糖厂数目及设备能力

年份	实有糖厂（间）	设备能力（年产：担）	开工运转	标准糖厂（间）
1710	131	800	不足（60%）	79
1739	82	800	正常	82
1745	65	(800)	正常	(65)
1750	66	1200	正常	99
1767	82	1400	正常	123
1779	55	(1800)	正常	124
1786	44	(2400)	正常	(132)
1796	40	(2400)	正常	120

资料来源：糖厂数目：1739年见Veth《荷印地理及统计辞典》，第Ⅲ卷，第463页；
　　　　　　1786年见de Haan《老吧城》，第Ⅰ卷，第419页；
　　　　　　其余各年见Veth《爪哇》，第Ⅱ卷，第245页。
设备能力：1779年根据该年总产量100000担（Furnivall：《荷印多元经济》，第41页）推算；
　　　　　　1745年及1786年是参照邻近年份的推估数字；
　　　　　　其余各年见de Haan《老吧城》，第Ⅰ卷，第422页。

表12—7是1745年糖厂数目的下降是由于红溪惨案华侨糖厂遭受破坏所致，这种下降事出非常，另当别论。

从公司时期吧城蔗糖业的产量增减变化来看，我们也大致可以得出同样的结论。根据文献的零星记载，我们把公司时期将近二百年的吧城糖产列成一张统计表，以便观察其变化趋势，遇无产量年份，暂以公司的出口数字或收购数字替代。表内需要稍加说明的是1713—1735年的数字，这同1710年以后吧城糖业生产的盛衰特别有关。这几年的产量我们是根据Glamann所抄录的公司"砂糖"账户数字推算出来的，该账户的借贷方结构是：

年初库存 + 本年收购 = 本年输出 + 年末库存

贷方输出账目又按地区不同分为"荷兰""日本""波斯""锡兰""Surat Mocha""Coromandel"及"其他"等八个细目，其中"其他"包括公司在吧城的就地抛售数目。显然，足以说明当年糖产情况的是借方的"本年收购"数字，但是 Glamann 只抄录贷方数字而无借方数字，① 我们改从上述等式中，用贷方总额扣除年初结存（即上年年末结存）来计算历年的收购数量。其次，Glamann 只抄录"砂糖"账户，没有涉及"冰糖"账户，虽然冰糖产量不多，但在正确估计吧城的糖产总量时却不可忽略。吧城政府在 1711 年及 1718 年的糖税条例中都专项列举冰糖，并且冰糖税率倍于砂糖。② 我们姑且用 1680—1709 年公司输出冰糖占总出口糖重的 14%③来估计历年的冰糖收购量。合计砂糖和冰糖的收购数字就得下表 1713—1735 年的历年收购总量。这个时期公司一共收购蔗糖 763335 担，平均每年收购 63612 担，这与 Glamann 在研究公司档案后所作出的结论："1710 年以后公司每年购糖量大约是 64000 担"很接近，④ 因此我们认为上述估计应与实际情况无大出入。

表 12—8　　　　　　　　　1637—1800 年吧城糖产量

年份	产量（担 = 125 荷磅）	出处	
1637	196（生产量）	Furnivall：《荷印多元经济》，第 42 页	
1649	1960（出口量）	Glamann：《荷兰与亚洲贸易》，第 156 页	
1652	12000（生产量）	同上	158
1680—1709	20000（每年平均出口量，内 14% 为冰糖）	同上	161
1710	64000（生产量）	同上	164
1713/14	46600（收购量，内 14% 为冰糖，下同）	同上	165
1715/16	71738	同上	同上
1718/19	65555	同上	同上
1721/22	75313	同上	同上
1723/24	73954	同上	同上
1724/25	59690	同上	同上
1726/27	68582	同上	同上
1727/28	44250	同上	同上

① Glamann：《荷兰与亚洲贸易》，第 165 页。
② 《吧城布告集》，第Ⅵ卷，第 15 页；1711 年 7 月；又第 133 页；1718 年 12 月。
③ Glamann：《荷兰与亚洲贸易》，第 161 页。
④ 同上书，第 164 页。

续表

年份	产量（担=125 荷磅）	出处
1730/31	58532（收购量，内14%为冰糖，下同）	Glamann：《荷兰与亚洲贸易》，第156页
1732/33	71162	同上 同上
1733/34	64894	同上 同上
1734/35	63065	同上 同上
1739	65600（生产量）	Veth：《荷印地理及统计辞典》，第Ⅲ卷，第463页
1741	6136（出口量）	Glamann：《荷兰与亚洲贸易》，第166页
1742—48	停止出口，产量不明	同上 同上
1751—1760	51600（年平均砂糖出口量）	同上 同上
1779	100000（生产量）	Furnivall：《荷印多元经济》，第41页
1780—1793	45874*（年平均收购量，包括少量中爪哇糖和东爪哇糖）	莱佛士：《爪哇史》，第Ⅰ卷，第236—237页
1800	106513（年生产量）	同上 同上

注：原资料为47874担，核与十四年总收购量642234担不符，特更正如上。

表12—8数字的增减变化为我们指出，在长达两个世纪的时间里，除了个别年份稍有下降外，很难说1710年以后吧城的蔗糖业生产有着长期衰退的趋势。至于1740年红溪惨案后，出口量锐减甚至停止出口，也如同前面的糖厂数目下降一样，是事出非常另当别论。同样，1780年以后产量的骤降是由于连年的英荷战争所致，也是事出非常，另当别论。

现在让我们转来讨论前面所提出的这个问题的第二部分。

尽管就长期来看，1710年以后吧城的蔗糖业生产不存在下降趋势，能为广大华侨人口提供生存场所；但就短期来看，个别年份或个别时期生产下降却是无可避免的，例如1713年及1727年两年就出现较大幅度的下降。蔗糖业生产下降定然要造成蔗糖业华侨就业人口的相对过剩。同样的结果也会出现在长期变动上面，只是源于不同原因罢了！我们在上面提过，1710年以后吧城糖厂数目的下降之所以不会导致蔗糖产量的下降，是由于糖厂数目的下降伴随糖厂设备的扩大、生产技术的革新以及劳动生产率的增长等变化一起出现的。1710年每间糖厂年产800担，需用制糖华工40人;① 1796年每厂年产增加两倍（2400担），制糖华工只增加半倍（60人）。② 准此，1710年131间糖厂可容纳制糖华工5240人，1796年40间糖厂只能容纳2400人；换句话说，吧城蔗糖总产量增加了55%，③ 而制糖部门的就业人口却减少了55%。这就不能不使人追问：吧城华侨是怎么适应这一巨大变化的？又如何来安排如此大量的相对过剩人口？

  原来吧城蔗糖业的生产分两个部分，一是种蔗，二是制糖，华侨经营此业者，早期两部分都有，后来就逐渐偏重于制糖部分，种蔗部分（包括砍伐和运输）由当地原住民经营，所需土地由华侨糖主或"蔀爹"出面租赁。根据1707年签订的一份蔗糖经营合同，关系三方是华侨糖主、原住民官员和荷印政府，其中规定华侨糖主必须将产糖全部按限价卖给政府；原住民官员则承诺在一定时期内将土地租给华侨糖主种植甘蔗，并利用其影响保证供应一定数量的劳动力；荷印政府一方面对华侨糖主垫支资金控制蔗糖生产，另一方面又利用其政治权力保证华侨糖主获得必要的土地、劳动力和其他必需品。④ 当然，华侨糖主所需要的资金、榨坊、土地也可以向欧人地主或华人地主租借。⑤ de Haan 在《老吧城》一书中对1700年左右华侨经营的蔗糖业也有着类似的记载："华侨糖主或蔀爹自己没有榨坊，也没有土地，既要向人租借榨坊，又要向人租借土地和山场，以便种植甘蔗和砍伐薪柴。然后再同原住民头人签订合同，将种蔗、割蔗、榨蔗、采伐薪柴及运输原料、成品等劳动包给原住民头人所招募的农民去经营，而煮糖则完全由中国人自己来承担。"⑥

  从这里我们就可以清楚地看出，华侨经营蔗糖业之须由原住民来种蔗是因为自己劳动力不足，并且还须借助荷印政府和原住民官员的影响来保证这部分劳动力的供应；华侨自己承担的制糖或煮糖部分，占用劳动力不多，早期糖厂规模较小，每厂110人，制糖华工只有40人；后期糖厂规模扩大，每厂200人，制糖华工也只有60人。华工与原住民工的

---

① Vermeulen:《红溪惨案本末》，第119页。
② de Haan:《老吧城》，第Ⅰ卷，第421页。
③ 从64000担增至100000担。
④ Day:《荷兰在爪哇的政策和统治》，第69页。
⑤ de Haan:《老吧城》，第Ⅰ卷，第420页。
⑥ 同上书，第421页。

配备大约是 1∶2。换句话说，华侨经营的糖厂，在正常情况下，由于劳动力不足，自己只承担全部劳动力的 1/3，其余则由原住民来承担。所以在这种劳动力结构下，制糖部分因技术革新或生产衰退所出现的相对过剩人口，只要没有超过原来就业人口的 2/3，那么，这部分过剩人口大可以从制糖部分转到种蔗部分去，而不必向蔗糖业以外的部门去寻求出路。换句话说，在生产下降或技术改新时，原来要通过政府或头人的影响来雇用原住民担负的工作，现在就可以全部或部分由华侨自己来承担。当然，如此安排的结果不可避免地要招致华侨糖业人口的进一步贫困化，特别是我们在前面提过的，每一次糖价的下跌和销路的闭塞，荷印政府都是用压低收购价格、加强对蔗糖生产者的剥削等办法来保证自己的利润。[①] 这就是 de Haan 所说的"中国人经营蔗糖业在公司的专横政策下是无法获利致富的"[②]。

这个时期吧城华侨人口的增长，除了可以吸收大批移民的当地原因之外，还有着促使大批移民外出的国内原因，这就是当时中国农村阶级分化的加剧，广大农民流离失所，生活贫困无以复加。

尽管这个时期在国内是康熙、乾隆年间，素称"盛世"，但农村土地兼并之风则空前炽烈。明末清初的波澜壮阔的农民运动只是暂时削弱了封建地主的力量，从而暂时助长小土地所有制的发展，随着社会经济的恢复和农业生产的发展，土地兼并通过买卖方式而活跃起来。据康熙四十四年（1705）长江下游一个地址不明的图甲田赋登记材料，全图十甲共 110 户，其土地分配情况如下：[③]

表 12—9　　康熙四十四年（1705）长江下游某图甲土地分配情况

占地面积（亩）	户数（户）	户数百分比（%）	占地百分比（%）
0	87	79	0
0.5—5.5	10		
13.7—18	2	12	3.5

---

① Day：《荷兰在爪哇的政策和统治》，第 70 页。
② de Haan：《老吧城》，第 I 卷，第 420—21 页。
③ 根据孙毓棠《清初土地分配不均的一个例子》一文材料编制，《历史教学》1957 年第 7 期。

续表

占地面积（亩）	户数（户）	户数百分比（%）	占地百分比（%）
43	1		
251—334.7	10	9	96.5
合计	110	100	100

这一图农户80%的是无地农户，95%以上的土地为10%不到的地主所占有。这个例子所包括的土地和农户虽然不多，但是征之当时的文献记载，似乎具有相当高的代表性，康熙年间邱家穗在《丁役议》中写道："一邑之中有田者计什一，无田者什九。"① 土地分配得如此不均，同近代广东侨乡番禺的情况对比起来，已是有过之而无不及，根据1933年番禺十个代表村的调查统计，无地农户占总农户的52%，地主占有总土地的68.4%，② 土地兼并的结果，遂使"旧时有田之人，今俱有佃耕之户"③。而另一方面"十九之丁，尽征之无田之贫民"④。农民的一年辛苦，除"日给之外，已无余粒，设一遭旱潦，尽所有以供富民之租，犹不能足，既无立锥以自存，又鬻妻子为乞丐，以偿丁负"⑤。饥馑之年，饿殍遍野，1726年"唐船报信来吧，本年我唐大饥，百姓饿死，难以发数"⑥。加之，"闽广人稠地狭，田园不足于耕，望海谋生，十居五六"⑦。在这种情况下，只要吧城能有栖息之所，离乡背井渡海前往者，一定为数不少。

此外，18世纪以来清海禁的进一步松弛，也在不同程度上便利了移民的外出。本来自1683年起，清政府已经宣布废除海禁，但是还保留船只吨位的限制，仅准"乘载五百石以下船只往来行走"⑧，"如有打造双桅五百石以上违式船只出海者，不论官兵民人俱发边疆充军，该管文武官员及地方保甲长同谋打造者，徒三年，明知打造不行举首者，官革职，

---

① 《清经世文编》卷30《邱家穗丁役议》。
② 陈翰笙：《广东农村生产关系与生产力》，第9、76页。
③ 《清经世文编》卷39，杨锡绂《陈明米贵之由疏》。
④ 《清经世文编》卷30，盛枫《江北均丁说》。
⑤ 同上。
⑥ 《开吧历代史记》，第38页。
⑦ 《清经世文编》卷83，蓝鼎元《论南洋事宜书》。
⑧ 《古今图书集成》，祥刑典第62卷，律令部汇考第48。

兵民仗一百"①。这项限制到1707年就正式宣告废止了，这时不仅商船甚至渔船，其"桅之用双用单，顺从其便"②。双桅船只当然比之单桅船只更有利于移民的外迁。

这个时期的海禁虽然基本上是全面废止，但在1717—1722年又一度局部恢复，这次海禁与前面所提到的1717年中国茶船停航吧城的事件，在时间起讫上不谋而合，二者之间有无关系，不无可资斟酌之处。这次海禁之不同于过去者，在于地区的不同，仅适用于南洋贸易，东洋贸易则不在禁例，而南洋贸易之中，安南又告例外：

康熙五十六年（1717）："凡商船照旧东洋贸易外，其南洋吕宋、噶喇吧等处，不许商船前往贸易。"③

又康熙五十七年（1718）："安南国地处西南，与内地毗连，又与吕宋噶喇吧等国相隔遥远，应照东洋之例，听商贾贸易，如有越往别国者，查出治罪。"④

此外，这次海禁只禁中国船只前往贸易，而外国船只前来贸易则悉听其便：

康熙五十六年（1717）："外国夹板船，照旧准其贸易。"⑤

又康熙五十七年（1718）："红毛等国之船，使其自来，听其贸易。"⑥

这次海禁的恢复，据文献记载是为了"虑盗米出洋""虑透漏消息""虑私贩船料"⑦"恐寝长海盗"⑧。显然，这些都是昏聩之见，漳浦蓝鼎元对此评之甚详：

> 若夫卖船与番、载米接济、被盗劫掠之疑，则从来无此事，何者？商家一船造起，便为致富之业，欲世世传之子孙，即他年厌倦

---

① 《古今图书集成》，祥刑典第62卷，律令部汇考第48。
② 同上书，祥刑典第75卷，律令部汇考第61。
③ 《东华录》，康熙卷99。
④ 《古今图书集成》，祥刑典第82卷，律令部汇考第68。
⑤ 《东华录》，康熙卷99。
⑥ 《古今图书集成》，祥刑典第82卷，律令部汇考第68。
⑦ 王之春：《国朝柔远记》卷三，雍正五年（1727）闽督高其倬请开海禁疏。
⑧ 《清文献通考》卷297，四裔考五："康熙五十六年以噶喇吧口岸多聚汉人，恐寝长海盗，禁止南洋往来，其在外人民不得复归故土。"

不自出，尚岁收无穷之租赁，谁肯卖人？况番山材木比内地更坚，商人每购而用之，如鼎嘛桅一条在番不过一二百两，至内地则价千金；番人造船比中国更固，中国数寸之板，彼用全木，数寸之钉，彼用尺余，即以我船赠彼，尚非所乐，况令出价以买邪！闽广产米无多，福建不敷尤甚，每岁民食半借台湾，或佐之以江浙；南洋米禁之先，吕宋米时常去厦，番地出米最饶，原不待仰食中国，洋商皆有身家，谁自甘法纲尝试？而洋船所载货物，一石之外，收船租银四五两，一石之米所值几何，舍其利而犯法，虽至愚者不为也！历年洋船从无在洋被劫，盖以劫船之盗，皆在海边，出没岛澳，离岸百十里，极远止二三百里，以外则少舟行，远出无益，且苦飓风骤起，无停泊安身之处。洋船一纵不知其几千里，船身既大，可任风波，非贼船所能偕行，若贼于海滨行劫，则上下浙广商船已可取携不尽，何必洋船！即与洋船相遇，而贼船低小，临之直若高楼，非梯不能以上，一船之贼不过二三十人，洋船人数，极少百余，且不俟与贼力战，但挽舵能走据上风，可压贼船而溺之矣！①

就由于上述原因，所以这次海禁为时甚暂，康熙死后，即告废止。从文献看来，大概各地开禁时间先后不一，广东较早，约在 1723 年；② 福建较迟，约在 1727 年。③ 如果我们把广东开禁的年份 1723 看成这次局部海禁的开禁年份，那么海禁的时间起讫就恰好与中国船只因公司茶叶削价而停航吧城的年份完全一致了。正因为时间上如此吻合，吧城政府就将这次茶船停航事件归咎于清政府的海禁。④ 但是实际情况则恐怕未必

---

① 《清经世文编》卷83，蓝鼎元：《南洋事宜论》。

② 《清文献通考》卷297，四裔考五："诸番在西北者，皆来而互市；在南洋者，皆往而互市，人曰'本港商人'……本港商船在圣祖仁皇帝（康熙，1662—1722）时，止准往东洋一带及安南一国，若吕宋、噶喇吧等国皆在禁例，迨世宗宪皇帝（雍正 1723—1735）及我皇上（乾隆，1736—1795）御字以来，中外一家特开洋禁。"

③ 王之春：《国朝远柔记》卷三，雍正五年（1727）春三月开闽省海禁，闽督高其倬疏言："福、厦、漳、泉、汀五府地狭人稠，自平定台湾以来，生齿日繁，山林斥卤，悉成村落，无田可耕，流为海盗，势所不免。臣再四思维，唯广开其谋生之路，如开洋一途前经严禁，但豪富者为船主商人，贫者为头舵水手，一船几及百人，其本身既不食本地米粮，又得沾余利归养家属。若虑盗米出洋，则外洋皆产米；虑透消息，则今广东船许出外国，岂福建独虞泄漏；虑私贩船料，则中国船小不足资彼之用。似开洋于地方有益，请弛其禁。"

④ Vermeulen：《红溪惨案本末》，第14页。

尽然，Vermeulen博士在谈到这次停航事件的责任归属时，曾说：

> 吧城政府把这次停航归咎于满清皇帝的禁令，这显然是企图推卸对华船不来所造成的损失所应负的责任。事实上，南中国的商人对于地方官吏一向是具有影响力量的，他们从不用担心皇帝的禁令，只要有利可图，哪怕是蝇头微利，他们也不会因此而遽然中断远离皇帝的地方的航行贸易。①

我们从康熙皇帝同内阁学士席柱的对话中，也可以看出此论不谬：

> 上曰："百姓乐于沿海居住，原因海上可以贸易捕鱼，尔等明知其故，前此何以不准议行？"
> 席柱奏曰："海上贸易自明季以来，原未曾开，故不准行。"
> 上曰："先因海寇，故海禁不开，为是今海氛廓清，更何所待？"
> 席柱奏曰："据彼处总督巡抚云，台湾、金门、厦门等处虽设官兵防守，但系新得之地，应俟一二年后，相其执宜，然后再开。"
> 上曰："边疆大臣当以国计民生为念，向虽严禁，其私自贸易者何尝断绝，凡议海上贸易不行者，皆总督巡抚自图射利故也。"②

这是1683年席柱前往沿海展界开禁回京复命时的谈话。雷厉风行的锁海措施尚且不能完全断绝海上贸易，那么1717—1722年的局部海禁就更加不能断绝船只出海，所以1717—1722年中国船只之停航吧城，主要原因看来当是公司的茶价削价，而海禁则有助于坚定中国船只的停航决心，或者其本身说不定就是那批"自图射利"的总督和巡抚对公司削价的一种报复行为。③

这次局部海禁不论其真正原因为何，但其对移民南迁的影响则颇有

---

① Vermeulen：《红溪惨案本末》，第15页。此外椰加达中译本为："南中国的商人，对于闽粤地方政府可能有点顾虑，但清廷的命令对于他们不会发生多大作用。何况清廷绝对不会轻易下令断绝对外航运，只要对外航运尚有些微利益可图。"此段译文核与新加坡英译文（见《南洋学报》第9卷第1辑）相去过远，且前后措辞颇多矛盾之处，兹特从英译改译如上。

② 《东华录》，康熙卷34。

③ Glamann：《荷兰与亚洲贸易》，第217页。

可资重视之处。这次海禁重点不在贸易，而在移民，自从康熙二十二年（1683）畅开海禁分设闽、粤、江、浙四海关以来，对外贸易的关税收入就越来越多，封建王室的财政收入也越来越依赖于这项税源，确保外贸税收就日益成为国家施政方针之一：康熙四十七年（1708）清都察院曾以商船贩米出洋米价腾贵为由，"请申饬海禁，暂撤海关，不许商船往来，庶私贩绝，而米价平。"当时的户部则表示异议，认为"自康熙二十二年开设海关，海疆宁谧，商民两益，不便禁止"①。到1740年发生红溪惨案，清政府议商对策时，这种税收观点就显得更加突出。当时大臣们奏认不应禁止南洋贸易，其理由之一就是"有损于国帑"，因为"商人往东洋者十之一，南洋者十之九，江、浙、闽、广税银多出于此，一加禁遏，则四省海关税额必至于缺，每年统计不下数十万"②。从这种前后一贯的税收政策中，就可以了解为什么1717年的局部海禁没有，同时也不可能断绝贸易，只是本国商船"不许前往贸易"，而"外国夹板船照旧准来贸易"③。因此这次海禁丝毫无损于外贸税收，但对海外移民则作出严厉规定："所去之人留在外国，将知情同去之人枷号三月，该督行文外国，将留下之人，令其介回处斩。"④ 如此严刑峻法，其用意所在，与其说是为了防止移民出国，倒毋宁说是为了防止移民归国，这一措施不仅没有随着局部海禁的废止而取消，反而因之而加强，康熙五十六年（1717）定例"在外民人不得复归故土"⑤，"嗣后奉恩旨凡五十六年以前出洋民人，限三年回籍"⑥，"五十六年以后私去者，不得徇纵入口"⑦。到雍正五年（1727）解除海禁时，反而规定即使五十六年以前"逗留外洋之人"，亦"不准回籍"⑧。

移民归国之禁在海上贸易畅通之后仍然继续下去，并且益趋严厉，其真正目的可以从雍正帝的朱批谕旨中窥之无遗。

雍正五年浙闽总督高其倬等奏议："选择妥当之人前往噶喇巴、吕宋

---

① 《清文献通考》卷33，市籴考二。
② 《清文献通考》卷297，四裔考五。
③ 《清文献通考》卷33，市籴考二。
④ 同上。
⑤ 《清文献通考》卷297，四裔考五。
⑥ 同上。
⑦ 《清文献通考》卷33，市籴考二。
⑧ 同上。

确访彼国作何行径，内地之人实有若干在彼，所作何事，彼处容留中国之人，意欲何为，并因时制宜，或设法诱回，或颁示晓谕令其自回。"雍正帝对此朱批："朕非欲必令此辈旋归也，即尽数旋归，于国家亦复何益？所虑者既久离乡背井安身异域，宜乎首邱之念绝矣，而一旦返回故土，其中保无奸徒，包藏诡谋，勾连串通之故乎！朕意欲将去国年远之人，既不准其复归，前谕显然，尔等惜焉莫解，殊属胸无识见。"①

雍正六年，这批"胸无识见"之辈又再次执出国之禁，对移民出国严设种种科条，奏议"凡出洋船只，俱令地方官严查船主、伙长、舵工、头椗、水手并商客人等共若干名，开明姓名籍贯，分取族邻行保出具切实保结，再令同业三船连环互结。……如有报少载多及年貌不符者，即行拿究保结之人，一并治罪。回棹时照前查点，如有去多回少，先将船户人等严行治罪，再将留住之人家属严加追比"。雍正帝读到此处几乎动了肝火，他朱批道："前经详悉降谕，意指甚明，乃犹胶执谬见，惟恐内地人外出，设为种种严切科条，殊属可笑，朕实不介。""噫嘻！异哉！全未领会朕意，朕谓岁远不归之人，既不乐居中国，听其自便，但在外已久忽复内返，踪迹莫可端倪，倘有与外夷勾连，奸诡阴谋不可不思患预防耳，览所奏不知尔等具何意见。况大海茫茫，非江湖可比，设若失风飘没无踪，亦追比其家属，有是理乎！"②

这不仅说明到18世纪，清政府对于移民之禁，重点是在于归国之禁，而且说明清政府对于移民出国并不介意，出国之禁只是为了防其复归。因此定居海外的中国移民除非是根绝故土之念，否则一旦回国，必冒生命财产之险，备受敲诈虐待，我们前面提到的吧城茶商陈魏、杨营挈眷归国被勒捐谷一万三千石，③就是一个例子，1749年吧城雷珍兰陈依老挈眷归国被判处充军没收家产，④又是一个例子。在这种严刑峻法下，万千海外赤子只好望故土而兴叹，视归国为畏途。这就更加促进去多归少，使吧城华侨日益上升。

海禁在上世纪原是阻止移民外出促使华侨人口下降的因素，现在却转而变成阻止移民归国促使华侨人口上升的因素，这一转变不能不对吧

---

① 《朱批谕旨》，第46册。
② 同上。
③ 《朱批谕旨》，第55册。
④ 《清文献通考》卷297，四裔考五。

城华侨人口的变迁起着深远的影响。尽管在 18 世纪中叶，即乾隆十九年（1754），曾规定："凡出洋贸易之人，无论年份远近，概准回籍。"① 但过去有关归国之禁的"旧例并无废弃明文。"② 直到 19 世纪末薛福成出使时还写道：海外华侨"多自居化外，不愿归……推原其故，盖缘中国旧例有不准出番华民回籍各条"③。华侨"筹及归计，则皆蹙额相告，以为官长之查究，胥吏之侵扰，宗党邻里之讹索，种种贻累，不可胜言"④。这些都不过是归国之禁在新的形势下的继续，海外归侨不知为此尝尽了多少辛酸痛苦，连清廷大臣也为之大声疾呼："必须大张晓谕，将旧例革除，庶华民耳目一新，往来自便。"⑤

---

① 《高宗实录》卷 472。
② 薛福成：《出使公牍》卷 5。
③ 同上。
④ 薛福成：《出使奏疏》卷下。
⑤ 薛福成：《出使公牍》卷 5。

第十三章 1740—1779 年吧城华侨人口的变迁

吧城华侨人口的剧烈变动期，华侨人口由高潮骤然转入低潮，又迅速走向更大的高潮。——红溪惨案大屠杀，其经济背景及经济后果。——惨案过后吧城当局大力招徕中国移民，华侨人口迅速恢复。——公司鼓励荷兰本国移民东来再度失败。——中国移民入境日增，限制禁令日繁。——乡区华侨人口进一步积聚。——"侨生"人口日益增加，自成体系。

这个时期从 1740 年红溪惨案起到 1879 年第四次英荷战争的前夕为止，前后整整四十年，这是吧城华侨人口变化最为剧烈的一个时期。红溪惨案一役，城区华侨惨遭杀戮，老幼无免；乡区华侨则辗转苦战，逃亡星散。华侨人口由前期的高峰骤然下降，乡区尚无确实数字可据，城区则已空无一人。但是在事变后的第二年，华侨人口又开始恢复，而且恢复迅速，到 18 世纪 60 年代，吧城华侨人口已全部恢复旧观。到第四次英荷战争前夕，人口之众已两倍于惨案前的数字，出现一个前所未有的人口高潮。与此同时，城乡人口的分布也出现一个前所未有的变化，过去是 2/3 的华侨人口居住乡区，现在则是 90% 的华侨人口居住乡区，这个变化同吧城政府的政治经济措施有关，也同吧城卫生环境的进一步恶化有关。在没有具体讨论其中细节之前，我们想先简短地回顾一下这次人口大变迁的经济背景及其前后经过。

如果说 17 世纪是东印度公司的黄金时期，那么 18 世纪就是它的衰退时期。东印度公司这个靠着殖民掠夺和垄断贸易起家的暴力组织，只有在印尼的社会生产力还没有遭受严重破坏之前，以及海上贸易的劲敌还没有出现之前，才能给自己带来繁荣和昌盛。这时荷兰人不仅在东方独占香料的输出，而且在欧洲操纵市场的供应，使荷兰涵塘（Amsterdam）成为东方商品的交易总汇，这就是17世纪的东印度公司。

可是进入18世纪以后，同一个曾经使公司繁荣昌盛的因素，却开始向着自身的反面转化，使公司经济日趋窘困。首先是印尼社会的生产力在长期的殖民掠夺下，不仅没有得到发展，反而日益下降。爪哇人民所经营的繁盛的岛际贸易在"荷印政府为确保商业垄断所颁布的种种限制、禁令和惩罚下"，全部趋于窒息，① 往日畅销各岛的爪哇产品堆积起来，长年月久无人问津。② 开始是商人、航海者、造船者流离失所，生活无着，继之是捕鱼业、伐木业因外销闭塞而日益萎缩。在公司的强迫输纳和强迫征购制度下，爪哇人民辽阔的生活空间被压缩在狭小的岛屿上，繁多的生活门径被简化为单纯的农田种植，而胡椒、蓝靛、咖啡，甚至包括部分的大米种植则又都变成向公司纳贡而经营，纳贡数量每每因各级官吏层层加码而沉重不堪。③ 1744年总督Van Imhoff在巡视爪哇内地时，就发现有许多村落的居民为逃避纳贡而外出逃亡。④

另外，荷兰人的海上优势也开始动摇。英国人公然藐视荷兰人的传统地位，勾结土帮王室和公司职员大规模进行走私，破坏公司的垄断独占。步英国人后尘的还有法国、丹麦、比利时等国的商人，他们相继自东方贩运香料、茶叶、丝绸等产品至欧洲，公开与荷兰人竞争。至此，东印度公司独霸欧洲市场的日子就一去不复返了。其必然结果是公司利润每况愈下。⑤

表13—1　　　　　　　　公司在荷兰的进货和售货总值

时期	进货总值（千盾）	售货总值（千盾）	毛利润率（%）
1689/1690—1698/1699	40952	124484	204
1699/1700—1708/1709	48611	137905	184
1709/1710—1718/1719	63061	159167	152
1719/1770—1728/1729	84542	188588	122
1729/1730—1738/1739	70212	167870	139

① 莱佛士：《爪哇史》，第Ⅰ卷，第222页。
② 同上书，第223页。
③ Day：《荷兰在爪哇的政策和统治》，第117页。
④ 同上书，第116页。
⑤ Glamann：《荷兰与亚洲贸易》，第16页。

加之公司职员营私舞弊盛况空前，上自总督，下至仆役，几乎无不贪污牟利，船只航行每因载运私货而超重倾覆；① 总督月俸700盾，卸任时竟能带回财产1000万盾；低级职员可以为求得一个月薪40盾的职位而纳贿3500盾，最后还能赚回40000盾。②

所有这些都说明18世纪以来公司日趋衰落。足以综合反映这一趋势的是公司财政的日益枯竭，17世纪末开始出现的财政赤字，不仅一直无法改善，而且江河日下，情况愈益严重，到18世纪30年代，每年赤字平均高达200万盾。③

公司经济如此，华侨经济亦然。18世纪以来，丝、茶、糖这些与华侨经济关系重大的商品价格，都大幅度地全面下跌，1733年丝的价格只有1698年的1/5，④ 1733年糖的价格只有1689年的1/2，⑤ 1739年茶的价格只有1698年的1/9。⑥ 在这种普遍萧条的情况下，吧城华侨已是"生理微末，人无利路"。⑦ 荷印政府评政院在1740年5月的一次会议中指出："这些年来，连年饥荒，财产价值跌落一半，吧城不少华侨商人的经济状况已面临悲惨绝境，他们的商船长期停泊在港口，未曾卸货，实际上，这些商人已经破产了。"⑧ 吧城法院的一位官员对惨案前夕吧城华侨商人的处境作了更加具体的描述："因为种种原因，诸如公务员的横征暴敛，人丁的大批死亡，年岁不好以及商业的不景气等等，许多以前拥有资产的华侨，都变成了穷人，现在富人是非常的少，即使还有少数人想尽办法保留一点财产，从各方面来的残酷敲诈和勒索，也迫使他们变得一贫如洗。"⑨

华侨富裕商人处境尚且如此，华侨劳苦大众就更加可想而知了。他们身受双重压迫，一方面是荷兰殖民统治者的"重加剥削，横征无艺，

---

① Glamann：《荷兰与亚洲贸易》，第237—238页。
② Furnivall：《荷兰多元经济》，第49页。
③ 莱佛士：《爪哇史》，第Ⅰ卷，第24—27页；又Glamann：《荷兰与亚洲贸易》，第248—249页。
④ Glamann：《荷兰与亚洲贸易》，第284—286页，附录三。
⑤ 同上书，第160、164页。
⑥ 莱佛士：《爪哇史》，第284—286页，附录三。
⑦ 《开吧历代史记》，第41页。
⑧ Vermeulen：《红溪惨案本末》，第33页。
⑨ 同上书，第33—34页。

征之柴山，征之蔗蔀，征之酒库，征之亚廊，征之戏台、人身所需有照身票，有新客票，有裔票、火票、山票、海票、路票之费。甚至婚票死票亦借以为利，贫者不聊生，遂有无票被刑者"①。另一方面是华人封建把头的欺诈剥削，历任甲必丹都不放过任何一个微小机会来对侨胞进行搜括勒索，在惨案酝酿期间，甲必丹"连富光从一位时常同他吃喝的同侨的谈话中，知道这位同侨的邻居有一口肥猪，连富光即设法夺为己有，使贫侨一无所有"②。这位封建把头所搜刮到的钱财之多，可以从他以重金贿赂总督求委甲必丹一事得到说明："富光载银一车，进献于王，入字求为甲大，而王见银满车，贪其贿赂，即升连富光为甲必丹。"③

这就是惨案前夕吧城华侨的经济景况，当时有许多华侨因生计无着而纷纷离境。据官方记载，1738年离境华侨多于入境华侨，计1738年多51人，1739年多104人，1740年多187人。④ 此外，因逃避统治者的敲诈勒索而逃亡他迁者也为数不少，1738年"上人令大狗狗长生簦各处严查人大字，唐人闻风逃走，不计数"⑤。这些人有的逃往万丹，有的逃往内地。⑥ 但是留在当地的华侨仍然众多，只是"生理微末，岁凶米贵，人无利路"⑦。荷兰殖民统治者看到广大华侨已身贫如洗，无可剥削，就转而采取驱逐、流放、杀戮等手段。

1727年6月10日宣布：最近10—12年来吧城华侨，未请领准字者一律遣送出境。⑧

1729年总督 Diederik Durven 就任时重申此令，规定在六个月内补办请领手续，逾限未办，一律视为"非法偷渡入境"，依法逮捕惩办。⑨

1730年3月6日宣布：吧城城内城外旅馆、烟馆及小摊贩，未请领准字者，一律禁止营业。⑩

1736年6月12日宣布：未请领准字华人，经审查有用者，每人交纳

---

① 程日炌：《噶喇吧纪略》，《南洋学报》第9卷第1辑。
② Vermeulen：《红溪惨案本末》，第55—56页。
③ 《开吧历代史记》，第42页。
④ Vermeulen：《红溪惨案本末》，第35页。
⑤ 《开吧历代史记》，第42页。
⑥ Hoetink：《1740年华人甲必丹连富光》。
⑦ 《开吧历代史记》，第42页。
⑧ 《吧城布告集》，第Ⅳ卷，第197页；1727年6月10日。
⑨ Vermeulen：《红溪惨案本末》，第34—35页。
⑩ 《吧城布告集》，第Ⅳ卷，第252页；1730年3月6日。

准字费二元，无用者一律遣送回国。①

1738年4月12日重申此令，限期办理请领手续②，逾限"无大字，被捉无赦，问流西唧（锡兰）廿五年，耕园治蒜"③。

到1740年7月25日吧城政府进一步命令所属，将所有流浪街头的失业华侨，不论有无居留准字，一律逮捕；④而军警在执行时，则不问有无职业，凡"服乌衫裤者，俱皆擒拿"⑤。并且"乘夜押载海中沉之"⑥。于是人心惶惶无以终日，"如其坐以待毙，不如作难而反，庶机死中求生"⑦。吧城政府遂于1740年10月9日"下令和头目铣兵，于城内挨门逐户，拘执唐人，不论男女老幼，擒出便杀，悲号之声，耳不忍闻"；"凡狱中铐镰间口，美色甘厣之唐人，俱各遇害，尸横门户，血涨河流"⑧。"而漳泉湖广之人，父哭其子，兄哭其弟，妻哭其夫者，比户相闻；即至吧产之富，珍珠、钻石、玛瑙、珊瑚，不足以含被戮之口；哗叽、羽缎、哆罗、哗绢，不足以殓鲸鲵之躬；海参、燕窝、葡萄美酒，不足以供京观之奠；徒以身罹凶残之刀锯，或膏润于山，或尸浮于海焉！"⑨

这就是惨绝人寰的吧城红溪惨案，"惨案结束以后，全城华人房屋没有一间是完整的，只见断瓦颓垣，一切都被劫掠和焚毁，全城不见一个华人，所有的华人或被屠杀，或被烧死，或自缢，或溺毙"⑩。

1739年底户口调查时，城区华侨人口4389人，其中城东1624人，城西2196人，南门外569人；而1740年底进行户口调查时，过去曾经是华侨聚居的城东城西，现在已空无一人，南门外仅有华侨妇女6人和14岁以下的女孩1人。⑪ 1740年的吧城华侨人口就是这样地从高潮骤然转入低潮。

但是在惨案过后的第二年，吧城华侨人口就开始复苏，中国船只也

---

① 《吧城布告集》，第Ⅳ卷，第395页；1736年6月12日。
② Vermeulen：《红溪惨案本末》，第35页。
③ 《开吧历代史记》，第42页。
④ Vermeulen：《红溪惨案本末》，第38页。
⑤ 《开吧历代史记》，第42页。
⑥ 同上书，第43页。
⑦ 同上。
⑧ 同上书，第44页。
⑨ 程日炌：《噶喇吧纪略》，《南洋学报》第9卷第1辑。
⑩ Vermeulen：《红溪惨案本末》，第102页。
⑪ 同上。

陆续驶达，新的中国移民又不断入境，直至最后华侨人口已完全恢复旧观，并且超过惨案前的水平。华侨人口的恢复如此迅速，固然说明作为一个移民人口，它所拥有的强大后备力量远不是常住人口的繁衍孳息所可同日而语，但是更重要的是说明吧城华侨对当地社会经济所起的不容忽视的作用。总督燕·彼得逊·昆在一个世纪多以前所说的："巴达维亚这个年轻的共和国，不论吸收一些什么民族，必须华人占据多数，而后才能生存下去。"① 这次惨案事件所造成的经济瘫痪状态完全证验了这句话。

　　本来惨案前夕吧城华侨的纷纷外离，就已造成当地"劳动力不足，工商业停顿，商店关闭，包税人无税可收，市场无米可买"②。惨案过后，这种情况就因为华侨的大批死亡和突然离去而愈益严重：

　　（1）食物供应中断：过去吧城食物的供应，特别是大米的供应，大多依靠华侨，现在即使用每拉斯脱五十元（rds）的高价，也采办不到大米，因此吧城政府不得不对大米及肉类实行限额配给。③ 到惨案过后二年，这种情况还没有得到改善，1742年9月1日吧城政府在一张肉类配给的布告中就说："由于华人叛乱，食物供应奇缺，并且价格昂贵，过去市民可以在华人饮食店中廉价饱尝美味，现在同样的享受付价却须多出50%。"④

　　（2）食糖产量锐降：吧城糖厂一向是由华侨经营，惨案期内，大部分糖厂都被摧毁破坏，工人也逃亡一空，惨案过后虽然吧城当局积极设法恢复，但仍然无法满足出口需要，连续七年（1742—1748）公司无糖可供输出，直到十年以后，即1750年，吧城蔗糖生产才算勉强恢复到惨案前的水平。⑤

　　（3）公司货物滞销：公司货物有许多是靠华侨商店代为推销，现在这些货物全部搁置仓库无人问津，即使廉价出售，也找不到买主。⑥ 至于过去一向靠华侨来购买的公司旧船，现在更是无人光顾，任其腐烂，因

---

① 《燕·彼得逊·昆东印度商务文件集》，第Ⅱ卷，第702页。
② Hoetink：《1740年华人甲必丹连富光》。
③ Vermeulen：《红溪惨案本末》，第103页。
④ 《吧城布告集》，第Ⅳ卷，第847页；1742年9月4日。
⑤ Glamann：《荷兰与亚洲贸易》，第166页。
⑥ Vermeulen：《红溪惨案本末》，第107页。

此公司损失惨重。①

（4）政府收入锐减：过去政府的财政税收绝大部分是由华侨交纳和承包，现在则因税源枯竭和无人承包而严重下降，1741年政府税收只有1740年的40%，1742年税收只有1740年的50%。②

（5）对华贸易停顿：荷兰国会在辩论红溪惨案时，所重视的不是吧城华侨的被害，而是对华贸易是否会因此而受到影响，③国会一再命令公司要从速招徕中国船只和移民。④惨案过后除"乾隆六年正月，即和一七四一年，唐山不知吧国叛乱，发船来吧"外，⑤1742年全年不管荷兰人怎么派出船只前往海面劝诱，也没有一只华船来吧。⑥

正因为经济上遭受如此重大损失，因此惨案过后，吧城当局就积极采取各种措施招徕中国船只和移民：

（1）发给大赦状，保证华侨安全返回各职业岗位；⑦

（2）给予华侨商店以较高推销佣金，以便代售公司商品；⑧

（3）降低仓库租金，从150元降至100元；⑨

（4）降低华船进口税，厦门大船从过去的1500元降至550元，小船从1000元降至420元；⑩

（5）对华船驶吧"加意抚慰护送，嘱令再往"；⑪

（6）派遣专使前往中国解释，以免清政府实行报复，停止贸易。⑫

中国船只的复航，一来固然由于吧城政府的积极招徕，二来也由于清政府对于千万无辜生灵的惨遭杀戮没有作出任何反应，更没有采取任何报复。尽管当时福建总督策楞、提督王郡奏请"禁止南洋商贩，俾知畏惧"，广东道监察御史李清芬奏请"暂停噶喇吧贸易，俟其哀求，然后

---

① Vermeulen：《红溪惨案本末》，第108页。
② 同上书，第180—189页。
③ 同上书，第112页。
④ Hoetink：《1740年华人甲必丹连富光》，第461—462页注。
⑤ 《开吧历代史记》，第45页。
⑥ Vermeulen：《红溪惨案本末》，第115页。
⑦ 同上书，第118页。
⑧ 同上书，第117页。
⑨ 同上书，第114页。
⑩ 参阅本书附录九"公司时间中国船只进口定额税率表"。
⑪ 《清文献通考》卷297，四裔考五。
⑫ Vermeulen：《红溪惨案本末》，第115页。

再往。"① 但朝廷大臣则以"今闻噶喇吧已将夷目黜责,于我船返棹时,加意抚慰护送,嘱令再往,并无扰及商客之意,宜仍准其通商为便。"② 就这样,在惨案过后的第二年,中国船只和移民又开始源源而去,计1743 年到船 5 只,1744 年到船 14 只,1745 年到船 14 只,③ 每次到船不仅带来大批移民,而且远远超越政府限额,因此私自入境的现象又不断出现,特别是后期。根据吧城政府的记载:

1754 年到船 7 只,申报载人 1928 名,实际载人则多达 4608 名;④

1760 年到船 8 只,申报载人 1527 名,经点查后,其中一船载人 700 名,仅报 220 名,其余船只匿报情况不详;⑤

1761 年到船 8 只,申报载人 2412 名,其中一船华人官员报载 600—700 人,但点查后仅 423 人,其余则在抵埠前于海外小岛登岸偷渡入境。⑥

鉴于私自入境移民人数的增多,吧城政府又不得不重复惨案前的办法,通知补办入境准字,1762 年"大王告列位雷珍兰,令出示唐人,若无和大字者,可措置营买,倘被查无字,又是一番琐碎矣!"⑦

作为吧城华侨人口增长源泉的新移民,既是大批入境,吧城华侨人口也就迅速开始恢复。惨案过后的第二年,即 1743 年,华侨人口已恢复到惨案前水平的 1/3,特别是乡区人口,恢复更加迅速,已接近惨案前水平 1/2。为了加强控制管理,吧城政府在 1745 年除了恢复甲必丹制度外,又在华人之中实行从中国抄袭过去的保甲制度,规定每十户选一甲长,每十甲选一保长。⑧ 此后华侨人口继续增长,到 18 世纪 50 年代,吧城华侨已逾万,接近惨案前的水平;60 年代逾二万,超过惨案前的水平,1762 年吧城政府正式公告目前华侨已超过 1740 年的人数;⑨ 70 年代接近三万,两倍于惨案前的水平。

---

① 《清文献通考》卷 297,四裔考五。
② 同上。
③ Vermeulen:《红溪惨案本末》,第 115 页。
④ 《吧城布告集》,第 Ⅵ 卷,第 666 页;1754 年 5 月 13 日。
⑤ 同上书,第 409 页;1760 年 5 月 23 日。
⑥ 同上书,第 Ⅶ 卷,第 459 页;1761 年 2 月 24 日。
⑦ 《开吧历代史记》,第 51 页。
⑧ 《吧城布告集》,第 Ⅴ 卷,第 190 页;1745 年 2 月 9 日。
⑨ 同上书,第 Ⅶ 卷,第 552 页;1762 年 6 月 10 日。

表13—2　　　　　　1740年前后吧城华侨人数比较

年份	城区华侨	乡区华侨	合计
1739年底	4386	10574	14963
1743年底	567	4650	5217

资料来源：Hoetink：《1740年华人甲必丹连富光》第454页注。

惨案后吧城华侨人口的迅速恢复，可以由两件事来反映，一是有关华侨税收的迅速增长，二是有关华人事务机构组织的迅速扩大。

在吧城政府的财政收入中，有两项税收是专对华人征课的，一是人头税，二是赌博税。人头税已详前述，现在只简短介绍一下赌博税。赌博税也如同人头税一样是历史久远，于1620年，由甲必丹苏鸣岗征收，税率是赢款的20%。[1] 吧城政府规定只有中国人可以进入赌场聚赌，其他各族居民不仅不能进入赌场，甚至连在赌场门口经过也不得停步观望；[2] 如果中国人同荷兰人聚赌，除没收桌面赌金外，每人还须罚款6元，[3] 后增至25元。[4] 荷兰殖民统治者勾结华人甲必丹开设赌场，征收赌税，加在华侨身上的经济重负是比之人头税还来得沉重，而更为可怕的是对华侨精神面貌的腐蚀。王大海写道：

> 国（吧城）中设赌棚，甲必丹之主，岁纳荷兰税饷，征其什一之利，日日演戏……岁腊无停，所以云集诸赌博之徒。灯笼大书"国课"二字，其赌博之场，帷幄皆书"天下最乐，不如赌博"，或写"乐在其中"；有巡赌者数十人，来往稽察遗漏。虽父子兄弟，到其处不得相管束也；倘欲管束，则巡赌者闻之立拘其父兄见甲必丹，甲必丹责云："教训子弟，当在家中，此处国课所关，何得浮言惑众，以乱人心，使国课无征，罪何可恕。"即有立致囹圄之祸。[5]

从这里我们就可以看出荷兰殖民统治者之严禁本国人而鼓励中国人

---

[1] 《吧城布告集》，第Ⅰ卷，第78页；1620年11月11日。
[2] 同上书，第Ⅱ卷，第238页；1657年3月16—19日。
[3] 同上书，第Ⅰ卷，第93页；1622年2月4日。
[4] 同上书，第Ⅱ卷，第320页，1658年。
[5] 王大海：《海岛逸志》，见《小方壶斋舆地丛钞》第十帙。

聚赌，其用意所在同后期苏东烟草种植园、邦加勿里洞锡矿场之开设赌场烟馆，同出一辙，都在于要从经济上和精神上来束缚华侨，使之永无翻身之日，世代为其奴役。

人头税和博赌税收入的多寡，都直接或间接地比例于华侨人口的数目，这两种税收在惨案后骤然下降，但不久又迅速回升，特别是赌博税，1744年就已超越惨案前的水平：

表13—3　　　1740—1758年吧城华人人头税和赌博税一览

年份	华人人头税 （每月承包额：元）	华人赌博税 （每月承包额：元）
1740	不明	1300
1741	停	20
1742	停	520
1743	1500	965
1744	1615	2050
1755	不明	3000

资料来源：1740—1744年见Vermeulen《红溪惨案本末》第108—110页。1755年见《吧城布告集》，第Ⅶ卷，第155页，1755年12月15日。

同样，有关华人事务的机构组织，惨案过后也迅速开始恢复：1746年吧城政府委派的华职人员，计甲必丹一名，雷珍兰一名，武直迷二名，达氏一名；[1] 翌年（1747）雷珍兰增至二名；[2] 1750年甲必丹公堂以华侨人口日多，事务日繁，开始添设秘书一名，从荷文音译"朱葛礁"（Secretaris）；[3] 1751年雷珍兰由二名增至四名；[4] 1760年集资添置牛郎些里（Goenong Sari）义冢一所；[5] 1762年雷珍兰名额再增加二人，连前共六人。[6] 至此华人官员已全部恢复惨案前的规模，即一甲、六雷、二武，并且还添设秘书新职，这就无怪乎吧城当局在1762年宣称华侨人口已超过

---

[1]《开吧历代史记》，第47页。
[2] 同上。
[3] 同上书，第49页。
[4] 同上。
[5] 同上书，第51页。
[6] 同上。又《吧城布告集》，第Ⅶ卷，第552页，1762年6月10日。

惨案前的水平。① 此后规模还继续扩大，1764年达氏由一人增至二人，② 1766年公堂秘书由一人增至二人，③ 1775年为教育华侨子弟，在城内外分设"南江书院"和"明诚书院"，"各延师住内，教授贫穷生徒，岁设二丁祭祀，畅饮以文会友，二雷一朱监场，考订甲乙，赏以膏火"④。

所有这些都充分说明：惨案过后，吧城华侨人口是在迅速恢复，并从低潮走向高潮。这种恢复说明吧城华侨在当地经济发展中所处的地位绝不是他人短期内所可取代的。事实上，殖民统治者是一再试图利用荷兰本国移民来取代吧城华侨，只是每次尝试都宣告失败。红溪惨案后，他们又再一次尝试，但又再一次失败。吧城总督 Van Imhoff 利用惨案华侨被杀、被逐的机会，积极鼓励本国移民东来，中断了几乎半个世纪之久的荷兰移民事业，在1742—1752年期内作了第三次尝试。公司对待这次移民下了最大决心，作了种种措施，将文登、红溪河一带过去由华侨耕种的土地大量分给来自欧洲的移民，⑤ 除此之外还为欧洲移民提供资金、粮食、衣着等方便。1743年荷兰董事会和吧城政府联合制定移民条例，其中规定：

（1）每户移民可分得100 morgen 的土地（1morgen＝8516平方公尺）；

（2）每户移民在头五年内，每年可以得到资金补助100元；

（3）每户移民在头六个月内可以由公司以成本价格按公司职员标准供应食物、衣着及其他日用品。⑥

---

① 《吧城布告集》，第Ⅶ卷，第552页；1762年6月12日。
② 《开吧历代史记》，第52页。
③ 同上书，第53页。
④ 《开吧历代史记》，第55页。许云樵先生在校订《开吧历代史记》时，认为1775年所创办的"南江书院"和"明诚书院"是南洋华侨学校的鼻祖（《开吧历代史记》，第56页），但据同一文献记载，早在1690年吧城华侨就在所办的救济院"美色甘"（weeskamer）内设"义学"一所："唐人父母弃世，无人教导及贫主之儿，建一义学，请一位唐人先生以教之。"（同上，第34页）此后荷文文献亦不时提及华校，1729年公司拨屋一所供开办华校之用（de Haan：《老吧城》，第Ⅱ卷，第392页），1752—1753年公司为培养华文翻译人员，曾选派3名荷兰少年前往华校就读（《吧城布告集》，第Ⅶ卷，第427页；1760年9月23日）。这些似乎都证明1755年并非华校创办之始，南江书院和明诚书院亦非华校的鼻祖。
⑤ 沈铁崖：《兰领东印度史》，第100页，1924年商务版。
⑥ J. Hageman：《1742—1760东来的欧洲农业移民》（Over de Europeesche Boeren, 1742—1760），《荷印语言、地理和人种什志》第18卷，1868年，第60页。

公司给予移民的待遇尽管如此优厚,但实际成效则不足挂齿,1746 年东来的荷兰移民只有 19 户,此后移入情况虽然不详,但到 1751 年为止东来的荷兰移民总共只有 120 户。① 到 1752 年万丹人民起义,攻打荷兰移民区,荷兰的移民事业就此烟消云散,② 荷印政府也就从此放弃招徕本国移民的政策。③ 就是在这种失败的教训下,同一个 Van Imhoff 不得不转来为他的大量招徕中国移民政策作辩论,他说:

> 重新准允华侨进入这个死后复苏的殖民地是极其重要的,在那些阴暗的日子里,每个人都能够从痛苦的经验中体会出先贤们所一致察觉和流露的一句话:如果没有中国人,要使吧城获得辉煌的成就,提供丰富的物质,创造幸福的生活,几乎是不可能的。④

这个时期吧城政府对待中国移民的政策,除了招徕一面外,还有限制一面,当发现中国移民越来越多时,就逐步恢复惨案前的各种限制措施:

1743 年 5 月 1 日宣布:来吧华人非为等待季风者,不得逗留四周以上,违者拘捕鞭笞。⑤

1754 年 5 月 13 日宣布:为防止华人私自入境,特规定此后随船来吧华人,在吧城逗留期内,每人每月应交纳人头税 13.5 钫(Stuiver,荷兰辅币,1 元大约兑换 60 钫,具体兑换率随时间而不同)。船离时,应立即全部返航。⑥

1756 年 9 月 7 日宣布:到埠华人须有职业方准居留,且每人须交纳入境准字费 43.5 钫。⑦

1758 年 6 月 20 日宣布:(1)因华人入境将与吧城公民争夺就业机

---

① J. Hageman:《1742—1760 东来的欧洲农业移民》(Over de Europeesche Boeren,1742—1760),《荷印语言、地理和人种什志》第 18 卷,1868 年,第 62—63 页。
② 同上书,第 66 页。
③ Keller:《殖民》,第 435 页。
④ Vermenlen:《红溪惨案本末》,第 123 页。
⑤ 《吧城布告集》,第Ⅳ卷,第 595 页;1743 年 5 月 17 日。
⑥ 同上书,第 666 页,1754 年 5 月 13 日。
⑦ 同上书,第 190 页,1756 年 9 月 7 日。

会，因此重申 1690 年 5 月 29 日、1717 年 4 月 20 日、1743 年 5 月 4 日、1743 年 7 月 13 日先后颁布的限制华人入境禁令。(2) 在今后五年内禁止新移民入境，违者每人罚款 15 元，同时责成船主将该移民自费遣返。(3) 为照顾装卸船货及防御海盗起见，特准前订船只载人限额增加 30 人，即大船不得超过 130 人，小船不得超过 110 人，且须全部随船返航。(4) 为防止移民私自入境，爪哇及井里汶官员在华船到埠时，应巡视海岸，发现私自入境者，立即拘送吧城究办。①

1760 年 5 月 23 日宣布：华人船主曾依嫂（Tsin I Isau）载人 700 名，串通华人官员谎报 220 名，特科处该船主及官员罚金各 1000 元。兹重申前订船只载人限额，违者每人罚款 15 元，并勒令船主自费遣返。②

1761 年 2 月 24 日宣布：驶吧大小华船准在前订水手限额外，增载旅客 30 名，即大船可载人 160 名，小船 140 名，但到埠后均须随船返航，不得稽留，违者按前定办法惩罚。③

1761 年 3 月 31 日宣布：根据华人官员及船主请求，准将华船载人限额，大船自 160 名增至 250 名，小船自 140 名增至 200 名，其余规定同前，违者船货充公。④

从这里我们就可以看出，惨案前的许多限制禁令现在又全部宣告恢复，有所不同的是华船载人限额远比惨案前为宽。限额制度开始于 1706 年，当时规定大船 100 人，小船 80 人。⑤ 这项规定一直持续了整整半个世纪；到 1758 年才分别调整为 130 人及 110 人；三年后即 1761 年又进一步调整为 250 人及 200 人。载人限额的一再调整，未始不是从反面来反映吧城当局的招徕政策，即所谓"寓招徕于限额"。尽管早期限额只准载人水手，而不准载入移民，⑥ 但是移民和水手是很难加以区分的，"富者为船主商人，贫者为头舵水手"⑦，只要当地能找到较好的生活，即使是水手也可以变成长期定居的移民。当然更重要的是每次调整限额，都明确

---

① 《吧城布告集》，第Ⅶ卷，第 271 页；1758 年 6 月 20 日。
② 同上书，第 409 页；1760 年 5 月 23 日。
③ 同上书，第 459 页；1761 年 2 月 24 日。
④ 同上书，第 469 页；1761 年 3 月 31 日。
⑤ 同上书，第Ⅲ卷，第 566 页；1706 年 6 月 3 日。
⑥ 见 1706 年 6 月 3 日、1758 年 6 月 20 日及 1761 年 2 月 24 日的吧城布告规定，并参阅后文"公司时期华船载人限额变动表"。
⑦ 王之春：《国朝柔远记》卷 3，闽督请开海禁疏。

规定载入人口须全部随船返航，不得稽留滞返；但是在帆船时代，船只航行须等候汛风，华船驶吧"自十月至二月乘风往，自六月至八月乘风回"①，在吧城停靠的时间至少是半年，移民一经登岸就有足够时间在蔗部或其他地方营谋生计，而一旦找到工作之后，他们又立刻成为当地社会的有生劳动力，既有利于生产，又有利于税收，政府当局又何必强令其弃业返航，影响生产和税收！何况户政管理不周，官吏执法不严，纵欲强制返航亦不可得。这就是为什么禁令自禁令，移民自移民，其根本原因就在于中国移民的营生活动是有利于当地社会经济的发展。

这个时期的吧城华侨人口状况，同以往几个时期对比起来，除了人口众多这一特征之外，还有另一个特征，即城乡分布大大不同于过去。17世纪吧城华侨主要集中在城区，18世纪初，乡区人口开始积聚，至惨案前夕，乡区人口已超过城区，占总人口的2/3；惨案过后，虽然城乡人口重新积聚，但乡区偏重的趋势依然如故，而且进度加快，到18世纪40年代，乡区华侨人口比重已超过80%，70年代则超过90%。

表13—4　　　1739—1779年吧城城乡华侨人口比重②　　　　单位：%

年份	城区人口比重	乡区人口比重
1739	30	70
1742—1749	16	84
1750—1759	15	85
1760—1769	12	88
1770—1779	8	92

促使乡区华侨人口比重的迅速上升，原因繁多：一是惨案过后，吧城政府限制华侨居住城区；二是惨案过后，吧城蔗糖业迅速恢复和进一步扩大；三是18世纪以来吧城城区卫生环境严重恶化。

（1）限制华侨居住城区

惨案过后，吧城政府虽然大力招徕中国移民，但对居住地区则严加限制，先后颁布了许多禁令：

---

① 《清文献通考》卷297，四裔考五，噶喇吧。
② 根据本书附录五及附录六资料计算。

1740年11月1日宣布：禁止华人居住城内，白天进城贸易者，应在下午六时前出城，并且禁止将城内房屋和土地卖给华人，违者严惩不贷。①

1741年3月3日宣布：指定南门外"O"区为华人居住区，华人应集中在此区，不得迁居城内，已迁居者应立即迁出。②

1741年10月12日宣布：华人非持有总督或有关当局签发准字者，一律禁止进入城内，即使在欧人引导下亦不得进入城内。③

1742年8月1日宣布：为恢复各业生产所招徕的华人5934名的其中2/3应居住乡区。④

1742年12月14日宣布：华人白天可进入城内，但应在下午六时前出城，违者拘罚苦役25年，房主留宿华人同罪。⑤

1743年8月23日宣布：华人白天可以自由进入城内，但须在晚间城门关闭前出城。⑥

此后限制禁令虽逐步放宽，但许多华侨已在城外郊区安家落户，并且因居住乡区可免纳人头税而逐步向乡区积聚。

（2）蔗糖生产迅速恢复和扩大

惨案前夕，吧城共有糖厂82间，年产65600担；⑦惨案期间，糖厂几乎全部被毁，工人逃亡一空，公司无糖可供输出，严重影响出口贸易。因此惨案过后吧城政府首先着手恢复的生产事业就是糖业，1742年政府批准的重招华工，其中也以制糖工人居多。由于事关公司的切身利益，吧城糖业的恢复颇为迅速，到1745年已恢复过半，开工糖厂计65间。⑧到50年代已恢复到惨案前的水平，⑨到70年代则大大超越惨案前的水平，年产高达100000担。⑩蔗糖生产既是迅速上升，所需要的种蔗和制糖劳动力也就迅速增加。在过去几个时期里，糖厂生产早因薪柴缺乏，

---

① 《吧城布告集》，第Ⅳ卷，第513页；1740年11月11日。
② 同上书，第522页；1741年3月3日。
③ 同上书，第534页；1741年10月12日。
④ Vermeulen：《红溪惨案本末》，第120页。
⑤ 同上书，第586页；1742年12月14日。
⑥ 同上书，第121页。
⑦ Veth：《荷印地理及统计辞典》，第Ⅲ卷，第463页。
⑧ Veth：《爪哇》，第Ⅱ卷，第245页。
⑨ Glamann：《荷兰与亚洲贸易》，第166页。
⑩ Furnivall：《荷印多元经济》，第41页。

不得不"移莳以就林,由近而图远"①;现在产量剧增,薪柴供应更形紧张,糖厂更加需要由近而图远,向乡区转移,华侨人口也就随之向乡区转移。此外,许多环绕蔗糖业的辅助行业,也随着蔗糖业的兴隆而兴隆,随着糖厂的转移而转移,它们所吸收的华侨人口,为数当在不少。

(3)城区卫生环境严重恶化

自从1699年Salak火山爆发,溶浆淤塞吉里翁(Tjiliwoeng)河以后,城区污水充斥,疫病流行,卫生环境严重恶化。据莱佛士所引用的材料,1753年10月有一份调查报告,指出1732—1738年吧城人口死亡之众达到前所未有的高度,究其原因则为:

> 吧城位于一个东、西两面突出有如犬齿状的大海湾里,前面为许多小岛所阻挡,城市的正前方在海潮退落后,就是一片污泥。整个城市为沼泽所包围,吉里翁河口则为矮丛林和特别适于沼泽地带生长的植物所覆盖,这些低洼地带的草木造成了极端有害的污秽和不洁。吉里翁河口的一大片空间完全是沼泽地带,充满了灌木,发出一股令人窒息的臭味。城市到处散布着原住民的坟墓,很远就可以闻到从坟墓里散发出的气味。人们深信1699年的大地震,从地下喷发出来的熔浆淤塞河口是造成吧城更加不卫生的主要原因。此外,邻近石灰窑排出难闻气体;密密丛林阻碍新鲜空气流通;泥沙淤塞阻碍河水出海;居民被迫饮用不洁河水;房屋居住拥挤不堪;市内运河垃圾堆积如山。所有这一切都在不同程度上产生极其有害的影响。②

由于卫生环境的严重恶化,吧城城内就可怕得"像一个战场或是被围困的城市一样","前往定居的欧洲人,不论哪一个阶层,几乎有一半人自认是没有命活过年的"③。但是在离城三英里不到的郊区(如welte vreden),除了饮水之外,就很少受到那种弥漫市区的瘴气的侵袭,也很

---

① 《开吧历代史记》,第26页。
② 莱佛士:《爪哇史》,第Ⅱ卷,附录A,Ⅸ。
③ Charles Robeguain:《马来亚、印尼、婆罗洲和菲律宾》(Malaya Indonesia、Borneo and the Philippines),第180页及注。

少发生地方性的流行热病,① 因此"人们只是在白天才进城经营商业,入夜就出城躲避令人窒息的瘴气,除非是老居民习惯了这种瘴气,否则在城内住宿,哪怕是一晚,也罕有能够逃过瘴气的袭击的"②。

到了 18 世纪后半期,城内已越来越不适于居住,人口也越来越稀少,1757 年城内房屋因无人居住,大多破烂不堪;③ 1775 年城外人口日增,人们抱怨马车供应不足;④ 1780 年人们之惧怕居住城内竟连进入城内的道路也视为畏途⑤。

就由于上述种种原因,乡区华侨人口日益上升。

这个时期吧城华侨人口的变化还有着另一个值得注意的特点,即所谓"侨生"人口或"归化"人口的迅速增加。公司时期所谓的"侨生"(Paranakans)并不完全是后期所谓的当地出生的华裔,而是指剃发信奉伊斯兰教取得原住民身份并归原住民头人管理的中国人,⑥ 在清兵入关以前,这批中国人一般称为"伊斯兰教华人"(Mohammedaansche Chinees)或"剃发华人"(Geschoren Chinees),清兵入关以后,就改称为"侨生"(Paranakans)。⑦

华侨信奉伊斯兰教,不始自东印度公司,早在 1416 年马欢写《瀛涯胜览》时就说:唐人"多有从回回教门受戒持斋者"⑧,但是在荷兰人入侵之后,特别是 1740 年红溪惨案之后,华侨信奉伊斯兰教者就迅速增加,这主要是为了逃避人头税,⑨ 按照吧城政府的规定,14 岁以上有劳动力的华侨男丁须按月交纳人头税,但一旦信奉伊斯兰教之后,就可以豁免。⑩ 其次是为了人身安全,信奉伊斯兰教可以受到原住民头人的保护,1740 年大屠杀期中,华人伊斯兰教徒有原住民头人保护者,都得以幸免。⑪ 惨

---

① Charles Robeguain:《马来亚、印尼、婆罗洲和菲律宾》(*Malaya Indonesia、Borneo and the Philippines*),第Ⅱ卷,附录 A,Ⅻ。
② 同上书,第Ⅱ卷,附录 A,Ⅹ。
③ de Haan:《老吧城》,第Ⅱ卷,第 352 页。
④ 同上。
⑤ 同上。
⑥ 同上书,第Ⅰ卷,第 509 页。
⑦ 同上书,第 509—510 页。
⑧ 马欢:《瀛涯胜览》,爪哇国。
⑨ de Haan:《老吧城》,第Ⅰ卷,第 510 页。
⑩ 《吧城布告集》,第Ⅶ卷,第 359 页;1759 年 12 月 11 日。
⑪ 同上书,第Ⅳ卷,第 580 页;1742 年 10 月 22 日。

案结束之后，华侨不得居住城内，但华人伊斯兰教徒则不在禁例。① 因此惨案后华侨信奉伊斯兰教者就日益增加，增加程度竟达到了吧城政府需要加以限制，并且剥夺他们所享有的自由进入城内的权利：

1741年10月12日宣布：华人非持有总督或有关当局核发的准字者，一律不得进入城内，剃发土生华人或华人伊斯兰教徒亦不得例外。②

1742年10月20日宣布：在叛乱期内受原住民头人保护的华人，须经外科医生检查是否施行割礼，不受检查者，一律拘捕。③

1745年12月21日宣布：严禁华人伊斯兰教徒与普通华人混居，后者必须在华人官员管理之下，以免逃避人头税。④

1759年12月11日宣布：华人伊斯兰教徒应向其居住地街长及原住民官员索取证明文件，并应随身携带以备检查，如检查时无此证件，则视同一般华人，照章征课人头税。⑤

1763年12月16日修订人头税出包条例时，又重申上述规定。⑥

尽管有着上述种种限制，但是出于经济负担的考虑，华侨信奉伊斯兰教者仍然有增无减，到1766年，其人数之多已迫使吧城政府必须在他们之间委派一位伊斯兰教华人甲必丹，专门负责管理这批"侨生"人口。⑦ 王大海与《海岛逸志》时也提及此事：

华人有数世不回中华者，遂隔绝声教，语番语，食番食、读番书，不屑为爪哇（Java），而自号曰息览（Islam），奉回教，不食猪犬，其制度与爪哇无异，日久类繁，而和兰授与甲必丹，使分管其属焉！⑧

1766年华侨伊斯兰教徒虽然有了自己的甲必丹，但居住分散，各项宗教仪式还不能不到邻近爪哇居民的寺院中去举行，这件事经常受到爪

---

① de Haan：《老吧城》，第Ⅰ卷，第510页。
② 《吧城布告集》，第Ⅳ卷，第534页，1741年10月12日。
③ 同上书，第580页，1742年10月22日。
④ 《吧城布告集》，第Ⅴ卷，第315页，1745年12月21日。
⑤ 同上书，第Ⅷ卷，第356页，1759年12月11日。
⑥ 同上书，第709页，1763年12月16日。
⑦ de Haan：《老吧城》，第Ⅰ卷，第510页。
⑧ 见《小方壶斋舆地丛钞》第十帙。

哇居民的嘲笑。① 到 1786 年，他们的人数有了进一步的发展，以致可以在侨生甲必丹 Tamien Dosol Seeng 的宅地上建筑一所自己专用的伊斯兰教寺院。② 这件事充分说明，在经济压力这根无情的鞭子下，华侨人口是如何地日益归化于原住民人口，遗憾的是，我们在文献上找不到适当的统计数字来说明这个归化过程。

在考察东印度公司统治时期吧城华侨人口的变迁时，我们必须注意这部分侨生是没有统计在吧城华侨之内的，因为吧城华侨一旦信奉伊斯兰教后，就归化为原住民人口，就不再受华侨甲必丹的管辖，也不再向甲必丹交纳人头税，从而其人数也就不再统计在吧城官方公告的华侨人口项下。

---

① de Haan：《老吧城》，第 I 卷，第 510 页。
② 同上书，第 511 页。

第十四章　1780—1800年吧城华侨人口的升降变迁

　　吧城华侨人口的衰降期。——吧城经济全面萧条，华侨纷纷外迁。——吧城疫病流行，华侨死亡日众。——华船驶吧减少，移民入境锐降。——公司大力恢复对华直接通航贸易，全面包揽中印之间的商品货运，华船无货可贩。——华船商品结构发生根本变化，为力求贸易有利，日益转向贩运"苦力"，苦力既是高死亡率威胁下的吧城所欢迎，又是当时公司船只所无法经营；贩入吧城可免纳栈租、秤税、交易税等等，海上航行又可避免海盗袭击。——船身结构加大，运载能力增强。——吧城当局同时发动"人头税"和"载人限额"两条杠杆来招徕中国移民，但因华船驶吧过少，收效不著。

这个时期比较短暂，从1780年第四次英荷战争起到1800年1月1日东印度公司正式宣告结束为止，前后共二十年，这是吧城华侨人口的下降期，而且下降幅度相当惊人，从初期的28000余人降至期末的14000余人，将近下降了50%。

造成本期华侨人口下降的原因，一如甲必丹黄绵光所声称的："一是吧城经济萧条，华侨纷纷迁离；二是吧城疫病流行，死亡人口日众；三是华船驶吧减少，移民入境日降。"[1] 现在我们就分别来考察一下这三种原因。

---

[1] 《吧城布告集》，第XI卷，第615页；1793年12月12日。

一 吧城经济萧条，华侨纷纷迁离

如果说荷兰人的海上传统优势，进入 18 世纪就开始动摇，那么 1780 年的第四次英荷战争就是对这种传统优势给予致命的一击，从此公司就一蹶不振，奄奄一息，直到最后土崩瓦解，寿终正寝。在英荷战争期间，往日荷兰旗帜迎风招展的东印度海面尽为英国舰只所封锁，荷兰各地商馆除锡兰一地借助法国舰只保护外，亦尽数落入英国人之手，公司航行吧城和荷兰之间的船只也尽为英国舰队所俘虏。各地商馆货物堆积如山，或是腐败霉烂，或是削价贱卖给中立国船只，公司贸易损失惨重，销售额从 1770—1780 年的每年平均 20000000 盾，① 降至 1782 年的 5900000 盾，② 即下降了 2/3，因此吧城百业萧条，公私交困。这就是《开吧历代史记》里所说的：

> 本年（1781）红毛占据梦绞剌（Bengal）、高实踏（Calcutta）、把东（Padang）截住祖家船，公班牙难以过往，吧中生理大败，糖酒不销，诸铺大困焉！③

英荷战争创伤尚未痊愈，1795 年荷兰国内革命又起，国王威廉五世出走英国，巴达维亚共和国宣告成立，英国与荷兰之间又再度处于战争状态。荷兰本土为法国所统治，而海外殖民地及商业利益则尽为英国所掠夺，④ 1795 年英舰占领好望角、马六甲、锡兰、苏门答腊西岸及印度各地商馆，1796 年又占领安汶、哥伦坡、古城、班达等地。⑤ 至此公司手足尽失，动弹不得，往日以"征服海洋"为己任，现在则龟缩在爪哇一隅，公司船只不是被击沉，就是被出卖，余则破烂不堪，搁置港口，偶有可

---

① 莱佛士：《爪哇史》，第 I 卷，序论，第 24—25 页。
② Furnivall：《荷印多元经济》，第 50 页。
③ 《开吧历代史记》，第 57 页。
④ Furnivall：《荷印多元经济》，第 55 页。
⑤ J. J. Meinsma：《荷属东印度历史》（Geschiedenis van de Nederlandsche Oost—Indische Bezittingen），第 232—233 页。

用者亦为避免危险，自动停航。① 爪哇与荷兰交通全部中断，同时公司也无货可运销欧洲。② 英雄末路，山穷水尽，这就是东印度公司晚年的写照。在这短短二十年中，公司亏损巨达 5000 万盾，连同前欠共达 13470 万盾，具体收支盈亏如下：③

表 14—1　　　　　　东印度公司历年收支盈亏

起讫	收支盈亏（千盾）	收支盈亏累计（千盾）
1614—1653	640	25530
1654—1663	-50	25050
1664—1673	1980	44800
1674—1683	220	46970
1684—1693	140	48320
1694—1696	-2700	40210
1697	-1510	38700
1698—1703	-1170	31670
1704—1713	-490	16810
1714—1723	-1200	4840
1724	-3800	1040
1725—1730	-1460	-7740
1731—1779	-1980	-84990
1780—1791	-920	-96000
1792—1795	-7250	-125000
1796—1800	-1940	-134700

---

① 《吧城布告集》，第Ⅻ卷，第 72 页，1795 年 8 月 10 日。
② Keller：《殖民》，第 440 页。
③ 根据莱佛士《爪哇史》，第Ⅰ卷，序论，第 24—27 页，及 Glamann《荷兰与亚洲贸易》，第 248—249 页材料编制。

第十四章　1780—1800 年吧城华侨人口的升降变迁

吧城当局解决财政困难的办法，除了滥发纸币、① 出卖土地、② 出卖租税权益、③ 出卖各项不动产④外，就是大力向广大居民，特别是中国唐民进行敲诈勒索横征暴敛：

1784 年将华侨救济院基金掠夺一空，"原美色甘钱项，本为发给唐孤独疾病之人用费，是年尽被上人夺与众财付为日食之资，足见上人之不公也"⑤。

1791 年实行强迫捐献，凡财产（包括动产、不动产、奴隶、家畜、股票、现金、证券）价值满 500 元（rds）者，须自动捐献 2%，拒不捐献者，不得离境。⑥"吧城唐番，家资若有一千文者，上人欲勒抽八仙，⑦廿文入公班牙，委唐人甲大掌理其事，多以至寡，照这样折算抽分，名曰助饷公班牙。"⑧

1793 年公司总督勒令华人甲必丹按月孝敬"茶钱"400 元，逢年过节还要外加 1000 元。⑨

这个时期吧城华侨所遭受的除了财产损失，还有人身损失，被迫入伍服役，为公司卖命。本来早自 1620 年以来，吧城华侨即通过交纳人头税的方式，用现金来赎免一切兵役和劳役，⑩ 迟到 1739 年吧城政府在调整人头税出包条例时，还重申此旨，其中第十五条明白规定："中国居民完纳人头税后即可豁免其他各族居民所应服的一切兵役和劳役。"⑪ 但是现在公司竟食言不顾，强令华侨服役卖命：

1780 年"起唐众操练，镇守各鉴光（kampong）各喏牙（djaga）"⑫。

---

① 《开吧历代史记》，1784 年版，第 57 页，"公班牙欠缺现银，乃设纸字钱，有上人手号，五文起至百、至千、至万"。
② 萨奴西巴尼：《印度尼西亚史》，第 207 页。
③ Furnivall：《荷印多元经济》，第 46 页，1796 年公司将 8535 个乡村租税权益出卖，其中 1134 个出卖给中国人，平均卖价每个乡村 13 元（rds）。又参阅 Purcell《东南亚的中国人》，第 473 页。
④ 《开吧历代史记》，第 60 页："公班牙锯枋一处，是年（1792）亦变卖。"
⑤ 同上书，第 58 页。
⑥ 《吧城布告集》，第 XI 卷，第 319 页；1791 年 9 月 15 日。
⑦ 恐为二仙之误。
⑧ 《开吧历代史记》，第 60 页。
⑨ de Haan：《老吧城》，第 I 卷，第 497 页。
⑩ 《燕·彼得逊·昆东印度商务文件集》，第 I 卷，第 648 页。
⑪ 《吧城布告集》，第 IV 卷，第 458—459 页，1739 年。
⑫ 《开吧历代史记》，第 57 页。

1781年因海员缺乏急需华人补充，特增加华船载人限额100名，规定其中半数应年富力壮，年龄在15—20岁，受雇为公司海员，余50人受雇为船坞工人。①

1782年战事紧张，欧籍水手更形缺乏，公司再度提高华船载人限额，规定除到船本身所需人手外，余应全部受雇于公司船只，从事航海工作。②

1793年"公班牙有甲板船二只，要往西郎（Ceylon），驾至勃系门，被佛兰西船劫去一只，公班牙即整战船五只，每只用唐人四十名，同和兰前往"③。

吧城华侨一方面既要输财卖命，另一方面又"生理大败，糖酒无销，诸蔀大困"。我们不止一次地提到，蔗蔀是吧城华侨的主要谋生栖身之所，现在则因战事频繁，外销无着，年产锐降，从而严重威胁华侨的生计。根据官方的文献记载，在1780—1793年这十四年中，公司在吧城及爪哇其他各地总共购糖642234担，每年平均只购糖45874担，而且在这十四年中，华侨蔗蔀还有二年因公司拒付资金而完全停产；在1794—1807年这十四年中，公司购糖总量是917598担，每年平均也只购糖65542担。④ 而当时仅吧城一地，糖厂的设备能力就巨达年产100000担，⑤ 两者相比就可以看出当时一定有许多糖厂减产停闭，工人流离失所，无以为生。

就是在这种情况下，吧城华侨纷纷外迁，前往万丹、井里汶及中爪哇东爪哇各地，1793年9月24日公司财政长官Isaac Titsingh在审核华侨包税人请求核减包银时，曾签注意见说："殖民地商业萧条，华人及原住民几乎无法糊口，彼等多奔走其他地区，人头税承包人损失惨重，应准予所请，减低包银。"⑥ 从后期吧城当局所采取的限制措施，我们也可以看出这个时期吧城华侨外迁之多。1806年9月1日荷印政府与井里汶苏丹签订协议，禁止华侨迁入井里汶居住；⑦ 1808年7

---

① 《吧城布告集》，第X卷，第491页；1781年1月5日。
② 同上书，第609页；1782年7月12日。
③ 《开吧历代史记》，第61页。
④ 莱佛士：《爪哇史》，第I卷，第236—237页脚注。
⑤ Furnivall：《荷印多元经济》，第41页。
⑥ 《吧城布告集》，第XI卷，第615页；1793年12月12日。
⑦ Stapel：《荷属东印度史》（*Geschiedenis van Nederlandsch Indie*），第V卷，第25页。

月29日至8月20日荷印政府在三宝垄召开爪哇东北海岸府尹会议，决定禁止华侨在该地区承包租税及购买青苗等活动；① 1810年荷印政府任命市场税承包人为茂物地区华侨甲必丹，负责管理Tjitarum河以西的中国居民，翌年又任命一位雷珍兰负责管理Tjitarum河以东的中国居民。② 换句话说，到1810年，远离吧城一百多里的茂物已成为华侨的一个新居住区。所有这些都说明公司末期吧城华侨纷纷向邻近地区迁移。

二　吧城疫病流行，死亡人口日众

我们在上面曾经提到18世纪以来吧城卫生环境严重恶化，这种情况一直继续到19世纪初总督Daendels（1808—1811）拆除城墙疏通运河之后才算有所改变。1793年英国派往北京进行商务谈判的使节Macartney伯爵在途经吧城③时还说："吧城仍然保持它那种不卫生的特色。"④ 他的一位随员Anderson曾别出心裁地对这种一个世纪来一直得不到改善的不卫生状况提出一种解释，认为这是荷兰人的商业政策和防御政策的一部分，以便保护这个殖民地免为他人染指。他写道：

> 吧城城区和郊区肯定是世界上最不卫生的地方之一，也可以很公道地称之为欧洲人的坟墓，但是这种不健康和传染病的根源只要注意清洁就可以大大消除，这里的政府和警察好像丝毫也没有考虑到这一点。只要一班清道夫就能够为吧城居民的舒适和健康造福不浅，但这里没有这种机构。
>
> 这里阳光非常强烈，常使运河干涸无水，有时河水成为臭水，但这绝不是疫病流行的致命根源，而最可怕的根源一方面在于下层市民普遍的肮脏污浊，另一方面在于上层人士对那些腐烂的堆积不

---

① J. Hageman：《荷兰统治史》（Geschiedenis van het Hollandsche Gouvernement），《荷印语言、地理和人种什志》1856年第5卷，第179—184页。
② de Haan：《Priangan》，第Ⅳ卷，第877页。
③ 《开吧历代史记》，第60页；马士《中华帝国对外关系史》第Ⅰ卷，第59页。
④ Alastair Lamb：《1793年3月Macartney勋爵在吧城》（Lord Macartney in Batavia, March 1793），《南洋学报》第14卷第1、2辑合刊，第63页。

加理会。人们难以理解，为什么在荷兰本国普遍存在的爱好清洁的风尚，过了一段海程到达亚洲殖民地上就完全消失。不是的，政治家们曾经考虑过这个问题，有些人认为荷兰人之所以不进行改善这里的环境卫生是与他们的商业政策有关的。目的是要沮丧外国人的意志，使他们不敢同荷兰人一起在这个东方帝国里的任何行业中分享巨大而又危险的利益，或者为了当同外国发生战争时，可以阻止敌人进犯，因为这里的恶浊空气比战时所使用的武器更为恶毒。①

"吧城的不卫生对欧洲人来说是十分可怕的，军队开来吧城，有时一年内就死亡过半。"② 看来，"死亡过半"这一说法并非过甚之辞，根据荷印政府的不完全统计，1730—1752 年吧城各地坟场所埋葬的死亡人数共 1100000 人，③ 平均每年死亡 50000 余人，而当时全吧城人口城乡合计还不到 100000 人，④ 因此吧城人口死亡率是高达 40%—60%。⑤ 当然各族居民的具体死亡率又彼此相去悬殊，欧洲人生活条件最好，死亡率也最低，平均只有 18%；⑥ 中国人的死亡率虽无具体数字，但据文献记载应为各族居民之最，英国医生 Robertson 在吧城卫生环境调查报告中说：

> 吧城的中国居民，虽然人数众多，但死亡人数同其他各族居民对比起来，则来得更多，因为他们的居住条件非常恶劣，许多人住在一起，拥挤不堪，房屋一间连接一间，加之饮食条件又粗陋不堪。有人告诉我，中国居民死亡人数之多是多到难以置信的地步，特别是在干旱季节，这一点我们只要从华人坟地的辽阔和众多，就可以深信其言之不谬。⑦

de Haan 在《老吧城》一书中也说：

---

① Anderson：《英使访华录》(*A Narrative of the British Embassy to China*)。
② Alastair Lamb：《1793 年 3 月 Macartney 勋爵在吧城》，《南洋学报》第 14 卷第 1、2 辑合刊，第 65 页。
③ 莱佛士：《爪哇史》，第 II 卷，附录 A，第 VI—VIII 页。
④ 同上书，第 IV—V 页。
⑤ 《大英百科全书》，第 3 卷，第 199 页。
⑥ 同上书，第 199 页。
⑦ 莱佛士：《爪哇史》，第 II 卷，附录 A，第 X 页。

吧城华人死亡率之高竟达到这样的程度，1808年中国到船只有两只，吧城各行业就大感劳动力的不足。①

吧城政府放宽华船载人限额就是根据这一理由，1792年6月22日宣布："据华人甲必丹呈称华人死亡日众，劳力缺乏，特准厦门船只此后载人限额增加100人。"② 程日炌劝其在吧友人归国，也是根据这一理由："吧陵疫气无时休，青雀黄龙半沉没，天其殆厌唐人之在吧，吾子其速返也。"③

看来，吧城华侨人口的死亡率，即使从低估计，也不致低于欧洲人的死亡率18%，在这么惊人的死亡威胁面前，如果单纯依靠人口的自然增殖，吧城华侨恐怕早已荡然无存，纵使有着源源不绝的新移民的补充，只要移入幅度不能持续增长，华侨人口的下降也仍然是无可避免的。而这个时期中国移民的入境恰好又在减少，这就无怪乎吧城华侨人口急速下降了。

三　华船驶吧减少，移民入境日降

1792年甲必丹黄绵光向吧城政府报告："这些年来厦门来船日少，带入移民亦少，广州到船的情况也是如此。"④ 虽然船只的下降必然会导致移民的下降，但是这个时期华船驶吧的减少由于产生原因与过去截然不同，对于移民入境的影响也就不像过去几个时期那么直接、单纯，而是有着方向相反的两个方面：一方面固然是移民的减少，但另一方面又在不同程度上出现促成移民增加的新因素。因为这个时期船身结构加大，运载能力增强；贩运商品项目亦有改变，"苦力"这种特殊商品日益取代过去传统的丝茶和瓷器；同时吧城政府对华船的载人限额也一再放宽，直至最后完全取消。这些变化无一不促成单位船只运载移民数量的增加，

---

① de Haan：《老吧城》，第Ⅰ卷，第492页。
② 《吧城布告集》，第Ⅺ卷，第442页，1792年6月22日。
③ 程日炌：《噶喇吧纪略》，《南洋学报》第9卷第1辑。
④ 《吧城布告集》，第Ⅺ卷，第442页，1792年6月22日。

从而在一定程度上对到船数量的下降所造成的移民减少现象起着抑制和中和作用。不过，在总的方面，由于来船下降幅度过大，最后还是出现移入人口的下降。下面我们就分别来讨论这些情况，特别是其中作为移民减少的直接原因的到船下降，这将有助于我们了解几个世纪来一直活跃在中印海面上的中国帆船，是怎样由繁茂而衰落，直到最终完全退出贸易舞台。

华船驶吧的下降，严格说来，不始自这个时期，在18世纪50年代就已经开始，只是进入80年代，下降速度惊人：在二三十年代，中国船只航驶吧城，每年多达二十余只，50年代降至十只，70年代降至四只（参阅本书附录六"东印度公司时期华船驶吧统计"），80年代以后就只有一只二只。[①] 进入19世纪，虽然在莱佛士统治时期由于废除垄断贸易，取消华人居住限制，[②] 华船驶吧又一度回升，每年平均到船八只至十只，[③] 但是这个时期只是昙花一现，瞬息即逝，到1815年荷兰人恢复统治时，华船驶吧又告衰落，至19世纪中叶，中国帆船在中印之间的航运贸易上，已经是奄奄一息，无足挂齿也。中国商品的输入爪哇和爪哇商品的输往中国，95%以上的都是由外国船只所经营了。

表14—2　　1856—1858年爪哇和中国之间双向货值比重　　单位：%

年份	各国船只自中国输入爪哇的货值比重		各国船只自爪哇输往中国的货值比重	
	中国船只	外国船只	中国船只	外国船只
1856	0.98	99.02	1.77	98.23
1857	1.60	98.40	0.86	99.14
1858	4.06	95.94	0.35	99.65

资料来源：根据Veth：《荷印地理及统计辞典》，第Ⅰ卷，第634—635页材料编制。

中国船只驶吧的减少是由许多原因所造成，有近因也有远因，这里我们只想集中考察导致这一结果的直接原因——18世纪后半期中印航海贸易上所出现的巨大转变。

---

① 《吧城布告集》，第XIV卷，第624页，1807年3月4—15日。
② Veth：《爪哇》，第Ⅱ卷，第346页。
③ 莱佛士：《爪哇史》，第Ⅰ卷，第228页。

我们前面说过，18 世纪以来中国运销欧洲的商品茶叶最为大宗，1732—1734 年荷兰船只前来中国贩运商品，货值的 75% 是茶叶，[①] 1760—1799 年英国船只前来中国贩运商品，货值的 80% 是茶叶，[②] 这都说明茶叶在中国对外贸易上所占据的重要地位。18 世纪上半期东印度公司所贩运的茶叶，一向是由中国船只载运吧城，经公司收购转运欧洲。中国船只卖出茶叶后，又就地采办胡椒、檀香、燕窝、海参、珊瑚、肉桂、琥珀等印度尼西亚产品带回中国。[③] 这种贸易即使在公司直接对华通商期内，也没有什么重大的改变，因为当时公司驶华船只每年只有一只到二只，船只载重大的也只有 100 拉斯脱（1 last 合 32 担）。[④] 而同期中国驶吧船只每年平均多达十只以上（参阅本书附录八"公司时期华船驶吧统计"），船只载重巨大者达 300 拉斯脱。[⑤] 但是到了 18 世纪后半期，情况就开始转变了，公司驶华船只不仅数目增加，看来吨位也在增加，特别是 1762 年公司在广州开设商馆派驻专人自理买卖之后，[⑥] 情况更是如此。详见下表所示：

表 14—3　　　　　　　1728—1834 年公司驶华船只统计

年份	船只	平均每船载重 （拉斯脱 Last）	运出茶叶总量 （担 Pikol）
1728	1	100	不明
1729	1	100	不明
1730	2	100	不明
1732	2	100	不明
1733	2	100	不明
1734	1	100	不明
1735 及其后	2	不明	不明

---

① Glamann：《荷兰与亚洲贸易》，第 45—47 页。
② 严中平：《中国近代经济统计资料选辑》，第 14 页。
③ Glamann：《荷兰与亚洲贸易》，第 215—217 页。
④ 同上书，第 45—47 页。
⑤ 《吧城日志》，1624—1629 年，第 130 页；1625 年 2 月 24 日。
⑥ W. Cahn 主编：《荷兰百科全书》（Eerste Nederlandse Systematisch Ingerichte Encyclopaedie），第 10 卷，第 697 页。

续表

年份	船只	平均每船载重（拉斯脱 Last）	运出茶叶总量（担 Pikol）
1751	4	不明	不明
1776	5	220—300	36200
1777	4	220—300	35700
1778	4	220—300	34500
1779	4	220—300	33500
1780	4	220—300	34500
1781	4	220—300	36400
1785	4	220—300	36500
1786	4	220—300	32700
1787	5	220—300	43700
1788	5	220—300	42600
1789	4	220—300	30700
1790	5	220—300	37500
1791	3	220—300	9800
1792	2	220—300	15080
1793	3	220—300	21600
1794	2	220—300	17800
1795	4	220—300	30100

资料来源：1728—1735 年数字见 Glamann《荷兰与亚洲贸易》，第 45—47 页。

1751 年数字见马士《中华帝国对外关系史》，第Ⅰ卷，第 92—93 页。

1776—1795 年数字见 George Staunton《英使谒见乾隆纪实》（An Authentic Account of an Embassy from the King of Great Britain to the Emperor of China）附录Ⅶ。茶叶重量原为"磅"，为便于对比起见，一律按"1 担 = 136 磅"折算为担。平均每船载重按茶叶重量粗略推估。

中国船只贩运吧城的茶叶，在 18 世纪 30 年代茶叶贸易热的高潮时期，每年平均是 30000 担，[1] 18 世纪后半期公司驶华船只从 1 只增至 4 只，吨位从 100 拉斯脱（合 3200 担）增至 220—300 拉斯脱时，公司每年就可以直接从中国贩运茶叶 30000 担以上，因此留给中国船只贩运吧城的

---

[1] Glamann：《荷兰与亚洲贸易》，第 240 页。

茶叶就几乎等于零了。当然，中国船只还可以凭借它的运费低廉来竞争，但是1746年以后，公司船只也开始以降低运费来揽运公司职员的私人茶叶，1743年公司曾规定私人托运茶叶，从中国到吧城每担运费是4元（rds），[①] 1746年则降至3元，[②] 这个收费率已等于当时中国船只的收费率。[③] 这样，占公司运销欧洲茶叶总量的一半的公司职员的私人茶叶，[④] 也可以直接从中国购运，而不必假手中国茶船了。

不仅如此，公司还公然借助行政措施，禁止中国船只贩运茶叶，1751年7月2日吧城政府借口上等茶叶都在广州为各国商人，特别是英国商人所抢购一空，运入吧城的茶叶全是质量低劣的次品，宣布此后中国船只不得运入"广州新绿"和"福建安溪"茶。[⑤] 因此，中国船只即使不惜工本，也无法在中吧之间从事茶叶贸易，从此占中国出口贸易最大宗的茶叶只好拱手让给外国船只去经营了。

茶叶贸易如此，瓷器贸易亦然：过去中国瓷器的运销印度尼西亚和欧洲，也如同茶叶一样，一向是先由中国船只运往吧城，然后再由公司船只转运欧洲和其他港口。但18世纪后半期，情况就开始转变了。1754年10月1日吧城政府鉴于中国船只输入瓷器过多，命令华人甲必丹"设法寻找工匠，勘察陶土，就地烧制，如果吧城无此工匠，则应到中国去招募"[⑥]。至于那些在吧城还不能制造的瓷器，特别是欧洲家庭日用的比较精细的瓷器，早在18世纪30年代就由公司直接派船前来中国采办，并且规定此项欧洲家用瓷器应由从中国直接返航荷兰的船只载运欧洲，不必绕道吧城。[⑦] 到50年代吧城当局就进一步宣布禁止中国船只贩入瓷器；另一方面又鼓励荷兰本国船只大量贩运，声言载运瓷器，可不负破损之责。[⑧]

---

① 《吧城布告集》，第Ⅴ卷，第18页；1743年6月25日。
② 同上书，第335页；1746年6月13日。
③ Glamann：《荷兰与亚洲贸易》，第240页。该书此处对1746年公司运费率从每担4元降至3元，误为运费下跌"至"四分之一 ［Three years later (1746), the Payment (4 rixdollars Per Picul) was reduced to one fourth］核与荷文原始资料不符，应为下跌"了"四分之一（即 to 应为 by 之误）。
④ 同上书，第239页。
⑤ 《吧城布告集》，第Ⅵ卷，第71页；1751年7月2日。
⑥ 同上书，第728页；1754年10月1日。
⑦ Glamann：《荷兰与亚洲贸易》，第236—238、243页。
⑧ 《吧城布告集》，第Ⅵ卷，第71页；1751年7月2日。

占中国出口大宗的茶叶和瓷器，中国船只既是无力问鼎，不言而喻，从印度尼西亚贩运产品至中国就更加无力问鼎了。姑不论中国船只有无能力携带巨金空驶印尼采办商品，即使能够如此，畅销中国市场的印度尼西亚产品也因被赋予了替代白银的特殊任务，而为公司垄断一空无从购得。我们前面提过，1734 年荷兰董事会决定停办荷兰与广州之间的直接通航贸易，改由吧城政府开办吧城与广州之间的直接通航贸易，其主要原因就在于缺乏现金，要求用输出印尼产品来交换中国商品，以便摆脱公司在对华直接贸易上所遭受的白银压力，① 从此印度尼西亚产品就由公司船只直接贩运中国，不再假手中国船只了。例如过去由中国船只大量贩运的胡椒，现在几乎尽为公司船只所包揽，18 世纪 30 年代公司运销广州的胡椒，每年平均是 4000 担，40 年代增至 12000—16000 担，50 年代增至 24000 担。② 这个数字在中国市场上所具有的重大意义，我们只要回忆一下 1628 年公司与郑芝龙所签订的三年售货合同，就可以想象得出来，当时公司售给郑芝龙转贩沿海各地的胡椒，每年只有 3000 担，③ 即只有 50 年代公司直接运销量的 1/8。到了 90 年代，公司船只前往中国贸易，除了载运自己的商品外，还利用剩余吨位揽运私人货物。吧城政府于 1792 年、1794 年、1795 年等年分别发出招揽告示，通知全市商人可按章托运货物至中国，④ 收运货物除了胡椒、燕窝等贵重商品外，还包括藤、木棉等粗货。⑤ 至此，中国与吧城之间的公私货运几乎尽为公司船只所包揽无遗。除开货运方面的全面垄断，公司又从行政方面采取许多措施来限制、打击、排斥中国船只前往吧城贸易。

1757 年清政府宣布广州为外商来华贸易的唯一港口，禁止外国船不得再航驶厦门、宁波二地。⑥ 同年吧城当局遂宣布反措施："公司已与广州直接进行通航贸易，此后私商不得再与广州、澳门及其他珠江流域地

---

① Glamann：《荷兰与亚洲贸易》，第 236—241 页。
② 同上书，第 243 页。
③ Van Leur：《印尼贸易与社会》，第 339 页。
④ 《吧城布告集》，第 XI 卷，第 450 页，1792 年 7 月 13 日；又第 771 页，1794 年 7 月 11 日；又第 965 页，1795 年 7 月 21 日。
⑤ 同上书，第 965 页，1795 年 7 月 21 日。
⑥ 王之春：《柔远记》卷 5，乾隆廿二年禁英商来浙互市条；又马士《中华帝国对外关系史》，第 I 卷，第 76 页。

区进行贸易，但厦门、宁波二地不在禁例。"①

1749年、1763年吧城政府两度调整中国船只驶吧的进出口税率，以便加重中国船只的负担，以1746年为基期，1749年税率提高一倍②，1763税率提高三倍③，具体数字如下：

表14—4　　1746年、1749年、1763年吧城中国船只进出口税率　　单位：元

年份	厦门船		广州船		宁波船	
	大船	小船	大船	小船	大船	小船
1746	550	420	750	700	900	750
1749	1100	840	1500	1400	1800	1500
1763	2200	1680	3000	2800	3600	3000

在如此重税盘剥下，中国船只驶吧贸易已是望而生畏，力不从心了。据记载，18世纪70年代，一艘厦门大船驶往吧城，靠埠费用，包括税金、栈租一共是10000余元，④而同一时期的柔佛和廖岛则为自由港。免纳税金，因此中国船只都不乐于前往吧城贸易。⑤

中国船只即使不顾苛捐重税而继续驶吧贸易，吧城当局又在货物卖买上多方刁难，规定售货所得不得携带现金回国，⑥必须就地向公司采购货物，中国船只受其高价勒索，姑且不说，每每因拖延贻误，错过风汛而惨遭灭顶。王大海在1791年写《海岛逸志》时，对此述之甚详：

> 我华人远贩于此，向来皆就所售货银或置货，或将银带回，各以其便；今则严禁不许寄银，出口必令将银转置货物，方许扬帆。而其货物又皆产于他处未到吧城，以致唐船守候日久，风汛过时，年年不能抵厦，甚至遭及夏秋风飓，人船俱没，数十年如是，边海

---

① 《吧城布告集》，第Ⅶ卷，第217页；1757年6月17日。
② 同上书，第Ⅴ卷，第430页；1746年12月9日。又第639页；1749年12月27日。
③ 同上书，第Ⅷ卷，第688页；1763年12月16日。
④ 同上书，第Ⅹ卷，第81页；1777年7月1日。
⑤ de Haan：《老吧城》，第Ⅰ卷，第492页。
⑥ 《吧城布告集》，第Ⅻ卷，第798页；1798年4月5日。又第806页；1798年4月27日—5月1日。

之人业此者，莫不咨嗟长叹！①

以上是讨论18世纪后半期中国船只前往吧城贸易的困难情况，下面我们想转而谈谈吧城以外地区的贸易情况。

过去中国船只可以自由航驶巨港、马辰、望加锡等地与当地人民自由进行贸易，到18世纪后半期，公司对外岛控制加严，这种贸易也就日益受到限制：

1746年6月13日吧城政府宣布，为防止偷运香料出口，中国船只前往马辰、望加锡、巨港等地区者，应假道吧城前往，不得直接航驶。②

1752年3月14日吧城政府重申前令，严禁中国船只直接航驶马辰、望加锡、巨港等地。③

1753年5月8日吧城政府以厦门船只违反禁令直接航驶巨港、并由巨港直接返航中国，宣布停止对厦门船只出售胡椒和锡，以示惩戒。与此同时，还规定此后每年只准一只中国船只直接驶望加锡，并须向公司请领执照。④

1797年12月12日吧城政府宣布取消中国船只免费请领执照直接驶望加锡的办法，规定此后执照改为逐年公开招标拍卖，不参加投标者，或参加而未得标者，一律无权航驶望加锡。⑤拍卖价格1797年是6000元，1798年增至18000元。⑥

除了上述各项禁令，吧城政府还利用高课进出口税的办法，来限制中国船只对吧城以外地区的航行贸易，1797年吧城海关规定，中国帆船载入货物非直接来自中国者，入口税加倍，运出货物如燕窝、蜂蜡等，非直接运往中国者，出口税加倍。⑦

就是由于上述种种限制和刁难，18世纪后半期中国船只前往印度尼西亚，特别是吧城进行贸易者，就日益减少，到18世纪末叶，每年到达吧城的华船从过去的十余只降至一两只。尽管在中印贸易上，取华船的

---

① 王大海：《海岛逸志》，卷末，噶喇吧后记。
② 《吧城布告集》，第Ⅴ卷，第323页；1746年1月28日。
③ 同上书，第Ⅵ卷，第190页；1752年3月14日。
④ 同上书，第351页；1753年5月8—15日。
⑤ 同上书，第597页；1797年12月12日。
⑥ 同上书，第806页；1798年4月27日—5月1日。
⑦ 同上书，第597页；1979年12月12日。

地位而代之的是西方船只,但是西方船只当时还没有从清政府获准载运苦力出境。① "红毛等国之船使其自来,听其贸易,唯于出口时,责成地方文武严查不许夹带中国之人,违者治罪。"② "西方载运苦力是迟到1847年才开始,这一年有一艘英国船 Duke of Argyle 号自厦门载运400—450名苦力出境,前往古巴哈瓦那。"③ 所以在整个东印度公司时期,中国船只始终是运载中国移民出境的唯一工具。本期驶吧船只既是下降,理所当然,移民入境也必然跟着下降。

但是这只是事情的一方面,另一方面是这个时期出现了某些相反的情况,有利于中国船只航驶吧城和运载移民。首先是公司鼓励厦门船只前往吧城贸易,我们前面提到1757年起清政府关闭厦门、宁波两地港口,宣布外商船舶只能停靠广州,因此公司对厦门地区的贸易仍然要假手中国船只。为招徕厦船驶吧贸易起见,公司给予厦门船只以采办返航货物(如胡椒、锡等)的方便,④ 并且通告吧城商人,购买厦门船只货物,货款必须在6月中旬以前付清,不得拖欠,以免厦门船只贻误返航风汛。⑤ 此外公司还以特准厦门船只载运移民、一再放宽载人限额等方式,来鼓励厦门船只航驶吧城(具体情况详后)。厦门船只尽管受到了如许鼓励,但是在上述各种限制和禁令依然存在的条件下,厦门船只要驶吧贸易变得有利可图,就必须慎重选择商品,使贩运货物既为当地所必需,又为公司所无法竞争,而且成本低廉。能满足这种要求的商品就只有"苦力"了。这种商品既是当时高死亡率威胁下的吧城所欢迎,又是当时公司船只所无法经营,同时这种商品到达吧城港口不必像茶叶、瓷器那样需要寄存堆栈交纳栈租,也不必交纳繁复苛重的过秤税、交易税等,这就无怪乎公司末期,中国船只日益热衷于贩运苦力了。吧城政府在1786年放宽船只载人限额时就说:"近年来中国船只更兴趣于载运移民,而无兴趣于载运货物。"⑥ 这就清楚表明华船贩吧的商品结构已经发生了根本变化。

这个时期之所以促使中国船只改变贩运商品内容,除了当地的原因,

---

① 马士:《中华帝国对外关系史》第Ⅱ卷,第278—279页。
② 《古今图书集成》,详刑典第82卷,律令部汇考第68。
③ 马士:《中国帝国对外关系史》第Ⅰ卷,第409页。
④ 《吧城布告集》,第Ⅺ卷,第276页;1791年5月31日—6月9日。
⑤ 同上书,第415页;1792年4月13日。
⑥ 同上书,第Ⅹ卷,第846页;1786年7月27日。

还有国内的原因，这就是本期南中国海面不靖，商船出入颇受其苦。原来中国远洋商船一向是携带武器以自卫，但自1717年起清政府就严禁出洋商船携带武器：康熙五十九年（1720）两江、浙闽、两广、山东各督抚共同议奏："各省自五十六年以来，即禁止商船携带军器，历年巡哨舟师在洋盘查，无军器者为商船，有军器者为贼艘，可使奸良立辨；且随船之篙枪木棍，尽足防身，应准该提臣所奏，将沿海各省出洋商船炮械军器既行禁止，令该地方官查收，如有私带者，从重治罪，地方官不严查禁者一并严加议处。"① 在"贸易即战争"的年代里，② 商船不得携带武器，无异于自我解除武装，一遇"海盗"只有"相顾屏息，俟贼登舟掳掠"③。从此"盗"风日炽，商旅维艰到18世纪80年代，闽粤海面已是"盗贼如毛"了，④ 威胁清廷海疆的"艇盗之扰"到嘉庆十五年（1810）方告平息。

这个时期的"海盗为患"，虽然幸而没有促使清政府恢复"海禁""迁民"等残暴措施，⑤ 但是往返商船已是苦不堪言，特别是"载货物而出，载金钱而归，艳目董心，启戎海盗"。⑥ 另外，官兵"哨船不敢近盗船，见商船辄横索贷货，商船不予，使指商船为盗船"⑦。出洋商船在如此兵盗交迫下，对其载运商品就不得不力求避免搢目董心，显然"苦力"是一项能满足如此要求的商品。何况航海时无武器以自卫，多载人亦足以壮声势。

这个时期有助于中国移民的输出，除了"苦力"这一特殊商品之日益取代传统的商品项目外，还有着船身结构的加大，运载能力的加强。17世纪海禁时期，清政府只许造五百石以下的单桅船，⑧ 18世纪海禁开放后，出现了双桅大船，⑨ 接着又出现三桅大船，⑩ 到了末期还出现双层

---

① 《清文献通考》卷298，四裔考六。
② Furnivall：《荷印多元经济》，第23页。
③ （康熙）蓝鼎元：《论海洋弭捕盗贼书》，见《清经世文编》卷85，海防下。
④ 程含章：《上百制军筹制海匪书》，见《清经世文编》卷85，海防下。
⑤ （乾隆）周镐：《论明职》，（嘉庆）陈庚焕：《答温抚军延访海事论》，《清经世文编》卷85，海防下。
⑥ （嘉庆）福建巡抚汪志伊：《议海口情形疏》，《清经世文编》卷85，海防下。
⑦ （乾隆）秦瀛：《上抚军论诬盗书》，见《清经世文献》卷85，海防下。
⑧ 《古今图书集成》，详刑典第62卷，律令部汇考第48。
⑨ 《古今图书集成》，详刑典第79卷，律令部汇考第61。
⑩ 《厦门志》卷5，船政。

大船;① 运载能力,从五百石到数千石到万余石。② 这种转变反映在移民的运载上是每船载运人数从 500 名增至 700 名或 1000 名。③ 这样,18 世纪末一只大船就相当于 17 世纪的两只大船,18 世纪中叶的一只半大船。

这个时期的驶吧华船,尽管有着上述各种有利于运载移民的转变。但在总的方面,由于到船下降幅度过大,仍然不足以扭转吧城华侨人口的下降。本期驶吧华船每年只有一只到二只,即使每只在运载能力上可以抵得上以往时期的两只,折合起来,全年到船最多也不过是二只到四只,这仍然远远比不上 18 世纪上半期的每年平均到船 15—20 只,这就不可避免地要招致移民入境的锐减。我们在前面提过,吧城华侨人口的主要来源是移入人口,移入幅度一下降,迟早会导致人口的下降,何况本期移入幅度的下降又是如此的剧烈!

就是由于上述三种原因(已定居移民的纷纷离去和大批死亡,新移民入境的日益减少),本期吧城华侨人口出现了一个低潮。

下面我们想转而谈谈吧城当局对于华侨人口下降所采取的对策。

吧城华侨人口的减少,特别是新移民入境的减少,不仅华侨经营各业普遍感到劳力不足,④ 就是公司本身也大感劳力不足。自从 1766 年以来,公司船只就以欧籍水手缺乏,大量雇用华工。⑤ 雇工事务俱由华人甲必丹掌理。⑥ 到了 80 年代,因战争频繁,吧城与欧洲之间的交通阻梗不畅,欧籍水手更形缺乏,需用华工尤其殷切。⑦ 于是吧城当局又如同过去一样积极招徕中国移民,所不同的是过去的招徕移民更多是出于经济上的考虑,而这个时期的招徕移民则更多是出于军事上的考虑。至于吧城当局采用的招徕办法,则毫无区别。一是降低人头税额,防止移民外迁;二是放宽船只载人限额,鼓励移民入境。

吧城华侨人头税按照 1763 年 12 月 16 日的出包条例,城区每人每月

---

① 《吧城布告集》,第 XIII 卷,第 35 页;1804 年 4 月 27—30 日。
② 《厦门志》卷 5,船政。
③ 《吧城布告集》第 XII 卷,第 409 页;1760 年 5 月 23 日;吧城政府验查华船一只,载 700 人;又第 XIII 卷,第 12 页,1804 年 2 月 24 日,厦门来船一只载 998 人。
④ 同上书,第 XI 卷,第 442 页;1792 年 6 月 22 日。
⑤ 同上书,第 VIII 卷,第 125 页;1766 年 4 月 25 日。
⑥ 《开吧历代史记》,第 60 页,"公班牙甲板船顾工事务,俱配甲大掌理。"
⑦ 《吧城布告集》,第 X 卷,第 491 页;1781 年 6 月 5 日。又 X 卷,第 609 页;1782 年 7 月 12 日。又第 X 卷,第 748 页,1785 年 6 月 21 日。

是 38 钫，乡区每人只需在定居之日一次交缴 25 钫即可，① 后来乡区人头税虽然提增至 40 钫，但仍然是一次性征课，无须逐月交纳。② 这一规定一方面促使吧城华侨人口日益向乡区迁移，另一方面又造成城乡华侨人口负担不均的不合理现象，一如公司财政长官 Isaac Titsingh 所说的："城内华人既受卫生环境恶化的威胁，又受商业萧条的影响。赚钱少，纳税重；而乡间华人的卫生环境和经济状况都比较良好，他们赚钱多，纳税少，这是很不合理的。"③ 因此吧城政府于 1793 年 12 月 12 日宣布调整人头税征课办法，将城区人头税从每人每月 38 钫降至 15 钫；乡区人头税则由一次征课改为经常性征课，每年征收一次，居住在市集上经营商业的华侨，每人每年应交纳 80 钫，其他从事饲养牲畜、种植稻谷甘蔗及酿酒、制糖、烧窑者，每人每年应交纳 40 钫。④ 当然，这次调整完全是从公司的本身利益出发，没有考虑到华侨经济能力的普遍衰退。几乎就在条例宣布的同时，吧城当局就不得不根据华人甲必丹黄绵光的请求，以"唐人贫困难堪"，将人头税减半征收，城区每人每月 7.5 钫，乡区每人每年 40 钫或 20 钫。⑤

自 1620 年起实行了将近两个世纪的华侨人头税，其税率变化除中间一度停征外，几乎一直是在下降，到本期可以说是降至最低点，即从开始的 1.5 元降至 1.5 钫，计下降了 5/6（每元按 60 钫计算）；而另一方面，乡间华侨人头税则从开始的免课到后来的一次性征课，到最后的经常性征课。这个转变过程一方面说明华侨人口日益向多区积聚，人头税的征课对象日益从城区转向乡区；另一方面又说明华侨人口日益两极分化，广大劳动群众日益贫困，经济能力日益衰退，以致人头税率不得不一降再降。

第二个招徕中国移民的办法是放宽华船载人限额。如果说人头税是吧城政府调节华侨人口升降的一条杠杆，那么载人限额就是另一条杠杆。这两条横杆的作用，随着年月的推移而有主次之分。在 17 世纪，前一条

---

① 《吧城布告集》，第Ⅷ卷，第 709 页；1763 年 12 月 16 日。
② 同上书，第Ⅺ卷，第 615 页；1793 年 12 月 12 日。
③ 同上书，第 442 页；1792 年 6 月 22 日。
④ 同上书，第 615 页；1793 年 12 月 12 日。
⑤ 《开吧历代史记》，第 61 页，"唐人照身票定每月每票十九钫〔拟以十五钫之误〕，是年甲大黄绵光入字，谓唐人贫困难堪，乞恩从轻，王许之，遂定每月每票七钫半；山顶全年票每张定廿钫，皆从公发叫"。

横杆起着主要的作用；到18世纪，则后一条杠杆起着越来越重要的作用。华船载人限额虽然几经调整，但是每次调整都是放宽尺度，例如从最初的最高限100人，逐步提升到130人、160人、250人、350人、500人、600人、700人、750人，直到最后完全取消限额，准予无限制地载人入境。① 这个过程同人头税率的逐次下降是完全吻合的，二者都说明公司对于中国移民的需求是在日益增强，只是这种需求的体现形式随时期而不同。早期中国出洋商船以载运商品为主，载运移民为辅，对中国移民的需求往往是间接地通运对中国商品的需求的形式来表达；到了18世纪后期，公司直接经营对华贸易，中国船只载运对象日益以移民为主，这时对中国移民的需求才日益以直接的形式来表达，这一点我们只要回顾一下一百年来载人限额的变迁，就可以一目了然了。

17世纪末叶清政府废止海禁，中国移民南下日多，吧城当局于1706年宣布实行载人限额制度，规定大船载人100名，小船80名，均须全部随船返航，不得稽留。② 这次限额整整保持了半个世纪没有加以调整，但是在执行上则每多变通因应之处，这种变通是以需求中国商品为借辞的，一如Vermeulen所说的"怕得不到从中国运来的商品"③。1758年因便利船只装卸货物及防御海盗起见，大小船只载人限额各增加30名；④ 1761年2月限额又增，大船160名，小船140名；同年3月再增至250名及200名，其余条件不变，载入人员仍须全部随船返航。这次调整也是以贸易的需要为借辞，华人甲必丹在呈转船主请求放宽载人限额时，曾如此签注意见："船主航行的利益在于货运，客运收入甚微，而货运根据惯例，每一商人均可带仆役两名，但碍于限额无法携带，致使商人不愿托运商品，船主损失惨重。至于沿途搭乘旅客，大多是来吧洽理商务，事毕即返，不致稽留，为此请求放宽限额，以利商旅。"⑤ 1781年又调整限额，大小船只各增加100名，这次调整才直接以对移民的需求的形式来表达，这一年第四次英荷战争爆发，公司船员缺乏，急需华工补充，因此

---

① 参阅本书附录十"公司时期华船载人限额变动表"。
② 《吧城布告集》，第Ⅱ卷，第566页；1706年6月3日。
③ Vermeulen：《红溪惨案本末》，第14页。
④ 《吧城布告集》，第Ⅶ卷，第271页；1758年6月20日。
⑤ 同上书，第470—471页；1761年3月31日。

规定新增限额 100 名均须年富力壮，且须受雇在公司船只或船坞工作。①1782 年战争更加紧张，吧城与荷兰之间的交通为英国舰队所切断，公司欧籍水手异常缺乏，因此再度提高限额。不分船只大小均可载入 500 名，但规定除华船自身所需人手外，应全部受雇于公司从事航海工作。② 英荷战争结束后，限额控制较严，但到 18 世纪 90 年代，英荷海上关系又告紧张，同时吧城华侨死亡日多，离吧他迁日多，因此又再度放宽限额，允许厦门船载人再增 100 名。③ 到 1807 年就全部废止限制，宣布无限制自由载入移民。这一措施之基于劳动力的需要就更加明显了。吧城当局在宣布废止限额时，曾明白声称是基于如下考虑：

（1）过去华船每年来吧至少是十只，现在则降至两三只；

（2）华侨糖厂大感人手不足，要求便利移民；

（3）吧城农业和手工业也如同糖厂一样，大感劳力缺乏；

（4）吧城劳力缺乏已经影响到大米、花生及其他作物的播种，并且妨碍糖厂开工；

（5）劳力缺乏已促使工资大大上涨，使许多部门不得不雇用原住民来种植咖啡，大米。④

这个时期公司当局虽然同时发动人头税和载人限额两条杠杆来招徕中国船只和移民，但是毕竟因为吧城经济的全面萧条和公司垄断贸易的排斥自由通商，华船驶吧仍然有减无增，移民入境也随之不断下降，从而以移民为主要来源的吧城华侨人口就不得不在来源枯竭和高死亡率的威胁面前日益减少了。

---

① 《吧城布告集》，第 X 卷，第 491 页；1781 年 6 月 5 日。
② 同上书，第 609 页；1782 年 7 月 12 日。
③ 同上书，第 924 页；1787 年 6 月 15—26 日。
④ 同上书，第 XIV 卷，第 624 页；1807 年 3 月 4—15 日。

结 束 语

纵观二百年来吧城华侨人口的变迁，不论是数量增减，还是结构变化，几乎无一不与移民入境有关，这就说明华侨人口的增长，特别是成年男丁人口的增长，其主要源泉并不是当地的自然增殖，而是国内源源而去的移民入境。正是这一点显示出吧城华侨人口的强大生命力，在殖民统治者的残暴杀戮和劳动条律的严重恶化下，华侨人口仍然能够迅速恢复和上升，其得自移民的迅速补充，显然不是一般的国内人口的自然增殖所可同日而语。

移民的升降，原因繁多，与国内的政治经济变迁有关、与当地的政治经济变迁尤其有关，而能直接反映这种变迁并与人口升降密切关联者，则是当时中吧之间的帆船贸易。在西方船只还没有获准从事苦力贸易之前，中国的出洋商船始终是广大移民远渡重洋的唯一交通工具，不论当地如何招徕，如果没有船只运送，依然无济于事。清初移民之濒于中断，就是由于锁海迁界严禁商船出洋所致，华船驶吧的多寡，除了海禁时期外，在很大程度上是取决于东印度公司对于中国商品的需求程度和贩运方式。丝、茶、糖、瓷都是当时公司所贩运的主要中国商品，尤其是丝、茶更是西欧各国所竞相购运的热门货物。"茶叶、土丝在彼国断不可少，倘一经停止贸易，则其生计立穷。"[①] 这就是清封建王朝所理解的外国商人对于中国丝茶的需求情况。

在17世纪的前半个世纪里，东印度公司即使诉诸武力仍无法与中国直接通航贸易，所需求的中国商品只有依赖中国船只载运吧城；17世纪后半期到18世纪中叶，公司虽然获准与中国直接通航贸易，但又因获利不丰和现金缺乏，贩运中国商品仍然以假手中国出洋商船最为符合公司

---

① 王之春：《远柔记》卷7，申定互市章程。

利益。这时公司对中国商品的需求越迫切，中国去船就越多，随船而去的中国移民也就越多。

商品与移民之间的这种联系，至少在表面上，给人造成一个假象：似乎中国移民就是中国商品的同义语，中国移民越多，中国商品就越多，商品的需求几乎掩盖了移民的需求。比如 Vermeulen 博士在《红溪惨案》一书中就写道："公司鼓励华侨入境，无非是为了取得中国商品。"① 但是回顾一下东印度公司的历史，则情况又未必如此单纯。

首先，公司在统治吧城的二百年里，对中国商品的需求是始终如一，前后不变，但对中国移民，除有招徕鼓励的一面，还有限制、禁止，甚至杀戮的一面。如果说鼓励华侨入境是为了取得中国商品，那么，限制、禁止、杀戮又当作何解释？其次，华侨入境除少数贩运商品的商人之外，几乎尽是劳苦大众，如果公司仅仅是为了取得中国商品，那尽可以只限于招徕中国商人，又何必招徕中国移民？特别是进入18世纪后半期，中吧贸易出现巨大转变，公司不再坐守吧城等候中国商品前来，而是直接派遣船只驶华采购，全面包揽中印之间的商品货运，公司对于中国商品的需求，不仅不再假手中国船只，而且千方百计地阻挠和禁止中国船只载运中国商品，迫使驶吧华船除了载运移民就几乎无货可贩了。这时公司如果是单纯为了取得中国商品，那就大可不必鼓励华船驶吧了。然而公司不但鼓励，而且一而再，再而三地大幅度提升华船载人限额，直到最后完全取消限额，无限制地招徕中国移民。

这就清楚地说明需求中国商品和需求中国移民是两回事。公司既需要中国商品，也需要中国移民，而且更加需要中国移民。公司贩运的中国商品，不论是茶丝还是糖瓷，都是属于消费资料，只能满足西方人的生活需要，而无助于当地经济的发展和繁荣。而以劳苦大众为主体的中国移民则在当地从事生产劳动，创造物质财富；从种蔗栽稻到烧窑铸铁，从打石造船到制糖酿酒，无一不是有助于当地社会经济的增长。这些工农业生产活动，不是源自中国移民，就是发扬光大于中国移民。它们已成为当地经济生活的组成部分，缺少中国丝、茶、糖、瓷，只影响非必需品的生活消费；而缺少中国移民，则影响到公司的生存。这就是为什么早在17世初荷属东印度公司总督燕·彼得逊·昆不得不承认："这个

---

① Vermeulen：《红溪惨案本末》，第12页。

共和国不论吸收什么民族，必须华人占据多数，而后这个共和国才能生存下去。"① 二百年后，即19世纪初英属东印度公司总督莱佛士也不得不承认：华侨定居当地是"异乎寻常的有用，而且是不可缺少的"②。

一方面是当地工农业生产需要中国移民，另一方面是中国移民能最大限度地满足这种需要。广大的中国移民就是这样在当地长期定居，世代绵延，对当地社会经济的发展作出了巨大的贡献。

从另一方面来看，中国移民源源南渡，没有国旗的保护，也没有战舰可凭借，仅仅靠着双手而能在当地安居乐业，繁衍孳息，就正好说明中国移民是截然不同于荷兰殖民，他们不是武装占领，而是和平定居；不是破坏掠夺，而是努力生产。只有有益于当地人民，才能为当地人民所接受。不论公司如何限制、驱逐、杀戮，也不论公司如何一而再，再而三地发动荷兰移民东来，都无法取代，甚至动摇中国移民在当地经济生活中所占据的重要地位。

至此，我们可以返回本书一开始在引言中根据凯特博士论断所提出的问题：东印度公司时期的中国移民是和平定居，还是威胁社会安宁？殖民统治者对待中国移民是一贯友好，还是一贯奴役？笔者深信本书所列举的大量事实已不止一次地作出了正确的回答，而无须再多费一词了！

1964年9月初稿

---

① 《燕·彼得逊·昆东印度商务文件集》，第Ⅱ卷，第702页。
② 莱佛士：《爪哇史》，第Ⅰ卷，第252页注。

附 录

附录一

1860—1930年印尼华侨人口分布统计

年份	爪哇马都拉	苏门答腊	加里曼丹	苏拉威西	摩鹿加	帝汶及其附属各岛	巴厘龙目	合计
1860	149424	40304	25590	4602	895	623	—	221438
1870	174540	49812	26940	6215	838	869	346	259560
1880	206931	93772	30718	6929	979	1026	3438	343793
1890	242111	167875	36047	8754	1510	1057	3735	461089
1900	277265	197667	47866	9798	1597	1547	1576	537316
1905	295193	195191	55522	11862	2314	1560	1807	563449
1920	381614	304082	82990	23256	4163	3721	7213	809039
1930	581431	448552	134287	41402	8726	6867	10949	1233214

资料来源：《1938年荷印统计年鉴》，第41页。

附录二　　1815—1956年爪哇华侨人口分布统计

地　区（州名）	绝对人口数（人）					相对人口数（%）				
	1815	1856	1900	1930	1956	1815	1856	1900	1930	1956
万丹（Bantam）	628	1488	2422	7823	5220	0.66	1.10	0.87	1.34	0.52
巴达维亚（Batavia）	52394	40806	89064	149225	257884	55.48	30.06	32.13	25.62	25.79
加拉横（Krawang）		2333					1.76			
茂物（Buitenzorg）	2633	9542		37577	51315	2.79	7.03		6.45	5.13
勃良安（Priangan）	180	316	6936	33003	107860	0.19	0.23	2.50	5.66	10.79
井里汶（Choribon）	2343	11198	22705	32090	40421	2.48	8.25	8.19	5.50	4.04
西爪哇（Pekalongan）	58178	65683	121127	259718	462700	61.60	48.39	43.39	43.59	44.27
北加浪岸（Pekalongan）	2046	3426	15256	25714	38708	2.17	2.52	5.50	4.40	3.87
直葛（Tegal）	2004	3144				2.12	2.32			
三宝垄（Semarang）	1700	10005	32701	40678	70936	1.80	7.37	17.79	6.98	7.09
谷洛佑问，赤榜（Grobogan and Djebon）	403					0.43				
扎巴拉（Japara）	2290	7934		25327	28891	2.42	5.84		4.35	2.89
南望（Rembang）	3891	10580	17171	15903	21427	4.12	7.79	6.19	2.73	2.14
万由马士（Banjumas）		2369	5986	22738	27501		1.75	2.16	3.90	2.75
格笑（Kudus）	1139	3305	11972			1.21	2.43	4.32		
峇吉冷（Bagelen）		1688		12640	13281		1.24		2.17	1.33
日惹（Jogjakarta）	2202	1736	4974	21224	35421	2.33	1.28	1.79	3.64	3.54
梭罗（Surakarta）	2435	3217	9265	164224	236165	2.58	2.37	3.34	28.20	23.61
中爪哇（Surabaya）	18110	47404	97325	55801	136928	19.18	34.92	35.10	9.58	
泗水（Surabaya）	2047	6343	24433			2.17	4.67	8.81		

续表

地区（州名）	绝对人口数（人）				相对人口数（%）				
	1815	1856	1900	1930	1956	1815	1856	1900	1930	1956
锦石（Gresik）	364					0.39				
新埔头（Bodjonegoro）		1410	4293	11884	12405		1.04	1.55	2.04	1.24
茉莉芬（Madiun）		159		9006	11314		0.12		1.55	1.13
巴芝丹（Patjitan）		2884	11692	25025	27899		2.12	4.23	4.30	2.79
谏义里（Kadiri）	1070					1.13				
玛琅（Malang）		2901	10507	30566	65568		2.14	3.79	5.29	6.56
巴苏鲁安（Pasuruan）	1430	990				1.51	0.73			
庞越（Probolinggo）		576	3507	21175	40298		0.42	1.26	3.64	4.03
麦苏基（Besuki）	319	189				0.34	0.14			
外南梦（Banjuwangi）										
马都拉（Madura）	12923	7210	4381	5032	9761	13.68	5.31	1.58	0.86	0.68
东爪哇	18153	22662	58813	158489	301173	19.22	16.69	21.21	27.21	30.12
全爪哇	94441	135749	277265	582431	1000038	10000	10000	10000	10000	10000

注：个别地区无人口数字者因行政区划合并所致。

资料来源：1815 年数字见 Veth《爪哇史》，第Ⅰ卷，第 70 页；

1856 年数字见 Veth《荷印地理及统计辞典》，第Ⅰ卷，第 612—613 页；

1900 年数字见 Veth《爪哇》，第Ⅳ卷，第 19 页；

1930 年数字见《1938 年荷印统计年鉴》，第 12—13 页；

1956 年数字见《华人人口分布、国籍等情况的数字估计》。

附 录 / 197

附录三

1673—1682年吧城城区各族居民人口统计

单位：人

年份	地区	荷兰人 成年 男	荷兰人 成年 妇	荷兰人 十四岁及其上 子	荷兰人 十四岁及其上 女	荷兰人 十四岁以下 子	荷兰人 十四岁以下 女	荷兰人 小计	欧亚混血后裔 成年 男	欧亚混血后裔 成年 妇	欧亚混血后裔 十四岁及其上 子	欧亚混血后裔 十四岁及其上 女	欧亚混血后裔 十四岁以下 子	欧亚混血后裔 十四岁以下 女	欧亚混血后裔 小计	中国人 成年 男	中国人 成年 妇	中国人 十四岁及其上 子	中国人 十四岁及其上 女	中国人 十四岁以下 子	中国人 十四岁以下 女	中国人 小计
1673	城东	377	273	42	73	144	140	1049	13	76	20	18	77	93	297	463	314	34	25	184	188	1208
1673	城西	274	165	14	31	82	96	662	21	102	21	22	79	83	328	378	344	58	29	190	148	1147
1673	南门外	150	40	16	20	46	41	313	12	16	10	10	28	25	101	137	96	15	16	79	49	392
1673	合计	801	478	72	124	272	277	2024	46	194	51	50	184	201	726	978	754	107	70	453	385	2747
1674	城东	392	296	55	74	157	152	1126	13	72	19	18	66	68	256	466	311	62	60	195	186	1280
1674	城西	276	181	24	42	82	118	723	19	90	28	39	109	106	391	369	347	76	50	186	228	1256
1674	南门外	172	39	4	7	17	20	259	24	49	17	24	74	95	283	175	131	48	32	89	70	545
1674	合计	840	516	83	123	256	290	2108	56	211	64	81	249	269	930	1010	789	186	142	470	484	3081
1676	城东	418	327	69	78	174	167	1233	12	98	21	29	71	93	324	458	409	32	19	236	221	1375
1676	城西	296	204	16	32	111	102	761	23	97	27	39	80	74	340	416	416	81	60	218	207	1398
1676	南门外	215	74	6	19	32	40	286	32	23	93	20	13	48	226	210	189	65	48	115	89	716
1676	合计	929	605	91	129	317	309	2380	67	218	138	88	164	215	890	1084	1014	178	127	569	517	3489
1677	城东	408	319	69	76	185	175	1232	11	72	12	21	28	53	197	432	391	52	32	202	183	1292
1677	城西	290	196	16	30	113	123	768	33	87	19	20	74	53	286	413	389	34	26	205	197	1264
1677	南门外	234	63	10	13	44	40	404	27	33	17	15	47	86	225	193	114	34	51	109	119	620
1677	合计	932	578	95	119	342	338	2404	71	192	48	56	149	192	708	1038	894	120	109	516	499	3176

续表

年份	地区	获释奴隶 成年 男	获释奴隶 成年 妇	获释奴隶 十四岁及其上 子	获释奴隶 十四岁及其上 女	获释奴隶 十四岁以下 子	获释奴隶 十四岁以下 女	获释奴隶 小计	摩尔及爪哇人 成年 男	摩尔及爪哇人 成年 妇	摩尔及爪哇人 十四岁及其上 子	摩尔及爪哇人 十四岁及其上 女	摩尔及爪哇人 十四岁以下 子	摩尔及爪哇人 十四岁以下 女	摩尔及爪哇人 小计	马来人 成年 男	马来人 成年 妇	马来人 十四岁及其上 子	马来人 十四岁及其上 女	马来人 十四岁以下 子	马来人 十四岁以下 女	马来人 小计
1673	城东	61	191	15	8	48	52	375	36	27	5	3	5	8	84	8	12	—	—	3	4	27
1673	城西	287	456	77	71	220	196	1307	104	96	6	7	59	55	327	132	106	17	10	37	31	333
1673	南门外	815	1156	351	257	602	499	3680	365	285	36	17	119	106	928	97	77	13	20	31	13	251
1673	合计	1163	1803	443	336	870	747	5362	505	408	47	27	183	169	1339	237	195	30	30	71	48	611
1674	城东	74	176	6	10	53	46	365	35	34	2	1	6	8	86	8	27	2	1	3	3	44
1674	城西	250	413	111	123	204	213	1314	75	67	36	39	33	29	279	129	120	15	27	57	28	376
1674	南门外	859	1302	353	249	748	665	4176	201	170	7	10	80	67	535	190	202	27	16	84	63	582
1674	合计	1183	1891	470	382	1005	924	5855	311	271	45	50	119	104	900	327	349	44	44	144	94	1002
1676	城东	77	140	8	16	33	43	317	29	34	12	7	10	2	94	8	18	1	2	4	4	37
1676	城西	231	391	70	53	179	174	1098	102	92	27	14	46	64	345	111	111	20	24	46	29	341
1676	南门外	1014	1359	237	950	1020	145	4725	149	148	31	29	57	44	458	180	197	100	53	44	41	615
1676	合计	1322	1890	315	1019	1232	362	6140	280	274	70	50	113	110	897	299	326	121	79	94	74	993
1677	城东	45	98	12	15	72	47	289	37	39	22	23	2	2	125	14	21	5	5	2	2	49
1677	城西	306	439	80	65	197	182	1269	108	99	10	5	55	50	327	140	127	21	22	37	65	412
1677	南门外	1097	958	250	500	668	787	4260	84	33	4	30	46	293	490	163	111	20	17	60	42	413
1677	合计	1448	1495	342	580	937	1016	5818	229	171	36	58	103	345	942	317	259	46	44	99	109	874

续表

| 年份 | 地区 | 巴厘人 ||||||| 奴隶 ||||城区总计 |
||| 成年 || 十四岁及其以上 ||十四岁以下|||| 成年 ||子女|小计| |
		男	妇	子	女	子	女	小计	男	妇	子女	小计	
1673	城东	36	72	3	一	1	3	115	2129	1871	750	4750	7905
	城西	219	248	16	5	48	27	563	2265	2363	557	5185	9852
	南门外	79	135	22	14	26	27	303	1550	1397	396	3343	9311
	合计	334	455	41	19	75	57	981	5944	5631	1703	13278	27068
1674	城东	14	96	6	3	4	3	126	2469	2112	724	5305	8588
	城西	113	142	12	8	34	30	339	2508	2457	587	5552	10230
	南门外	347	409	37	20	98	77	988	2196	1878	519	4593	11961
	合计	474	647	55	31	136	110	1453	7173	6447	1830	15450	30779
1676	城东	18	41	1	4	10	7	81	2643	2234	787	5664	9125
	城西	113	136	8	7	37	31	332	2775	2749	675	6200	10815
	南门外	415	475	127	57	123	71	1268	2519	2390	506	5415	13809
	合计	546	652	136	68	170	109	1681	7938	7373	1968	17279	33749
1677	城东	18	39	8	3	5	4	77	2435	2057	799	5291	8552
	城西	110	117	17	4	35	27	310	2741	2580	632	5953	10547
	南门外	426	281	40	57	132	433	1369	2709	1535	288	4532	11989
	合计	554	437	65	64	172	464	1756	7885	6172	1719	15776	31088

续表

年份	地区	荷兰人 成年 男	荷兰人 成年 妇	荷兰人 十四岁及其上 子	荷兰人 十四岁及其上 女	荷兰人 十四岁以下 子	荷兰人 十四岁以下 女	荷兰人 小计	欧亚混血后裔 成年 男	欧亚混血后裔 成年 妇	欧亚混血后裔 十四岁及其上 子	欧亚混血后裔 十四岁及其上 女	欧亚混血后裔 十四岁以下 子	欧亚混血后裔 十四岁以下 女	欧亚混血后裔 小计	中国人 成年 男	中国人 成年 妇	中国人 十四岁及其上 子	中国人 十四岁及其上 女	中国人 十四岁以下 子	中国人 十四岁以下 女	中国人 小计
1678	城东	380	320	51	58	160	167	1136	12	96	13	28	63	59	271	478	357	50	37	214	193	1329
	城西	276	190	14	23	124	118	745	14	75	13	45	72	72	291	412	390	25	22	209	170	1228
	南门外	220	50	10	15	24	27	346	29	39	14	12	43	61	198	207	166	31	40	100	119	663
	合计	876	560	75	96	308	312	2227	55	210	40	85	178	192	760	1097	913	106	99	523	482	3220
1679	城东	344	280	64	69	143	150	1050	19	63	29	34	45	43	233	425	381	80	70	184	166	1306
	城西	238	202	24	30	118	120	732	25	79	13	27	31	41	216	387	380	34	44	168	165	1178
	南门外	165	81	11	15	41	40	353	12	43	10	11	35	59	170	140	151	18	27	95	91	522
	合计	747	563	99	114	302	310	2135	56	185	52	72	111	143	619	952	912	132	141	447	422	3006
1680	城东	354	321	76	87	139	161	1138	13	77	23	23	44	39	219	411	378	47	39	215	219	1309
	城西	252	202	44	53	102	117	770	29	103	26	43	57	79	337	413	423	33	32	218	205	1324
	南门外	178	55	14	18	26	28	319	15	42	13	22	67	67	226	148	144	25	25	93	88	523
	合计	784	578	134	158	267	306	2227	57	222	62	88	168	185	782	972	945	105	96	526	512	3156
1681	城东	354	327	60	90	159	171	1161	11	71	23	22	41	31	199	401	370	54	31	200	201	1257
	城西	237	196	26	41	110	95	705	23	91	17	25	30	37	223	385	374	41	39	207	177	1223
	南门外	153	64	14	20	30	41	322	22	44	18	12	47	48	191	130	147	9	5	96	66	453
	合计	744	587	100	151	299	307	2188	56	206	58	59	118	116	613	916	891	104	75	503	444	2933
1682	城东	366	310	60	78	163	178	1155	19	78	20	28	48	53	246	395	389	36	13	261	218	1312
	城西	250	199	31	61	127	125	793	22	89	19	30	46	70	276	410	418	36	17	214	198	1293
	南门外	158	83	12	23	41	33	350	22	59	23	14	39	50	207	143	150	24	13	90	76	496
	合计	774	592	103	162	331	336	2298	63	226	62	72	133	173	729	948	957	96	43	565	492	3101

续表

年份	地区	获释奴隶 成年 男	成年 妇	十四岁及其上 子	十四岁及其上 女	十四岁以下 子	十四岁以下 女	小计	摩尔及爪哇人 成年 男	成年 妇	一四岁及其上 子	一四岁及其上 女	十四岁以下 子	十四岁以下 女	小计	马来人 成年 男	成年 妇	十四岁及其上 子	十四岁及其上 女	十四岁以下 子	十四岁以下 女	小计
1678	城东	78	137	17	12	20	33	297	41	54	13	5	16	20	149	—	12	—	—	—	—	14
	城西	251	381	65	63	140	124	1024	97	100	15	12	60	45	329	6	103	5	—	45	30	295
	南门外	1093	920	273	276	701	764	4027	304	343	16	17	116	177	973	23	312	22	—	199	161	950
	合计	1422	1438	355	351	861	921	5348	442	497	44	34	192	242	1451	29	427	27	—	244	191	1295
1679	城东	45	110	23	11	27	25	241	30	48	4	7	11	11	111	1	5	1	—	—	—	9
	城西	253	395	82	80	165	154	1129	73	89	25	5	66	54	312	8	94	17	—	48	37	290
	南门外	957	1353	328	418	842	936	4834	224	246	24	25	129	150	798	41	221	49	—	103	86	681
	合计	1255	1858	433	509	1034	1115	6204	327	383	53	37	206	215	1221	50	320	66	—	151	123	980
1680	城东	55	126	35	31	22	23	393	23	30	18	9	1	—	81	1	8	1	—	2	3	18
	城西	234	342	64	62	159	143	1004	89	89	22	18	48	47	313	7	93	13	—	42	35	275
	南门外	888	1237	305	396	832	837	4495	157	163	24	27	74	68	513	42	180	70	—	67	78	575
	合计	1177	1705	404	489	1013	1003	5791	269	282	64	54	123	115	907	50	281	83	—	111	116	868
1681	城东	59	117	17	19	24	38	274	40	53	9	8	11	13	134	—	7	—	—	1	—	13
	城西	246	397	69	61	199	172	1144	97	95	13	10	60	56	331	9	117	16	—	56	44	352
	南门外	875	1200	280	320	647	914	4236	150	179	30	22	53	62	496	43	222	41	—	107	89	670
	合计	1180	1714	366	400	870	1124	5654	287	237	52	40	124	131	961	52	346	57	—	164	133	1035
1682	城东	52	114	8	21	27	47	269	48	43	1	11	4	12	119	1	20	—	—	8	5	51
	城西	222	332	78	76	177	158	1043	103	93	8	7	67	64	342	11	120	22	—	51	43	368
	南门外	759	1157	365	331	600	705	3917	134	154	42	24	96	96	546	45	158	63	—	66	54	525
	合计	1033	1603	451	428	804	910	5229	285	290	51	42	167	172	1007	57	298	85	—	125	102	944

续表

年份	地区	巴厘人							奴隶				
		成年		十四岁及其以上			十四岁以下			成年		子女	小计	城区总计
		男	妇	子	女	子	女	小计	男	妇			
1678	城东	15	63	5	—	7	8	98	2546	2184	924	5654	8948
	城西	122	121	—	6	39	13	301	2542	2431	736	5709	9922
	南门外	313	368	47	31	103	103	965	2708	2076	548	5332	13454
	合计	450	552	52	37	149	124	1364	7796	6691	2208	16695	32324
1679	城东	14	69	10	—	4	4	101	2397	2001	733	5131	8182
	城西	88	104	30	39	36	25	322	2457	2395	748	5600	9779
	南门外	295	361	49	54	116	96	971	2488	2265	511	5264	13593
	合计	397	534	89	93	156	125	1394	7342	6661	1992	15995	31554
1680	城东	23	53	12	7	12	4	111	2556	2001	810	5367	8535
	城西	99	125	5	10	39	26	304	2496	2391	659	5546	9873
	南门外	261	272	68	43	83	82	809	2395	1983	494	4872	12332
	合计	383	450	85	60	134	112	1224	7447	6375	1963	15785	30740
1681	城东	19	38	4	2	4	8	75	2474	2099	893	5466	12112
	城西	98	134	8	9	39	29	317	2532	2329	751	5612	8579
	南门外	336	393	53	51	106	95	1034	2470	1932	308	4710	9907
	合计	453	565	65	62	149	132	1426	7476	6360	1952	15788	30598

续表

年份	地区	巴厘人							奴隶				城区总计
		成年		十四岁及其上		十四岁以下			成年		子女	小计	
		男	妇	子	女	子	女	小计	男	妇			
1682	城东	4	16	—	2	1	3	26	2707	1943	859	5009	8187
	城西	97	116	3	3	43	31	293	2082	2185	774	5041	9449
	南门外	299	407	56	38	116	89	1005	1927	1628	456	4011	11057
	合计	400	539	59	43	160	123	1324	6216	5756	2089	14061	28693

资料来源：1673 年数字见《吧城日志》，1674 年，第 28—29 页。
1674 年数字见《吧城日志》，1675 年，第 50—51 页。
1676 年数字见《吧城日志》，1677 年，第 62 页。
1677 年数字见《吧城日志》，1678 年，第 47 页。
1678 年数字见《吧城日志》，1678 年，第 768 页。
1679 年数字见《吧城日志》，1679 年，第 693 页。
1680 年数字见《吧城日志》，1680 年，第 857 页。
1681 年数字见《吧城日志》，1681 年，第 795 页。
1682 年数字见《吧城日志》，1682 年，第 1475—1477 页。

附录四　公司时期吧城城区华侨（长期定居户）个头税变动

开征日期 （年.月.日）	税率 （每人每月/元）	出处
1620.10.1	1.5	《燕·彼德逊·昆东印度商务文件集》，第Ⅲ卷，第648页
1648.9.1	0.5	《吧城布告集》，第Ⅱ卷，第123页；1648年4月27日
1650.11.1	免	同上书，第Ⅱ卷，第160页；1650年11月1日
1658.1.1	1	同上书，第Ⅱ卷，第251页；1657年12月1日
1659.1.1	0.8	同上书，第Ⅱ卷，第314页；1658年12月20日
1670.1.1	0.8	同上书，第Ⅱ卷，第493页；1669年12月31日
1685.12.28	1	同上书，第Ⅲ卷，第171页（即在七月底以前）；1685年12月28日。税率何时增至每月1元，不详。但此日布告规定，随船来吧华人，在停泊、修缮、季风（期）内，均视同行商，交人头税0.25元，逾限或船已去而人未随返者，或逾季风仍未返航者，一律视同居民，交纳人头税1元。由此可知此时居民人头税率已增至1元
1739.—.—	38钫	同上书，第Ⅳ卷，第458页；1739年4月20日
1764.—.—	38	同上书，第Ⅶ卷，第709页；1763年12月16日。此日布告规定税率同1739年
1794.1.1	15	同上书，第Ⅺ卷，第615页；1793年12月12日。乡区华人人头税由一次性征课改为经常性征课，商人每年80钫，非商人每年40钫
1796.4.1	15	同上书，第Ⅻ卷，第229页；1796年4月1日
1798.1.1	15	同上书，第Ⅻ卷，第597页；1797年12月12日
1809.1.1	15	同上书，第ⅩⅤ卷，第379页；1808年12月11日

附录五　莱佛士所整理的18世纪吧城城乡"欧洲人及原住民"人口合计

单位：人

年份	全吧城 城区	全吧城 乡区	年份	全吧城 城区	全吧城 乡区
1700	20072	32478	1730	20429	80756
1701	19084	48972	1731	22658	82204
1702	19683	45452	1732	22646	83602
1703	18580	47123	1733	—	—
1704	22150	49351	1734	—	—
1705	19752	—	1735	20587	74367
1706	21899	49483	1736	—	—
1707	21632	47026	1737	19612	67170
1708	20922	54628	1738	19212	64090
1709	20600	55581	1789	18502	68229
1710	20850	58761	1740	14141	72506
1711	21517	57843	1741	13977	47583
1712	21538	65865	1742	—	56882
1713	19007	69110	1743	14609	55023
1714	19758	66092	1744	—	—
1715	22242	64657	1745	14926	67254
1716	18947	60236	1746	13852	68785
1717	18965	59831	1747	13854	73163
1718	—	—	1748	—	—
1719	19411	68082	1749	14050	77008
1720	21156	67792	1750	14278	80597
1721	20520	67044	1751	13874	78259
1722	*	67339	1752	14596	75152
1723	23716	66079	1753	15710	76611
1724	23428	62966	1754	15891	93375
1725	23752	72218	1755	16466	95938
1726	22814	76893	1756	15925	96702
1727	—	—	1757	16356	103443
1728	**	73141	1758	16855	106151
1729	20677	81977	1759	16942	111273

续表

年份	全吧城 城区	全吧城 乡区	年份	全吧城 城区	全吧城 乡区
1760	16785	109393	1779	—	160986
1761	16298	113280	1780	13651	129943
1762	—	—	1781		
1763	16282	113009	1782	9517	127039
1764	16008	117207	1783	—	
1765	—		1784	10422	129506
1766	—	—	1785	—	
1767	—		1786	—	
1768	15256	108507	1787	9910	133151
1769	15430	114750	1788	—	
1770	13192	123869	1789		
1771	12233	121380	1790	—	
1772	12743	112346	1791	6367	120352
1773	13473	107500	1792	8121	119297
1774	12134	108215	1793—1803	—	
1775	13512	125635	1804	—	72830
1776	—	131895	1805	—	73728
1777	10661	140332			
1778	12206	135532			

注：＊1722年城区人口原资料为11252人，核与上下年数字相去过远，恐有误，特存疑。

＊＊1728年城区人口原资料为15354人，核与上下年数字相去过远，恐有误，特存疑。

资料来源：莱佛士：《爪哇史》，第Ⅱ卷，附录A。

附录六　　　1740年红溪惨案后吧城城区华侨人口统计　　　单位：人

时间	地区	成年男	成年妇	十四岁及其上子	十四岁及其上女	十四岁以下子	十四岁以下女	小计
1739.12.31	城东							1674
	城西							2196
	南门外							569
	合计							4389
1740.12.31	城东							无
	城西							无
	南门外		6				1	7
	合计		6				1	7
1742.12.31	城东	5				4	3	12
	城西	1					1	2
	南门外	186	91	14	14			291
	合计	192	91	14	14	4	4	305
1743.12.31	城东	13	10	2	3		1	29
	城西	14	32	1	4	8	9	78
	南门外	194	136	10	16	37	50	443
	合计	221*	178	13	23	45	60	540*
1744.12.31	城东	42	33	3	11	6	13	108
	城西	126	97	4	2	31	39	299
	南门外	189	141	5	11	34	32	412
	合计	357	271	12	24	71	84	819
1745.12底	城东	98	81		16	16	17	228
	城西	205	125	13	20	31	31	425
	南门外	213	169	23	12	39	53	509
	合计	516	375	36	48	86	101	1162

注：* Vermeulen 中译本数字成年男丁为221人，Hoetink《1740年华人甲必丹连富光》一文脚注数字成年男丁为246人。按前者合计，1743年城区华侨总人口为540人；按后者合计，则为567人。

资料来源：Vermeulen：《红溪惨案本末》，第102页。

附录七　公司时期吧城城区华人事务机构人员名额变动

年份	甲必丹(Kapitein)	雷珍兰(Luitenant)	武直迷(Boedelmeester)	达氏(Soldaat)	朱葛礁(Secretaris)	土公	出处
1619	1	—	—	—	—	—	《开吧历代史记》，第1页（下同书）
1633	1	1	—	1	—	—	第27—28页
1639	1	2	—	1	—	—	第28页
1650	1	2	—	1	—	1	第29—30页
1689	1	4	1	1	—	1	第34页
1690	1	4	2	1	—	1	第34页
1696	1	4	2	1	—	1	第35页
1707	1	6	2	1	—	1	第36页
1728	1	6	2	1	—	2	第38—39页
1738	1	6	2	2	—	2	第42页
1740年10月至1741年5月	华人官员或被捕或逃亡						
1742	1	2	1	1	—	?	第45页
1745	1	2	2	1	—	3	第46页
1746	1	2	2	1	—	3	第47页
1747	1	2	2	1	—	3	第47页
1750	1	2	2	1	—	3	第49页

续表

年份	甲必丹 (Kapitein)	雷珍兰 (Luitenant)	武直迷 (Boedelmeester)	达氏 (Soldaat)	朱葛礁 (Secretaris)	土公	出处
1751	1	4	2	1	1	3	第 49 页
1760	1	4	2	1	1	3	第 49 页
1762	1	6	2	1	1	3	第 51 页
1764	1	6	2	2	1	3	第 2 页
1766	1	6	2	2	2	3	第 53 页
1774	1	6	2	2	2	3	第 55 页

附录八

公司时期华船驶吧统计

年份	到船（只）	载人（包括水手）（人）	出处
1621	(5)	1500	《燕·彼得逊·巴东印度商务文件集》，第Ⅰ卷，第574页。"今年（1620）华人回去300人，我不加拦阻，因为明年他们会来1500人。"
1625	5	(1930)	Leur：《印尼贸易与社会》，第198页。原文仅列举四只船载人数480人，500人，100人，500人，余一只按1625—1627年文献已载到船12只，载人4280，平均每船350人计算
1626	5	2000	《燕·彼德德迹·巴东印度商务文件集》，第Ⅴ卷，第56页。1627年11月9日致荷兰信，谈及去年到达华船5只，载人2000余人
1627	5	(1950)	Leur：《印尼贸易与社会》，第198页。原文仅列举三只船载人数400人，350人，500人，余二只按船350人计算
1631	5	(1750)	《吧城日志》，1631—1634年，第9页；1631年3月28日。本年到船5只，载人按每船平均350人计算
1636	6	(2100)	Leur：《印尼贸易与社会》，第213页
1638	停航		《开吧历代史记》，第28页。"崇祯十一年（1638），唐山反乱，禁港，洋船不得来吧。"
1639	停航		同上书，第28页。"崇祯十二年（1639），唐山大乱，商船无到船"
1644	(11)	4000	Vermeulen：《红溪惨案本末》，第12页。按每船350人估计计算
1648	2	650	《吧城日志》，1647—1648年，第31页，1648年2月24日；1648年4月12日
1657	2	500	同上书，1657年，第330页，1657年11月30日
1706		2000	Cator：《荷印中国人的经济地位》，第11页
1710—1716	年平均12—16		Clamann：《荷兰亚洲贸易》，第219页

续表

年份	到船（只）	载人（包括水手）（人）	出　处
1717	14		同上书，第217页
1718—1722	停航		同上书，第216页
1723	21		Clamann:《荷兰与亚洲贸易》，第219页
1724	18		同上书，第219页
1730	20		同上书，第235页
1736	14		Vermeulen:《红溪惨案本末》，第36页
1738	21		同上
1739	13		同上
1740	13		同上
1741	11		同上，又《开吧历代史记》第45页："乾隆六年，辛酉，正月即和1741年，唐山不知吧城反乱，拨船来吧。"
1742	停航		同上
1743	5		同上
1744	14		同上
1745	9		同上
1738	21		同上
1748	14		同上

续表

年份	到船（只）	载人（包括水手）（人）	出处
1754	7	1928	《吧城布告集》，第Ⅵ卷，第666页，1754年5月13日，来船7只，仅登记1928人
1760	8	2007	同上书，第Ⅶ卷，第409页，1760年5月23日，据华人官员报告来船8只，载人1527人，经查点，就中一只载人700人，仅报220人，计少报480人
1761	8	2412	同上书，第Ⅶ卷，第459页，1761年2月24日
1777	4		同上书，第Ⅹ卷，第81页，1777年7月1日，"1755年以前每年来船10只左右，此后渐减，目前仅4只，原因为柔佛辟自由港免税，而来吧华船每只纳税2200元，连同栈租费用约10000元，无法与柔佛港竞争。"
1804		2960	同上书，第ⅩⅥ卷，第36页，1804年4月27日
1808	2	1239	同上书，第ⅩⅣ卷，第624页，1807年3月4—15日，此二船为大门双层船

附录 / 213

附录九

公司时期华船驶吧进口税率变动表

开征日期	税率（元/每船）	出处
1643.2.2	500	《吧城布告集》，第Ⅱ卷，第21页，1643年2月2日
1643.6.3	550	同上书，第23页，1643年6月3日
1654.3.13	大船1200，小船800	同上书，第188页，1654年3月13日
1654.6.23	大船1500，小船1000	同上书，第193页，1654年6月23日
	此后改按货征税（见《荷印百科全书》，第Ⅰ卷，第245页）。可能始自1671年，这一年公司公布进出口税则表，就中列举中国生丝、药材等项目。（见《吧城布告集》，第Ⅱ卷，第534—545页，1681年1月9日）	
1746.12.9	厦门船：大船559，小船420 广州船：大船750，小船420 宁波船：大船900，小船750	《吧城布告集》，第Ⅴ卷，第430页，1746年12月9日
1749.12.27	厦门船：大船1100，小船840 广州船：大船1500，小船1400 宁波船：大船1800，小船1500	同上书，第Ⅴ卷，第639页，1749年12月27日
1763.12.16	厦门船：大船2200，小船1680 广州船：大船3000，小船2800 宁波船：大船3600，小船3000	同上书，第Ⅶ卷，第688页，1763年12月16日
1792.7.6	不分地区，大船2200，小船1100	同上书，第Ⅺ卷，第448页，1792年7月6日
1797.12.12	不分地区，大船2200，小船1100	同上书，第Ⅺ卷，第597页，1797年12月12日

附录十

公司时期华船载人限额变动表

年.月.日	限额	办法	理由	出处
1706.6.3	大船100人 小船80人	水手船员限额，应全数承原船返国，大船交保证金100元，小船500元，于离吧时发还，如逾限载人，除没收保证金，并拘罚苦役	限制移民入境	《吧城布告集》，第Ⅲ卷，第566页，1706年6月3日
1758.6.20	大船130人 小船110人	水手船员限额，应全数随船返国，逾限载人每人罚15元并责成船主自费遣返	为便于装卸货物及保卫船只	同上书，第Ⅶ卷，第271页，1758年6月20日
1761.2.24	大船160人 小船140人	除水手船员外，准载旅客30人，均应随船返国，违者每人罚15元	应船主请求，以便搭带商人及其仆役	同上书，第Ⅶ卷，第459页，1761年2月24日
1761.3.31	大船250人 小船200人	不分船员旅客，均应全数返国，违者每人罚15元	同上	同上书，第Ⅶ卷，第469页，1761年3月31日
1781.6.5	大船350人 小船300人	就中50人应年富力壮，年龄在15—20岁，须受雇为公司海员若干年，另50人应受雇在船坞工作	因第四次英荷战争爆发，船员缺乏	同上书，第Ⅹ卷，第491页，1781年6月5日
1782.7.12	大小不分每船500人	除船员只自身所需人手外，应全数受雇于公司从事航海工作	战事紧张，交通中断欧籍水手缺乏，急需华工补充	同上书，第Ⅹ卷，第609页，1782年7月12日
1785.6.21	500人	就中250人应随原船返国，逾限每人罚50元	战事结束，又加严限制	同上书，第Ⅹ卷，第784页，1785年6月21日

续表

年·月·日	限额	办法	理由	出处
1786.7.27	厦门船水手旅客共500人 广州船水手150人 澄海樟林船水手100人	厦门船载人应半数250人随船返国，广州、澄海樟林船禁载移民，水手应随船返国，违者每人罚50元	进一步加严限制，只准厦门船只载人移民	《吧城布告集》，第Ⅹ卷，第846页，1786年7月27日
1786.6.15	同上	罚金每人50元降为15元	劳力不足	同上书，第Ⅹ卷，第924页，1787年6月15—26日
1792.6.22	厦门船载人限额增加100即600人。余同前	同上	华人死亡过多，劳力大感不足	同上书，第Ⅺ卷，第442页，1792年6月22日
1803.7.5	厦门船准再载200人即限额700人 余同前	同上	劳力缺乏，大力招徕	同上书，第ⅩⅥ卷，第12页，1804年2月24日
1804.4.27	厦门双层大船水手250人，旅客500人 广州、樟林、江门单层小船水手100人，旅客200人	水手应全数回国，逾限罚金每人15元	来船日少，大力招徕	同上书，第ⅩⅥ卷，第35页，1804年4月27—30日
1807.3.4	取消限额		来船日少，糖厂、农园人手大缺，造成工资高涨，生产停顿播种无人	同上书，第ⅩⅣ卷，第624页，1807年3月4—15日

后　　记

　　本书脱稿于十六年前，原先是作为《印尼华侨人口分析》中三个组成专题的为首一个专题，其余两个专题是"十九世纪到二十世纪初印尼外岛的华工人口"和"二十世纪中叶印尼全境的华侨人口"。我们在收集整理第一个专题资料时，就已分别为其后两个专题积累了不少资料。但是整个研究计划在"文化大革命"前就因种种原因而被迫中断，"文化大革命"后，除已脱稿的第一个专题因打印多份尚能找到幸存者外，其余两个专题积累的资料则已荡然无存矣！

1981 年 1 月

出版说明

本书依 1981 年打印稿录入排版。除调整主要体例外，其注释中之外文人名、地名、书名之中文译名皆一仍其旧，不做改动。

特此说明。

编者
2019 年 7 月